U0910834

登山抒怀

登高夙愿萦胸怀，
望远理想放光彩。
陡峭山路苦求索，
崎岖小径巧安排。

人生路远志豪迈，
科学情长心澎湃。
时时拼搏度现在，
步步攀登向未来！

（孔宪毅 1996 年 8 月 1 日写于长白山，原载“党魂耀中华系列丛书”《中华精英颂歌贺盛世》. 北京：团结出版社，2008 年 11 月出版，第 37 页）

自　勉

守得住心灵的纯洁，
保得住攀登的执着；
耐得住积累的寂寞，
忍得住世俗的轻蔑；

顶得住功利的诱惑，
受得住苦难的折磨；
经得住人生的坎坷，
抵得住失败的挫折。

（孔宪毅 2003 年 5 月退休时写于太原，原载朱浩东主编《二十一世纪名人诗词格言经典》，北京：中国文化传媒出版社，2010 年 12 月出版，第 189 页）

蜡烛自述

我本来平凡无奇，
人们却赋予我许多含义，
说我“照亮了别人，毁灭了自己”。
这好像是对我的赞誉，
其实并不完全符合我的实际。
照亮别人不是毁灭自己，
而是最好地发挥了自己。
照亮别人正是我生存的前提，
照亮别人正是我生命的意义。
“有一分热发一分光，自强不息，
为光明事业鞠躬尽瘁，死而后已。”
这才是我精神的真谛！

请注意：
那流淌的蜡油不是泪水，而是汗滴，
那燃烧的烛炬不是悲伤，而是欢喜。
即使被更先进的照明灯具代替，
也无怨无悔，毫不悲观丧气，
我已留下了闪光的历史、奋斗的足迹。

不奢望一鸣惊人、出人头地，
更不想有什么空前绝后的壮举。
只想用平凡的一生证明一条真理：
条件在于创造，
机会在于争取，
前途在于奋斗，
关键在于自己！

（孔宪毅写于1993年教师节，发表于《科学诗刊》1994 年第 1期第 34 页）

自然科学家素质畅论

——从科技史看科技人才素质

孔宪毅　孔庆新　著

科学出版社

北　京

内 容 简 介

本书从科学技术史这一视角对自然科学家的素质进行了实证研究和案例分析，列举了100多位自然科学家的事例，引用了200多条自然科学家名言，深刻揭示了素质与自然科学家成长、成才、成功的关系，用科技史实说明素质的重要性，并对如何着力培养和尽快具备杰出自然科学家所具有的这些优秀素质进行了思考和论述。全书共30章，每章集中论述了自然科学家的一种素质；每章末都有一个与本章内容有密切联系的“同步聚焦”板块，是对各章内容的必要补充和重要提升。

本书可用于科技工作者和大学生等的科学文化素质教育，也可供广大科技人员加强修养参阅，亦是研究科技人才素质的参考资料。

图书在版编目(CIP)数据

自然科学家素质畅论：从科技史看科技人才素质/孔宪毅，孔庆新著. —北京：科学出版社，2018.7

ISBN 978-7-03-057234-9

I. ①自… II. ①孔… ②孔… III. ①科学工作者-素质-研究 IV. ①K816.1

中国版本图书馆 CIP 数据核字（2018）第 084673 号

责任编辑：宋 丽 王 惠 / 责任校对：马英菊
责任印制：吕春珉 / 封面设计：东方人华平面设计部

科学出版社出版
北京东黄城根北街16号
邮政编码：100717
http://www.sciencep.com

三河市骏杰印刷有限公司印刷
科学出版社发行 各地新华书店经销
*
2018年7月第 一 版 开本：B5（720×1000）
2018年7月第一次印刷 印张：15 1/4
字数：308 000

定价：78.00 元

（如有印装质量问题，我社负责调换〈骏杰〉）
销售部电话 010-62136230 编辑部电话 010-62135397-2052

前 言

Preface

一、本书的基本思路

人类从实践中越来越深刻地体会到：人才资源是最大资源，人才潜力是最大潜力；人才浪费是最大浪费，人才节约是最大节约；人才优势是最大优势，人才劣势是最大劣势；人才兴则民族兴，人才强则国家强。人才是第一资源，创造力是第一动力。人才是创新的主体，创新驱动实质上是人才驱动。人才是一个国家的核心竞争力之一，各国间的竞争，归根结底是人才的竞争，其实质是人才素质的竞争。因而，如何提高人才的素质，如何实施人才强国战略，成为举世瞩目的重大课题。进入21世纪，素质教育已成为中国教育关注的焦点、研究的重点、争论的热点和解决的难点。素质教育不仅是教育理论中必须研究的一个非常重要的基本理论问题，而且是教育实践中急需解决的实践问题；不仅应通过卓有建树的创造性理论研究去促进素质教育的发展，更应通过卓有成效的开拓性实践探索去推动素质教育的实施。为此，不仅要把素质教育作为一门科学去学习和研究，而且要把素质教育作为一种艺术去探索和实践，更要把素质教育作为一项事业去为之努力奋斗。与其坐而论道，不如笃志躬行。正如马克思所指出的："一步实际运动比一打纲领更重要。"[①]遵循马克思这一思想，作者用了近30年的时间潜心撰写了本书，希望能为提高科技人才素质做出自己的贡献。

时间是最基本的坐标，历史角度是最基本的角度，历史方法是最基本的方法。从特定意义上可以说，历史也是一种逻辑——事实逻辑。凡是在历史上成为事实的事情总有它成为事实的理由和根据，人们只能了解、研究、认识这一事实，但不能改变这一事实。事实胜于雄辩，温故可以知新。与其喋喋不休地争论什么是素质和唇枪舌剑地辩论什么是素质教育，不如深入研究科学技术史上成功的自然

① 马克思．哥达纲领批判[M]．中共中央编译局，译．北京：人民出版社，1965：5．

科学家具有哪些素质，使科技人员学有榜样，行有示范，赶有目标，超有方向。基于这一思想，本书从科学技术史这一视角，对著名自然科学家的素质进行了实证研究和案例分析，力图揭示素质与自然科学家成长、成才、成功的密切关系，用科技史实说明素质的重要性，启迪人们应如何着力培养和尽快具备杰出自然科学家所具有的这些优秀素质。

在科学技术发展史上，总有一些时刻让人难忘，总有一些事件引人遐想，总有一些人物令人敬仰。纵观科学技术史，千姿百态的科苑奇葩竞相绽放，丰富多彩的科技活动此起彼伏；独具匠心的科技创意争奇斗艳，功能奇特的科学方法各有千秋；独树一帜的自然科学家大显身手，各领风骚的科学学派大有作为；闪烁真理光辉的科学发现精彩纷呈，汇聚人类智慧的技术发明巧夺天工。科学技术史既是一部探赜索隐的科学研究史，又是一部浓墨重彩的科技写作史；既是一部超凡脱俗的成功史，又是一部出类拔萃的人才史；既是一部持之以恒的探索史，又是一部与时俱进的创造史；既是一部艰苦卓绝的奋进史，又是一部妙思泉涌的创造性思维史；既是一部人才辈出的人类进步史，又是一部硕果累累的人类文明史。可以毫不夸张地说，科学技术史是内容广博的百科全书、储量巨大的文化宝库和蕴藏丰富的珍贵资源，是珍品荟萃的万宝囊、取之不尽的智慧泉和用之不竭的动力源。从特定意义上可以说，科学技术史就是一部教育学，自然科学家就是言传身教的教育家，自然科学家的经历、著作、成果和言行就是生动的教材；科学技术史也是一部人才学，自然科学家就是出类拔萃的人才，自然科学家的高贵品质就是科技人才应具有的素质；科学技术史还是一部成功学，自然科学家就是举世瞩目的成功者，自然科学家的经验就是成功的秘诀。学习、研究、掌握和应用科学技术史，寻找科学技术兴衰轨迹，探求科学技术发生发展规律，揭示科技人才成长、成功、成才奥秘，从而使人们在攀登拼搏中受到激励，在创造活力中感受精彩，在经典名著中深受教育，在学习借鉴中博采众长，在传世名言中颇受启迪，在发现发明中享受成功，进而激励人们主动自觉地去追溯科技之源，探索科技之路，研究科技之学，应用科技之法，传承科技之火，发扬科技之光，苦练科技之功，夯实科技之基，创造科技之新，攀登科技之峰。

自然科学家主要具有两种魅力，一种是追求、发现真理的魅力，另一种是素质、人格的魅力。素质、人格魅力是追求、发现真理魅力的增效剂，追求、发现真理魅力是素质、人格魅力的放大器；素质、人格魅力使追求、发现真理的魅力无比神奇，从而更加吸引人和启迪人；追求、发现真理魅力使素质、人格的魅力光彩熠熠，从而更加感动人和激励人。正因为自然科学家具有这双重魅力，所以自然科学家的人生具有双重功能、双重价值和双重意义。由此可以得出推论：对自然科学家人生的研究也同样具有双重功能、双重价值和双重意义。的确，自然科学家用拼搏驰骋科学领域，用执着坚守精神高地；用智慧创造人间奇迹，用道德展现人格魅力；用著作促进文明延续，用成功赢得人生荣誉；用奉献诠释人生意义，用生命书写历史传奇。自然科学家对科学道路的开拓，对科学真理的追求，对科学思想的丰富，对科学创造的探索，对科学方法的运用，对科学经验的积累，对科学精神的弘扬，对科学道德的践行，对科学价值的实现，对科学人生的诠释，都为人们树立了光辉的典范和学习的榜样。可以毫不夸张地说，科学技术史就是自然科学家用生命写成的教科书，认真品读、学习和研究此教科书，人们不仅可以悟出怎样学习、怎样研究和怎样创造，而且可以悟出怎样成长、怎样成功和怎样成才，还能进一步悟出怎样做人、怎样做事和怎样有意义地度过人生。实际上，人们在现实中遇到的许多实际问题自然科学家都曾遇到过，并且都用自己的言行做出了精彩解答，真是耐人寻味、发人深省，给人启迪、引人入胜，令人鼓舞、催人奋进。许多人长期冥思苦想而不得其解的问题，自然科学家却一语道破天机、揭示真谛，使人顿开茅塞、豁然开朗、耳目一新，由“山重水复疑无路”变为“柳暗花明又一村”，从而使人们在现实中遇到的一系列实际问题迎刃而解。这正是科学技术史的价值和意义所在，也正是自然科学家的伟大和魅力所在。可惜的是自然科学家的回答没有引起人们的足够重视和特别注意，遗憾的是人们大多不能把自然科学家的经验直接继承过来，而总是要亲身经历以后才能真正懂得和有效利用，常常需要花费很多的时间，往往需要付出较大的代价。

自然科学是人类永恒的主题，自然科学家具有永久的魅力。自然科学的发展千姿百态，气象万千；自然科学家的生活丰富多彩，妙趣横生。真可谓：一位自然科学家一道风景，一项自然科学发现一个黎明，一句自然科学家名言一道彩虹，在人类文明史上形成了一道独特、亮丽的风景线。透过这道风景线人们可以看到生命孕育的科学风采和科学表现的生命激情。的确，多少感人故事科学技术史里讲，多少杰出人物科学技术史里长；多少卓越方法科学技术史里创，多少人类智慧科学技术史里藏；多少高尚道德科学技术史里倡，多少崇高精神科学技术史里扬！英国思想家弗朗西斯·培根（Francis Bacon，1561—1626）指出：“用伟人的事迹激励我们，远胜一切的教育。”[①]确实，效仿杰出自然科学家行为则能滋品，研读科学技术史著作即可养心。作者撰写此书的目的就是要循科学名家足迹，研

① 李政．与名人有约：影响人类文明的10位科学家[M]．北京：中国档案出版社，2004：前言2.

科学人才素质，寻科学研究奥秘，探科学人生真谛；促使读者探析自然科学家既往之得失，反思自然科学家研究之成败，借鉴自然科学家成才之道路，总结自然科学家成功之经验，学习自然科学家创新之方法，培育自然科学家优秀之品质，弘扬自然科学家进取之精神，继承自然科学家攀登之壮志。希望读者能透过科技成果去了解自然科学家的坎坷道路，感悟自然科学家的心路历程，品味自然科学家的深邃思想，掌握自然科学家的科学方法，领悟自然科学家的科学精神，践行自然科学家的科学道德，体会自然科学家的伟大情怀和学习自然科学家的高贵品质，进而使自然科学家的光辉照亮每个人前进的道路，让更多的人看清攀登科学高峰的阶梯、成功的途径和成才的路标。无论是作者撰写本书的过程还是读者阅读本书的过程，都是向自然科学家学习的过程。作者相信，热心读者用心读过本书后，多会被自然科学家的生平事迹、远见卓识和优秀品质所感动、所震撼、所折服、所激励，多会从内心感到虚度年华再没有任何理由，无所作为再没有任何借口；多会情不自禁地立下誓言：像自然科学家那样学习，像自然科学家那样工作，像自然科学家那样生活，像自然科学家那样做人。我们深信，凡是着力培养和努力践行自然科学家优秀品质的人都一定会有所收获，而且很可能是意想不到的巨大收获。

四季有序而风光无限，岁月有痕而历史绵延。科学技术在永恒发展，科学技术史在无限延续。探不尽科学技术的源远流长，写不完科学技术的兴衰沧桑，数不清科技成果的种类数量，赞不够自然科学家的奇思妙想。科学技术史是科技人才艰苦卓绝的奋斗史、光彩夺目的成长志和灿烂辉煌的成果录。无数科学技术专家、科技作家和科学技术史家绘就了一幅科技发展的画卷，每次落笔，都描绘出科技与时代的对接；每次着墨，都彰显出科技与人文的交融。翻开科学技术史，人才济济，硕果累累；纵观科学技术史，宝藏古今，智展天下。走进科学技术史库，瑰宝荟萃，琳琅满目：论文名著，皆为承前启后之经典；精品文物，尽是空前绝后之珍藏；一文一著，集千秋科学技术之精华；一品一物，凝万代科技名家之匠心。真可谓：一文一著一特色，一品一物一世界。科学技术史寻本溯源，撮要撷精，探赜索隐，求真证伪，是科技发展的生动写照和高度浓缩。科学技术史是给人智慧、使人聪明的学问，它能使人学贯中西、博晓古今、思接千载、视通万里，从而能深层透视科技历史、深刻明晰科技现实、科学预测科技未来。历史既是反省过去的镜子，也是开启未来的钥匙。可见，历史是最好的老师，也是最好的教科书，还是最好的清醒剂。以史为鉴悟大道，以史为镜知兴衰。学史明智，鉴往知来，以史启今，成风化人。不仅使人懂得尊重历史、挖掘传统，而且也能学会借鉴国外、总结自身；不仅能使人善辨真假，而且能使人明晰对错，更能使人学会聪明，悟出智慧。愿读者能蓄科技史厚积之力，承自然科学家进取之魂，创人类文明之新，攀新时代科技之峰。我们期望并且热盼，我国科技人才能继承和发扬自然科学家的优良传统，尽快具备自然科学家的可贵品质，未来的杰出自然科学家能从本书的读者中涌现出来。

二、本书的写作

本书于1990年开始构思和搜集资料，由孔宪毅列出写作提纲、确定每章及同步聚焦名称。第一至三十章主体内容由孔庆新撰写，前言、同步聚焦和结束语由孔宪毅撰写。2000年，本书初稿完成，由孔宪毅进行统稿；2001—2017年，每年集中修改、充实、完善一次，于2018年1月31日定稿。为便于读者查阅，重要引文和名言出处尽量换上较新版本，如乔治·萨顿的著作全部换成上海交通大学出版社2007年版，《爱因斯坦文集》（一至三卷）全部换成商务印书馆2009年出版的《爱因斯坦文集（增补本）》（一至三卷）。当然，本书只是作者学习的心得、实践的体会、感悟的记录和探索的收获，由于作者认知水平所限，还有许多需要进一步探究、提高和完善的地方，恳请读者批评指正。

此书是作者奉献给读者的一份礼物，愿这份礼物因用心而使您感动，因深思而使您睿智，因实用而使您践行。愿作者与读者因此书而相识，因研读自然科学家而相知，因感悟科学技术史而共鸣，因明志而笃行！

孔宪毅

写于山西大学

目 录
Contents

第一章　热爱科学

著名生物学家查尔斯·罗伯特·达尔文（Charles Robert Darwin，1809—1882）曾深有体会地说："作为一个科学家来说，我的成功不管有多大，最主要的是：爱科学——在长期思索任何问题上的无限耐心、在观察和搜集事实上的勤勉、相当的创造能力和科学知识。"①达尔文认为热爱科学是取得成功的最为重要的条件，这是富有启发性的。酷爱科学是自然科学家的共同特点，也是自然科学家取得成功的共同经验。对杰出自然科学家来说，科学就是挚爱，科学就是喜好；科学就是生命，科学就是乐趣；科学就是人生舞台，科学就是人生寄托。因而他们都与科学有不解之缘、不舍之情和不忘之怀，对科学都有着浓厚的兴趣、深厚的情感和执着的追求，都对科学倾注了满腔的热忱，投入了毕生的精力，用尽了毕生的心血，奉献了全部的人生。他们一旦把科学确定为奋斗目标和人生理想，就会不顾一切地去狂热追求；一旦选择了科学道路，就坚持不懈地沿着这条道路走到底；一旦发现科学探索目标，就执着地、着迷地进行探索。正因为热爱科学，自然科学家才能把科学当作生命的一部分，不仅把科学作为一门学问去学习和研究，而且把科学作为一项事业为之奋斗和拼搏；正因为热爱科学，自然科学家才眼睛时刻盯着科学，心里时刻装着科学，脑里时刻想着科学，手里时刻做着科学；正因为热爱科学，科学才能成为自然科学家朝思暮想的热点、魂牵梦绕的重点、聚精会神的焦点、冥思苦想的难点；正因为热爱科学，自然科学家学习科学就开心，研究科学就兴奋，发展科学就快乐，奉献科学就愉悦；正因为热爱科学，自然科学家才能对科学有滚烫的心、炽热的情、高远的志、忘我的行；正因为热爱科学，自然科学家才会迷恋科学如醉如痴，追求科学废寝忘食，学习科学精读深思，研究科学专心致志，献身科学鞠躬尽瘁；正因为热爱科学，自然科学家才能探索科学披荆斩棘，执着科学筚路蓝缕，发展科学攻坚克难，攀登科学栉风沐雨……

例如，"发明大王"托马斯·阿尔瓦·爱迪生（Thomas Alva Edison，1847—1931）小时候家境贫寒，8 岁上学，不到 3 个月就被学校以太笨为由勒令退学了。但由

① 李政. 与名人有约：影响人类文明的 10 位科学家[M]. 北京：中国档案出版社，2004：179.

于热爱科学，他并没有因退学而放弃学习科学，而是选择跟妈妈继续学习科学。由于酷爱科学实验，爱迪生 10 岁时就在家里建立了一个小小的化学实验室。为了购买实验用品和补贴家庭生活，他 11 岁就开始给人赶马车，12 岁时便在火车上做报童。为了做实验，他曾 3 次被解雇：第一次是在 15 岁那年（1862 年），由于火车行驶的强烈震动，震破了他设在火车上的小流动实验室中的一个储磷的玻璃瓶，引起了一场火灾，车长怒不可遏，把爱迪生做实验的物品全扔下了车，还狠狠地打了他一耳光，并把他解雇了。正是因为这个耳光，他的一只耳朵从此就听不见声音了。第二次是他在铁路公司当报务员时，由于热衷于做各种科学实验，每天工作 20 个小时。有一次，由于白天做了一整天实验，他在上夜班时打起了瞌睡，被铁路当局发现，便把他开除了。第三次是他在波士顿西部联合电力公司里当报务员时，有一次做化学实验不小心，硫酸从容器中漏出，流到隔壁的经理室，把地毯烧坏了，经理大怒，把他赶走了。尽管因做科学实验 3 次被解雇，但爱迪生一点也不灰心，他义无反顾，依旧迷恋着科学实验，并且终身酷爱科学实验，终于成为举世闻名的大发明家。

许多杰出自然科学家都像爱迪生一样对科学爱于心、倾于情、践于行，正如英国剑桥大学动物病理学教授威廉·伊恩·比德穆尔·贝弗里奇（William Ian Beardmore Beveridge，1908—2006）所指出的：“也许，对于研究人员来说，最基本的两条品格是对科学的热爱和难以满足的好奇心。一般来说，科学研究爱好者比常人保有更多好奇的本能。一个人的想象力，如果不能因想到有可能发现前人从未发现过的事物而受到激励，那么，他从事科学研究只能是浪费自己和他人的时间，因为只有那些对发现抱有真正兴趣和热情的人才会成功。”[①]热爱科学既是自然科学家从事科学工作的出发点，又是自然科学家从事科学工作的落脚点；既是自然科学家科学工作的起点，又是自然科学家科学工作的归宿。向往科学、追求科学、相信科学、献身科学都是从热爱科学发源的，都是热爱科学的具体表现，只不过是表现形式或程度不同。热爱科学是向往科学之由，追求科学之因，相信科学之基，献身科学之根。热爱科学是自然科学家取之不尽的情感泉和用之不竭的动力源，热爱科学是一种情怀，使自然科学家对科学产生爱慕之情、崇尚之情和敬佩之情，从而可以为自然科学家的科学工作提供澎湃的激情和强大而持久的情感动力。无论是从科学技术史上看还是从现实中看，人们都会发现，热爱科学是科学工作者的一个最基本的素质，也是做好科学工作的根本保证。热爱是发自

① 贝弗里奇．科学研究的艺术[M]．陈捷，译．北京：科学出版社，1979：143．

内心的喜欢，是自然流溢的迷恋，是情有独钟的专注，是废寝忘食的奉献，是抑制不住的渴望，是孜孜不倦的追求。当你对科学爱到深处、情到浓时，就会将科学与生命融为一体，就会把生命的历程变为献身科学的过程，这时追求科学身上就有劲，攀登科学脚下就有路，奉献科学就能付诸行动。科学人生，由热爱而激发，由智慧所引导。心有科学情自真，酷爱科学情必深。一个爱科学的人必然会得到科学的爱。只要热爱科学这个源泉充分涌流，科学创造的活力就能竞相迸发，科学创造的能力就会与日俱增，科学就会具有勃勃生机和旺盛活力。热爱点燃激情，热爱激活思想，热爱催人奋进，热爱成就梦想！让我们的科学人生从热爱科学启航，心怀热爱科学之情，笃行发展科学之志！

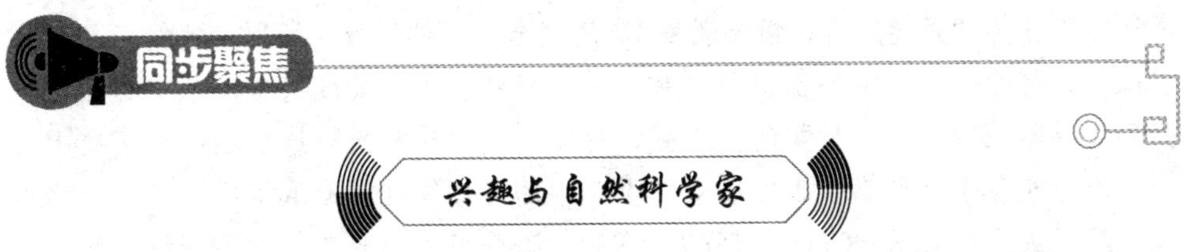

兴趣与自然科学家

人的活动都是有意识、有目的、有情感的，只有打心眼儿里喜欢做的事情才能真正主动、自觉、积极地去做好。换言之，只有感兴趣的事情才能心甘情愿地去做，兴致勃勃地去做，聚精会神地去做，满怀激情地去做，信心百倍地去做，坚持不懈地去做，全心全意地去做，全力以赴地去做。搞科学研究也不例外，正如英国剑桥大学动物病理学教授贝弗里奇所指出："从事研究的人必须对科学真有兴趣，科学必须成为他生活的一部分，被他视为乐趣和爱好。"[①]的确，自然科学家从事科学研究不是为了功名利禄，而是天性之所好、真心之喜欢和本能之所为。

所谓兴趣，就是指发自内心的喜欢和爱好的情绪，它来源于个人的选择性注意。兴趣是抑制不住的渴望和锲而不舍的追求。每个人都应该密切关注自己的兴趣点，并努力把对科学的兴趣由朴素的感性状态上升为执着的理性诉求。兴趣是科学探索、科学研究、科学创造的源头活水，是一切科学探索、科学研究、科学创造的出发点和归宿。热爱科学、向往科学、追求科学、相信科学、献身科学都是从兴趣发源的，可以毫不夸张地说：对科学真有兴趣是热爱科学之源，向往科学之泉，追求科学之本，相信科学之基，献身科学之根。对科学的兴趣有多浓，则对科学的情感就有多深，对科学探索的欲望就有多强，对科学研究的钻劲就有

① 贝弗里奇．科学研究的艺术[M]．陈捷，译．北京：科学出版社，1979：156．

多大，对科学创造的激情就有多高。

著名生物学家达尔文曾说："热衷于一切我所认为有趣的事物，且以了解任何问题与事件为极大的满足。"[①]贝弗里奇指出："成功的科学家往往是兴趣广泛的人。他们的独创精神可能来自他们的博学。"[②]由于对科学有浓厚而广泛的兴趣，所以才能如饥似渴地学习多门科学，这样就有利于达到博学；由于博学，对科学有了广泛而深刻的认知，从而便在更大的范围内和更高的层次上对科学产生浓厚的兴趣和深厚的感情，进而更有利于独创。

纵观自然科学史可以发现，自然科学家做出的每一次重大科学发现都有强烈的兴趣支撑，自然科学家对科学有着一种与生俱来的喜好和莫名的偏爱，他们从事科学工作是"兴趣所至、情感勃发"，是完全凭兴趣做事。所以，他们一从事科学探索、科学研究、科学创造就天趣盎然、兴致勃勃、高度兴奋，从中都亲身体验到了科学探索之趣、科学研究之兴、科学创造之乐和科研成功之悦。实质上，一个人能执着于自己感兴趣的事业是很幸福的，也往往容易取得成功。正像许多人对居里夫人（Marie Curie，1867—1934）酷爱科学、献身科学不理解一样，居里夫人对有些人对科学没有兴趣感到无法理解，对有些人有条件而不搞科学研究感到不可思议。还是在刚进入法国巴黎大学攻读时，居里夫人就发出了这样强烈的感慨："怎么会有人觉得科学枯燥无味呢？还有什么东西比支配宇宙的不变定律更醉人？还有什么东西比发现这些定律的人类智慧更神妙？这些非凡的现象，以和谐的原则彼此联系；这种次序，表面上无次序而实有次序；与它们相比，小说显得多么空虚，神话显得多么缺乏想象力啊！"[③]原子有核行星模型的提出者欧内斯特·卢瑟福（Ernest Rutherford，1871—1937）曾发自肺腑地说："我以极大的兴趣追随着我们的知识的显著增长。"[④]生物进化论的创立者达尔文也深有体会地说："我一生的兴趣和唯一的工作，就只是科学研究工作；它引起了一种兴奋，使我可以暂时忘却或者完全解除自己日常的不舒服。"[⑤]狭义相对论和广义相对论的创立者阿尔伯特·爱因斯坦（Albert Einstein，1879—1955）指出："凡是有强烈愿

① 马来平．科学箴言[M]．济南：山东科学技术出版社，2007：40.
② 贝弗里奇．科学研究的艺术[M]．陈捷，译．北京：科学出版社，1979：4.
③ 艾芙·居里．居里夫人传[M]．左明彻，译．北京：商务印书馆，1984：98.
④ 马来平．科学名言[M]．济南：山东科学技术出版社，2013：89.
⑤ 李政．与名人有约：影响人类文明的10位科学家[M]．北京：中国档案出版社，2004：178.

望想搞研究的人，一定会发现他自己所要走的道路。”[①]怎样才能对科学研究有强烈的愿望呢？首先必须对科学有浓厚而持久的兴趣。由此可以得出推论：如果没有找到自己所要走的科学道路，那就是对科学的兴趣不够浓厚或不够持久。可见，对科学是否有浓厚而持久的兴趣，不是无关紧要的小事情，而是关系到能否选择和走上科学道路、能否执着于科学研究和能否取得科学成果的大事情。要善于发现对科学的兴趣，着力培养对科学的兴趣，大力发展对科学的兴趣。

科学探索始于兴趣，科学研究起于兴趣，科学创造源于兴趣，科学发现根于兴趣。兴趣是发自内心的热爱，是实心实意的喜欢，既是自然科学家关注的焦点、研究的重点和兴奋点，又是自然科学家的情感之基、动力之源和快乐之泉。只有对科学产生兴趣，才能对科学有真情；只有对科学产生浓厚而持久的兴趣，才能对科学有深情。对科学有浓厚而持久的兴趣，就会产生强大而持久的动力、蓬勃向上的朝气和炽热澎湃的激情，有了这种动力、朝气和激情，就能倾心科学探索、潜心科学研究、痴迷科学创造；有了这种动力、朝气和激情，面对挫折、失败的时候就能不屈不挠，遇到艰难险阻的时候就会勇往直前；有了这种动力、朝气和激情，纵然有恶劣的环境、简陋的条件、难忍的生活、迷人的诱惑，依然不坠攀登之志，不改科学之向，不降奋斗之力，不减科学之乐。只要兴趣这个动力的源泉不断喷涌，科学探索的活力就会竞相迸发。当一个人对科学的兴趣由自发上升为自觉、由断续变为可持续时，对科学便由爱好上升到追求。这样，对科学研究就会有强烈的欲望、澎湃的激情和惊人的行动，进而达到执着、着迷和忘我的程度。到了这种境界，科学研究不是为了某种外在的目的，而是源自内心的好奇；不是被迫完成的任务，而是一种自觉、主动的行为；不是“要我研究”，而是“我要研究”；不是一种压力，而是一种动力；不是一种苦差，而是一种乐趣；不是一种负担，而是一种享受；不是心血来潮的短期行为，而是持之以恒的终身追求。

饶有风趣的是，兴趣还具有支配时间的功能。人们都会有这样的体会：你对什么事情感兴趣，就会把时间（特别是自由支配时间）用在做什么事情上。换言之，只要有选择的自由，每个人都会把时间用在自己最感兴趣的事情上。这样，有没有时间从事科学探索、科学研究、科学创造，关键在于自己对科学探索、科

① 爱因斯坦．爱因斯坦文集（增补本）第一卷[M]．许良英，李宝恒，赵中立，等编译．北京：商务印书馆，2009：766．

学研究、科学创造是否真有兴趣。有兴趣就有时间，没兴趣就没有时间。对科学探索、科学研究、科学创造是否有浓厚而持久的兴趣，不仅决定你对科学投入时间的多少，而且决定你对时间利用效率和效益的高低。

兴趣是学习、探索、研究、创造的源头活水，是取之不尽的智慧泉和用之不竭的动力源，它不仅有利于提出问题能力、创造性想象能力、批判性思维能力等智力因素的提升，而且有助于自信心、自觉性、主动性、积极性、坚韧毅力和拼搏精神等非智力因素的培养。需要特别强调的是，兴趣能激活科学研究的内生动力，从而将他律变为自律，将外在要求变为内在追求，进而使科学探索、科学研究、科学创造由自发上升为自觉、由被动变为主动、由短期变为长期、由断续变为可持续。纵观科技人才成长史可以发现，没有兴趣就没有主动的学习，没有兴趣就没有痴迷的研究，没有兴趣就没有执着的探索，没有兴趣就没有激情的创造；纵观科学技术史可以发现，基于兴趣的科学探索将增大取得成果的概率，基于兴趣的科学研究将提高其效率和效益，基于兴趣的科学创造将增大成功的概率，基于兴趣的科学人生将提升健康水平和幸福指数。中国科学院院士、数学家王元（1930—　）曾深有体会地说：“只有在自己感兴趣的领域去做研究，才会不知疲倦、以苦为乐，才会看到别人没有看到的东西，才会有创新火花迸发。”[①]一个人的兴趣可以形成无形的引力场，于是便产生活力、魄力、魅力。让我们以杰出自然科学家为榜样，寓学于兴，寓研于趣，寓创于乐，着力培养和不断加深对科学的兴趣、志趣、乐趣，尽快形成兴趣激发、志趣激扬、乐趣激励三位一体的强大引擎，共同合成科学探索、科学研究、科学创造的不竭动力！竭力把有意义的事情做得有兴趣，把有兴趣的事情做得有意义；既要大力促使科学对人类更有益处，又要大力促使人类对科学更有兴趣；在有益中享受有趣，在有趣中获得有益。有趣使有益更加自觉和高效，有益使有趣更具价值和意义。努力使有趣和有益有机结合、互相促进、相辅相成、相得益彰。

兴趣与爱好相伴，兴趣与快乐同行。自然藏幽趣，科研寓志趣，创造蕴乐趣。兴趣启蒙，自然天成；兴趣发展，特色鲜明；兴趣研究，妙思泉涌；兴趣创造，精彩纷呈；兴趣生活，其乐无穷。

兴趣产生爱好，兴趣诱发好奇，
兴趣引发质疑，兴趣聚焦问题；

① 李子晗，罗旭．创新人才岂是教出来的[N]．光明日报，2014-12-06（11）．

兴趣令人兴奋，兴趣使人着迷，
兴趣注入活力，兴趣带来良机；
兴趣激活思维，兴趣激励进取，
兴趣激发灵感，兴趣催生创意；
兴趣聚精会神，兴趣凝心聚力，
兴趣引人入胜，兴趣别有天地；
兴趣激发潜能，兴趣产生动力，
兴趣荡涤倦怠，兴趣驱走消极；
兴趣澎湃激情，兴趣蓬勃朝气，
兴趣快乐人生，兴趣创造奇迹！

第二章　向往科学

纵观科学技术史可以发现，许多自然科学家之所以能走上科学道路，是因为他们从小就酷爱科学，崇拜科学家，向往科学，渴望成才。对科学有着强烈的好奇心和浓厚的兴趣，对科学倾注了满腔的热情并寄予了极大的希望，对科学充满了美好的憧憬和浪漫的遐想。无论什么时候都从未停止对科学的渴望，无论什么困难都无法阻挡对科学的向往，无论什么诱惑都无法改变追求科学的梦想。渴望产生力量，向往决定志向，追求确立目标。他们毫不犹豫地选择了科学道路，不顾一切地急于敲开科学殿堂的大门，迫不及待地想从事科学工作。为了尽早进入科学殿堂，他们不停地想，不停地问，不停地找，不停地寻，竭尽全力去拼争，不放弃任何一个机会，不惜任何代价，只要有 1%的可能，就用 99%的努力去拼命争取！例如，英国物理学家迈克尔·法拉第（Michael Faraday，1791—1867）出生在伦敦市郊纽英顿镇上的普通铁匠家里。由于家境贫寒，法拉第 7 岁上学，9 岁退学，13 岁就到里波书店当送报童，给租报的人家送取报纸。一年后，由于手脚勤快，又喜欢动脑筋，书店老板乔治·里波（George Rieban）便答应正式收法拉第做装订书籍的学徒。于是，法拉第便搬进里波先生店铺楼上的一间小阁楼里，开始了对他一生有很大影响的学徒生涯并踏上了自学成才之路。他勤奋好学，利用业余时间如饥似渴、废寝忘食地阅读了大量科学文化书籍。遇到不认识的字，他就请教前来买书的顾客；对看不懂的内容，他反复琢磨、认真思考。他最爱看的书是《大英百科全书》，特别是威廉·吉尔伯特（William Gilbert，1544—1603）、本杰明·富兰克林（Benjamin Franklin，1706—1790）这些先驱者的电学知识使他着迷；他也喜欢读伦敦一位医生的妻子玛西特（Marcet）夫人写的《化学漫谈》，尤其是被书中的化学实验所深深吸引。这样，书店就成了法拉第的启蒙学校，通过读书，他不仅摘掉了文盲帽子，积累了不少电学和化学知识，而且对自然科学产生了越来越浓厚的兴趣。除了读书，法拉第还酷爱做实验。他经常跑到药房里去捡人家扔掉的小瓶子，用自己节衣缩食省下的一点儿零钱买一些便宜的药品，再自己动手做一部分工具，很快便把设在书店小阁楼里的家庭实验室装备起来。

一有时间，他就按照书上说的方法，一个一个地去做实验，并将实验中所观察到的现象同书上的记载进行对照比较。这样，既加深了对书本知识的理解，又锻炼和提高了科学实验的能力。科学引起了法拉第强烈的好奇心、浓厚的兴趣和特别的关注，他对科学倾注了满腔的热情、寄予了极大的希望、充满了美好的憧憬。他向往科学，坚信科学会使他变成“优秀的、思想深刻的人”，坚信科学是一个广阔的天地，在那里是可以大有作为的。

随着时间的流逝，法拉第的知识在不断增长，而他对科学的兴趣和热情则以更快的速度增长。在书店里读书和做实验已越来越满足不了他的需要，他迫切想走出书店，参加更多的科学活动。1810 年，法拉第在哥哥的资助下去多西特街 53 号听塔特姆（Tatum）先生的自然哲学讲演。在讲演厅里，他一边认真地听，一边飞快地记，还把塔特姆先生做实验用的仪器仔细地画下来。1810 年 2 月—1811 年 9 月，他一共听了十几次塔特姆先生的讲演，并把誊清的笔记精心装订起来，封面写上《塔特姆自然哲学讲演录》，作为礼物送给里波先生。有一天，经常来书店的英国皇家学院的当斯（Dance）先生又来到里波的店铺，里波先生便把法拉第整理装订的《塔特姆自然哲学讲演录》给他看。那详尽的记录、娟秀的字迹、精美的插图和漂亮的装帧使当斯先生赞不绝口，并深深被法拉第强烈的求知欲望所感动。于是，他便把去皇家学院听大化学家汉弗莱·戴维（Humphry Davy，1778—1829）教授讲演的 4 张入场券送给了法拉第。这样，从 1812 年 2 月 29 日开始，法拉第连续听了戴维教授的 4 次学术讲演，他专心致志地听讲，迅速而又详细地记录，独立认真地思考戴维教授的学术观点。戴维教授富有感染力的精彩讲演更激起了法拉第从事科学工作的强烈欲望，听完戴维教授的讲演后，法拉第心潮起伏，热血沸腾，仿佛感到有一种强烈的力量在吸引着他，那就是科学的召唤。他急切地寻找着进入科学殿堂的大门，恨不得一下子就敲开这扇大门。于是，便决定鼓起勇气，毛遂自荐。他首先给英国皇家学会会长兼皇家学院院长约瑟夫·班克斯（Joseph Banks，1743—1820）写了一封信，表明了自己献身科学的强烈愿望，请求在皇家学院给他安排一个工作。可是他苦苦等了一个星期也没有一点音讯，当他焦急地跑到会长家门口去询问时，仆人却说：“班克斯爵士说，你的信不必回复。”这像一盆冷水浇在法拉第的头上，但他并没有灰心。1812 年 12 月，他又给戴维教授写了一封更加恳切的信，并和自己精心整理、装订的戴维讲演录一起寄到了皇家学院。戴维拿起这本印有《戴维爵士讲演录》几个烫金字的精制厚书，感到非常惊奇。他 4 次讲演总共只有 4 个多小时，可是法拉第竟然记录了 386 页。不仅讲过的内容都记录了，就连许多没有讲的内容也补充上了。娟秀的书法，漂亮的插图，一丝不苟的认真态度，有条不紊、严密细致的踏实作风，使戴维深受感动。就在当天晚上，戴维便给法拉第写了如下的一封回信：

先生：

承蒙寄来大作，读后不胜愉快。它展示了你巨大的热情、记忆力和专心致志的精神。最近我不得不离开伦敦，到 1 月底才能回来。到那时我将在你方便的时候见你。我很乐意为你效劳。我希望这是我力所能及的事。先生，我是你顺从、谦恭的仆人。

汉弗莱·戴维
1812 年 12 月 24 日[①]

这封信虽然很简短，却是戴维一生中最伟大的作品，因为它表明戴维教授做出了一生中最伟大的决定——从贫贱中提携起一位不朽的科学家——法拉第。

法拉第等自然科学家的经历都一再证明：科学终将选择那些选择了科学的人、扎根科学研究的人，特别是那些为科学发展忘我献身的人。

向往就是渴望，向往就是企盼，向往就是追求，向往就是梦想。心既向往，身便笃行。对于杰出自然科学家来说，热爱科学成自然，钻研科学成习惯，科学研究是令人神往和至高无上的神圣工作，从事科学工作不是被迫的差事、无奈的选择和谋生的手段，而是朝思暮想的心愿、心甘情愿的选择、孜孜不倦的追求和梦寐以求的理想。科学就是愿望，科学就是梦想，科学就是奋斗的目标，科学就是努力的方向。这种对科学朴素真挚的深厚感情和渴望从事科学工作的迫切愿望不正是今天许多人最缺乏的吗？实际上，不必患得患失地困于选择，我们要像法拉第等杰出自然科学家那样，选择了科学道路就不再犹豫，坚定不移走下去，一辈子不放弃，付出毕生的心血和精力，努力创造科学和人生的奇迹。让我们像法拉第那样酷爱科学、向往科学，自觉、主动、积极地投入科学工作中去，为发展科学做出自己的贡献！

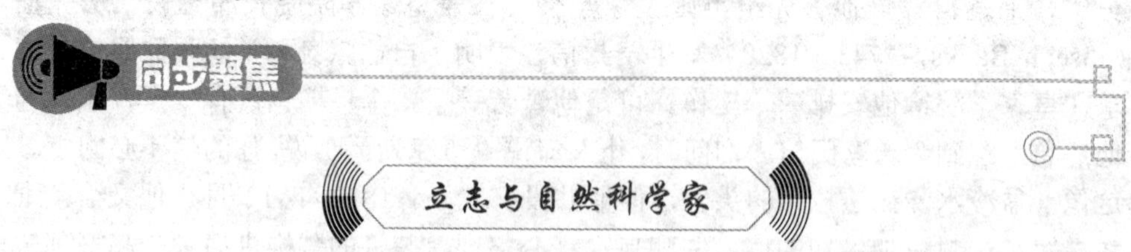

立志与自然科学家

要回答“什么是‘立志’”，首先就必须回答“什么是‘志’”。“志”的内涵十

① 秦关根．法拉第[M]．北京：中国青年出版社，1982：51-52.

分丰富，至少有3层含义：第一，是指志向、志愿，即指将来要做什么事、要做什么样人的意图和决心，也就是指努力的方向和奋斗的目标，亦即指理想；第二，是指志气，即指求上进的决心和勇气，也就是指要求做成某件事的气概；第三，是指意志，即指为了达到既定目的而自觉地奋发努力的心理状态。“志”的3层含义是相辅相成的，功能是互补的：志向致远，志气致强，意志致胜。通常，按《现代汉语词典》，立志是指立下志向、立定志愿。本书作者认为：与“志”的含义相对应，“立志”也应有3层含义：一是指立下志向，即指确定了努力的方向和确立了奋斗的目标，亦即指树立了理想；二是指有志气，即指有做成某件事的决心和勇气；三是指具有坚韧不拔、不屈不挠的意志。这样，立志不仅是指要确立奋斗的目标，而且指要具有实现目标的志气和顽强意志，即为目标的实现奠定志气的基础，提供意志的保障。可见，是否立志不仅关系到一个人有没有远大的志向，而且关系到能否实现志向；不仅决定人生成就的大小，甚至决定人生的成败。这说明立志的必要性、重要性和意义远远超过人们通常的理解和认识。由此可以推出，立志者是指立下志向、有志气、有坚强意志的人。立志不仅是一件很重要的事情，而且是一件很不容易的事情，做个有志者难度是很大的，但也更具有价值和意义。

法国著名生物学家路易斯·巴斯德（Louis Pasteur，1822—1895）曾深有体会地说：“立志是一件很重要的事情。工作随着志向走，成功随着工作来，这是一定的规律。立志，工作，成功，是人类活动的三大要素。立志是事业的大门，工作是登堂入室的旅程。这旅程的尽头就有个成功在等待着，来庆祝你的努力结果……”[①]此名言不仅指明了人类活动的三大要素——立志、工作、成功，而且用形象的比喻阐明了这三大要素的关系。的确，立志、工作、成功这三大要素并不是彼此无关的，而是密切联系、相互作用、相互影响、相互制约、相辅相成的，不仅应多角度深入研究、深刻理解和全面认识这三大要素的关系，而且应在实践中正确对待和妥善处理这三大要素的关系。从含义看，立志是树立理想、确立目标，也是明确方向、选择道路，工作是为理想和目标而奋斗、拼搏，成功则是理想和目标的实现；从程序看，立志是起点，工作是过程，成功是结果；从地位看，立志是前提，工作是途径，成功是目标；从作用看，立志是基础，工作是保证，成功是激励；从功能看，立志决定人生“往哪走”，工作决定人生“怎样走”，成

① 王涵，等．名人名言录[M]．上海：上海人民出版社，1983：24．

功则表明“走到哪”。换言之，立志决定走的方向、道路，工作决定走的途径、方法，成功表明走的结果、收获。可见，立志对走起把关定向作用，工作决定走的质量和效率，成功则是走的效果和效益，即成功表明走到了预期的目的地。脱离了工作的志向是空想，脱离了志向的工作是瞎忙。有了志向就有了成功的可能，出色的工作则把可能变为现实。只有通过立志选定了自己的路，并坚持用出色的工作沿着这条路走下去，才能在路的尽头看到属于你自己的美丽风景——成功。

巴斯德这段名言还揭示出人类活动的一种机制、模式、规律：“立志→工作→成功→再立志→再工作→再成功……”这种形式循环往复，螺旋上升。这是一个普遍适用的规律，不仅适用于自然科学家的科学活动，而且适用于普通人的人生活动。由此模式可以看出，决定成功的因素有两个：一是立志；二是工作。是否立志和如何工作将决定能否成功。这样，巴斯德又从立志与工作和成功的关系入手进一步深刻地揭示了立志的必要性和重要性：成功不仅仅是由工作决定的，更是由立志和工作共同决定的，强调立志是取得成功的根本要素，因为立志能为工作指明方向和提供动力，是否立志将决定如何工作和能否成功。巴斯德这段名言告诫人们：立下远大志向、有志气、具有坚强意志和竭尽全力去努力工作的人，最后终将会获得成功，而且很可能是意想不到的巨大成功。由此模式还可以看出，成功只是阶段性成果，而不是最终成果；成功不是终点，而是新的起点；成功不是立志和工作的结束，而是立志和工作的继续。因此，成功后不应骄傲自满和停滞不前，而应在新的起点上开始新一轮的“立志→工作→成功”。

立志是对人生进行最优战略设计，工作是按设计要求进行精心施工，成功则是战略设计的完美实现。立志是科学创造的心理起点，也是科技人才成长、成功、成才的心理条件。志影响、甚至决定心和情，只有志在科学，才能成为科学的有心人和有情人，进而才能潜心科学、情系科学、献身科学。有志向才能努力，有志气才有勇气，具有坚强意志才能排除万难去争取胜利。一言以蔽之，有志才能成才，有志才能成功，有志才能出彩。志向是人生的航标，志对人的一生都会产生重大的作用和深远的影响。因此，巴斯德强调“立志是一件很重要的事情”，“有志者，事竟成”就是对志的功能的有力证明和绝妙说明。自然科学家的成功不仅表现在科学发现和技术发明上，而且表现在志向、志气和意志上。换言之，自然科学家的成功不仅是科学技术上的成功，而且是志向、志气、意志上的成功，即立志的成功。

实际上，每个人在一生中都要回答两个问题：一是“成为什么样的人”；二是

“如何成为这样的人”。立志就是对第一个问题的回答，工作就是对第二个问题的回答。可见，立志和工作对人生是非常重要的，立什么样的志和怎样工作将决定你成为什么样的人和具有怎样的人生。立志之后要躬行，功夫到了志必成。科学人才的人生实践都雄辩地证明：立志并全心全意工作之人，志必大成。正所谓：立志者事竟成，不立志者万事空。不立志者，天下无可成之事；立志者，世上无事不能成。志不穷而路自开，志愈坚则路愈宽；壮志改变命运，雄心辉煌人生。科技工作者要树雄心、立壮志、攀高峰、获成功，真正做到：逆境中志不动摇，顺境中志不衰弱；不因失败而挫志，不因成功而丧志。科学选择立志之人，机遇偏爱立志之人，成功青睐立志之人。志在创新怀若谷，心有科学气自华。选准路向前行，有志者事竟成。让我们以杰出自然科学家为榜样，志存高远绘蓝图，壮志凌云攀高峰，矢志不渝求真理，踌躇满志度人生！

从杰出自然科学家的人生实践中人们可以悟出：

志高者智，
志远者睿，
志坚者勇，
志强者胜！

志高则人杰，
志远则业伟，
志坚则事成，
志强则功崇！

第三章 追求科学

所谓追求，就是指人用主动积极的行动去力争达到一心向往的目标。追求科学比喜欢、爱好、向往科学更进了一步，达到了专心致志和着迷的程度。追求科学是目标专一的积极进取，是孜孜不倦的不懈探求；是聚精会神的专注思索，是探赜索隐的执着研究；是推陈出新的发明创造，是鞠躬尽瘁的无私奉献。科学征途苦追求，攀登拼搏最风流。在杰出自然科学家看来，科学就是希望，科学就是目标，科学就是追求，科学就是理想；科学高于一切，科学大于一切，科学重于一切，科学胜于一切！对于杰出自然科学家来说，追求科学是一种发乎本能的澎湃激情、无法遏制的强烈愿望和难以阻遏的自觉行为，他们只有追求科学真理的雄心壮志，没有功利主义的私心杂念；只有沿着科学道路走到底的勇气和决心，没有丝毫的患得患失的犹豫和徘徊。杰出自然科学家把探索和发现科学真理作为人生最好的目标去奋斗、最大的价值去追求、最高的理想去实现。他们为了科学不惜放弃一切，为了科学心甘情愿奉献一切，真正做到了一切为了科学，为了一切科学，为了科学的一切。他们在对科学的执着追求中彰显出探索的勇气、研究的智慧和创造的活力，从中体验到探索之奇、研究之趣和创造之乐。法国物理学家居里夫人在一篇回忆文章中说："我俩生活中的第一需要就是科学研究。"[①]英籍新西兰物理学家卢瑟福说："没有任何东西比注视科学的发展更有趣。"[②]这就是说，没有任何东西比追求科学更有趣，没有任何事情比促进和推动科学的发展更有意义。这些杰出自然科学家的名言反映出的是一种共同的品质——对科学的追求，永远在心灵上保持一种坚守，这种坚守并不是在外力的约束下被动地执行，而是一种主动自觉的可持续行为，正因为如此，这种坚守才永远让我们钦佩与敬仰，也永远值得我们学习与效仿。

虽然在科学征途上荆棘丛生、有雨有风，但自然科学家的心已聚焦科学；纵然人间有诱惑千类、风情万种，自然科学家依然对科学情有独钟。不管环境和条

① 中国科学技术大学自然辩证法教研室．科学家故事[M]．合肥：安徽科学技术出版社，1980：80.

② 阎康年．卡文迪什实验室：现代科学革命的圣地[M]．保定：河北大学出版社，1999：196.

件如何变化，他们对科学的真情不移，对科学的挚爱不变，探索科学的热情不减，攀登科学的脚步不停。他们想得开、看得透、放得下，对得起良心、担得起责任、放得下功利，执着地追求科学。当然，追求科学不是一帆风顺的，需要排除各种干扰，冲破各种束缚，消除各种障碍，摆脱各种诱惑，顶住各种压力，克服各种阻力，战胜各种困难。因而，意大利物理学家、天文学家伽利略·伽利雷（Galileo Galilei，1564—1642）说："追求科学需要特殊的勇敢。"①例如，英国物理学家詹姆士·普雷斯科特·焦耳（James Prescott Joule，1818—1889）既没有上过大学，也从未获得过任何学术职称，是一位靠自学成才的自然科学家。他取得成功的道路是极其艰辛、坎坷、曲折的。焦耳出生在英国曼彻斯特附近索尔福特的一个啤酒酿造商家里。由于自幼身体孱弱，他没有进入学校接受正规教育，而是在家中接受父母的启蒙教育，一边跟父亲学习酿酒技术，一边自学。1834 年，父亲请年近 70 岁的著名化学家约翰·道尔顿（John Dalton，1766—1844）给 16 岁的焦耳当家庭教师，指导他学习数学、化学和物理学，这对焦耳的成长起到了很关键的作用。焦耳对电学和磁学产生了浓厚的兴趣，他利用父亲的实验室，开始了对电磁现象的研究，做了一系列实验，取得了一些重要成果。在 1840—1841 年，他集中精力研究了电流的热效应，反复多次地测量了通电导体放出的热量，结果发现电流通过导体所产生的热量与电流强度的平方、导体的电阻和通电时间三者的乘积成正比，这就是焦耳电热定律。在这一发现的基础上，焦耳继续探讨各种运动形式之间能量的守恒和转换关系。1843 年焦耳在论文《论磁电的热效应和热的机械值》中，明确提出了热量与机械功之间存在着恒定的比例关系，他测得的第一个热功当量的值为 460 千克力·米/千卡（4508 牛顿·米/千卡），有力地证明了热只是能的一种形式，从而否定了热质说的观点。1843 年，在朋友的鼓励下，焦耳前往苏格兰报考自然哲学教授，但因没有正式学历而未获准。1847 年 4 月，焦耳在曼彻斯特做了一次通俗的学术讲演，介绍了他测定热功当量的新实验，阐述了能量守恒原理。地方报纸起初不予理睬，有一家报纸甚至拒绝报道，经过长时间的争论，《曼彻斯特信使报》才全文刊登了焦耳的讲演。1847 年 6 月在牛津举行的英国科学促进协会年度会议上，当焦耳要求宣读论文时，会议主席以会议内容太多为理由只准许他做简要介绍，而不准对他的发言进行讨论。著名物理学家威廉·汤姆孙（William Thomson，1824—1907）在焦耳报告结束后做了即席发言，这才令与会者对焦耳的新思想加以重视。从 1843 年起，焦耳用了 40 多年的时间，

① 李政．与名人有约：影响人类文明的 10 位科学家[M]．北京：中国档案出版社，2004：70．

先后共进行了 400 多次实验，以惊人的耐心和高超的技术在当时的实验条件下测得了比较精确的热功当量值——423.85 千克力·米/千卡（4153.73 牛顿·米/千卡），很接近现在热功当量的公认值 427 千克力·米/千卡（4184.6 牛顿·米/千卡），这在物理学史上是罕见的。除了从事科学研究之外，焦耳还与哥哥共同经营父亲留给他们的一家啤酒厂。1854 年，在丧妻之后，焦耳把啤酒厂中属于自己的股份卖掉，此后专心投入科学研究。焦耳还有幸与汤姆孙一起进行热力学实验和能量守恒等问题的研究，在焦耳发表的 97 篇论文中有 20 篇是他们两人合作的成果。功夫不负有心人，焦耳的科学发现终于得到科学界的认可，焦耳也作为能量守恒与转化定律的主要发现者之一而被载入史册。1850 年，焦耳当选为英国皇家学会会员；1866 年，他获英国皇家学会柯普利奖章；1882—1887 年，他担任英国科学技术协会主席。后人为了纪念他，用焦耳作为能量的单位，用焦耳的拉丁文拼法的第一个字母“*J*”来标记热功当量。

在科学技术史上，杰出自然科学家为了追求科学而放弃物质利益的事例不胜枚举，例如，1748 年，已经 42 岁的美国科学家富兰克林为了全身心致力于电学的实验研究，卖掉了自己苦心经营多年的印刷所。经过多年的潜心研究，富兰克林终于在电学研究上取得了惊人的发现：电荷有两类，分别称为正电荷和负电荷，分别用符号“＋”“－”来表示。这一发现为定量研究电现象奠定了基础。他还通过实验总结概括出了电荷守恒定律。再如，1831 年 7 月，已经 40 岁的法拉第为了全力以赴地进行电磁学研究，谢绝了来自各个方面的聘请，抛开了获利丰厚的商业性技术工作，重新回到了电磁学研究领域，集中精力研究令他念念不忘的转磁为电问题，终于发现了电磁感应现象，为人类打开了电力时代的大门。

有理想才会有追求，有追求才会有奋斗，有奋斗才会有期待。科学就是一场竞争，自然科学家每天都在攀登。自然科学家力求创新，追求卓越，渴求成功。正是对科学的执着追求，成就了自然科学家的灿烂人生。追求科学贵在持之以恒，难在与时俱进。就像是战士就不能放弃阵地一样，是自然科学家就不能放弃科学追求。用心之处，必有所得；心在路自宽，心远路自偏。只要科学在心中永驻，人就永远走在追求科学的路上。杰出自然科学家一辈子都在追求科学，科学就是他们一生关注的焦点、研究的重点、生命的中心；科学就是他们朝思暮想的心事、魂牵梦萦的大事、冥思苦想的难事、刻骨铭心的要事。人为科学生，身为科学长，日为科学忙，夜为科学想。让我们以杰出自然科学家为榜样，把探索科学真理作为天职，把科学研究作为追求，把科学创造作为使命，心为科学所思，情为科学所系，才为科学所用；心向科学，情系科学，志在科学。用心去感受科学，用情去传播科学，用行去践行科学。

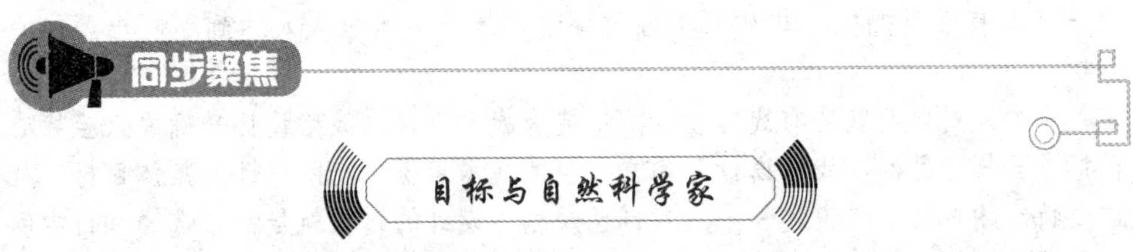

目标与自然科学家

顾名思义，目标是目的的标识、追求的对象和愿望的化身，是想要达到的境地或想要做到的标准。杰出自然科学家都把追求科学真理作为人生的首要目标。波兰天文学家尼古拉·哥白尼（Nicolaus Copernicus，1473—1543）说：“人的天职在勇于探索真理。”[①]英国物理学家法拉第认为：“真理的探求应是唯一的目标。”[②]美国科学史家乔治·萨顿（George Sarton，1884—1956）强调：“科学的主要目的和它的主要报酬是真理的发现。”[③]爱因斯坦则说：“一个人如果不承认追求客观真理和知识是人的最高的和永恒的目标，他就会不受人重视。”[④]

如何科学制定和恰当确立目标？德国物理学家马克斯·卡尔·恩斯特·路德维希·普朗克（Max Karl Ernst Ludwig Planck，1858—1947）建议：“这当是一条普遍的真理：为了取得成功，我们务必要把目标定得比最后可以达到的高度稍微高出一点。”[⑤]目标应是在当前主、客观条件下经过努力可以达到的，恰当选择的目标就是一种激励，目标过高或过低都起不到激励的作用。在寻求和确立目标时要学会智慧选择——在全面审视的基础上把握好“度”。目标一旦选定，便毫不犹豫，并执着地为实现目标而努力。

要实现自己的目标，就必须锲而不舍地努力奋斗。法国生物学家巴斯德曾开门见山地说：“告诉你使我达到目标的奥秘吧。我唯一的力量就是我的坚持精神。”[⑥]居里夫人也用朴实无华的语言道出了自己的心声：“我也是永远耐心地向一个极好的目标努力。我知道生命短促而且脆弱，知道它不能留下什么，知道别人的看法

① 王涵，等．名人名言录[M]．上海：上海人民出版社，1983：56．

② 马来平．科学箴言[M]．济南：山东科学技术出版社，2007：221．

③ 乔治·萨顿．科学史和新人文主义[M]．陈恒六，等译．上海：上海交通大学出版社，2007：16．

④ A.爱因斯坦．爱因斯坦文集（增补本）第三卷[M]．许良英，赵中立，张宣三，编译．北京：商务印书馆，2009：176-177．

⑤ 赵鑫珊．普朗克之魂[M]．上海：文汇出版社，2000：35．

⑥ 贝弗里奇．科学研究的艺术[M]．陈捷，译．北京：科学出版社，1979：144．

完全不同，而且对自己的努力是否符合真理没有多大把握，我还是努力做去。”[①]尽管一切没有十足把握，却从来不曾放弃过，最终，居里夫人达到了超出预想的目标。

一个人对自己既要有战略设计，也要有战术设计。战略设计是确立人生战略目标——长远目标，战术设计是确立人生的战术目标——阶段性的具体目标。从这个特定的意义可以说，一个人对自己规划、设计的过程就是恰当选择和科学确立奋斗目标的过程，一个人实现自己规划、设计的过程就是实现奋斗目标的过程。对于自然科学家来说，选择和确立阶段性目标的过程就是选择和确立科研课题的过程，实现阶段性目标的过程就是完成科研课题的过程，很可能是做出科学发现或技术发明的过程。

从目标与理想、追求、愿望、目的的关系看，目标是理想的明确化、追求的对象化、愿望的具体化和目的的标识化，是在当前主、客观条件下经过努力可以实现的。换言之，目标是看得见的理想、奔得到的追求、可实现的愿望和可达到的目的。可见，目标与理想、追求、愿望、目的都有非常密切的关系：理想、追求、愿望、目的是抽象的目标，目标则是理想、追求、愿望、目的的明确化。这一密切关系更彰显了目标的重要性。的确，目标不能脱离理想、追求、愿望、目的而凭空产生和孤立存在，理想、追求、愿望、目的要通过目标来体现和落实。恰当选择和科学确立目标的过程就是使理想、追求、愿望、目的进一步明确和落实的过程，实现目标的过程就是实现理想、追求、愿望、目的的过程。一个人正是通过实现一个个目标去实现理想、追求、愿望、目的的。这正是目标的价值和意义所在。有了目标就有了追求，人生就有了意义和价值。不树立目标是愚人，不科学选择目标是蠢人，不努力实现目标是庸人。

成功的道路就是由一个个已实现的目标连接起来和铺设而成的。奔向一个个目标，就是攀登一座座高峰，获得一次次成功，实现一个个愿望，达到一个个目的。

科学设定目标是做好任何事情的前提，理所当然地也是做好科学研究工作的前提，只有目标科学、明确、可行，实现目标的路径才更清晰，方法才更有效，措施才更得力，成果才更丰硕。恰当选择和科学确立的宏伟目标塑造伟大的灵魂，产生巨大的动力，造就杰出的人才，成就非凡的壮举。当然，一个人人生能否出彩不仅在于他为自己确立了什么样的目标，而且在于他以什么样的态度对待目标

① 艾芙·居里．居里夫人传[M]．左明彻，译．北京：商务印书馆，1984：265．

和以什么样的行动去实现目标。

未实现的目标是人生的一个个目的地，描绘出理想蓝图；已实现的目标是人生的一座座里程碑，记录着人生轨迹。已实现的目标不是终点，而是新的起点。“从不看已经实现的目标，只看还应该并且能够实现的目标”应成为每个人的座右铭。作为科技工作者，无论从哪里出发，无论什么时候启程，永远走在攀登科学高峰的路上；无论路程多么遥远，无论路途多么艰难，探索科学真理的目标永远不会改变！向科学进军的步伐永远不会放慢！

树立目标，实现目标；树立新的目标，实现新的目标……这就是人生的攀登历程，也是人生的奋斗之歌和生命的交响乐章！

好的目标能给人指明成功的方向，即能把人引领到通向成功的道路上，从这个意义上可以说，确立好的目标就是成功的开始，就是走向成功。心怀目标选准路，走实脚下每一步。只要奋斗在实现目标的方向上，每前进一步就会向目标靠近一步。科技人才成长史已经证明并将继续证明：心中有目标，肩上就会有担当，眼中就会有方向，脚下就会有道路，人就会有奔头。人活着就必须要有奋斗目标，有目标才知道你想要什么和想做什么样的人。从一定意义上可以说，一个人选择并实现什么样的目标，就决定他怎样度过人生，从而也就决定他会成为怎样的人。让我们以杰出自然科学家为榜样，站在高起点，瞄准新目标，迎接新挑战，实现新超越！恰当地选择目标，科学地确立目标，努力地实现目标！成就非凡的壮举，获得巨大的成功，度过有意义的人生！

目标唤起使命，目标寄托希望；
目标承载责任，目标肩负担当。
目标启迪道路，目标引领方向；
目标点燃激情，目标催人向上。
目标鼓舞斗志，目标激励开创；
目标集中精神，目标凝聚力量。
目标荡涤倦怠，目标培育坚强；
目标驱走平庸，目标塑造榜样。
目标激发潜能，目标创造超常；
目标提升素质，目标促进成长。
目标造就人才，目标实现理想；
目标成就事业，目标谱写辉煌！

第四章 相信科学

人们热爱科学、向往科学、追求科学、崇尚科学和献身科学都反映和说明一个基本事实——相信科学。换言之，相信科学是人们热爱科学、向往科学、追求科学、崇尚科学和献身科学的基本前提。

许多自然科学家都由衷地表达了对科学的相信之意和崇尚之情。例如，在1813年年初，22岁的学徒工法拉第与大化学家戴维第一次见面时就发自内心地说："我对买卖不感兴趣，先生。那只是为了赚钱，自私自利。可是科学工作是为了追求真理，哲学家都有高尚的道德感情。"[①]这段肺腑之言表达了法拉第极愿逃出商界而进入科学界的迫切心情。又如，1905年6月6日法国物理学家皮埃尔·居里（Pierre Curie，1859—1906）在瑞典皇家科学院所做的诺贝尔奖获奖演讲中指出："我们可以想象到，如果镭落到了坏人手中，它就会成为非常危险的东西。由此可能会产生这样一个问题：知道了大自然的奥秘对人类是否有益？人类从新发现中得到的是益处，还是害处？诺贝尔的发明就是一个典型的事例。烈性炸药可以使人类创造奇迹，然而在那些把人民推向战争的罪魁祸首的手里，烈性炸药就成了可怕的破坏武器。我是信仰诺贝尔信念中的一员，我相信，人类从新发现中获得的更美好的东西将多于它带来的危害。"[②]再如，居里夫人在大学毕业以后，一直着迷地从事科学研究工作，她对科学的兴趣和热情有增无减。在1921年于巴黎出版的《放射学与战争》一书中，居里夫人对科学发现的好处和对人类的价值大加颂扬，并从悲惨的经验中得出一些相信和热爱科学的新论据："科学在19世纪末把种种新放射揭示给我们，我们由这种出乎意料的发展得到什么结论呢？这种种新发现，似乎应该使我们对于公正无私的研究更有信心，应该增加我们对于这种研究的尊崇和钦佩。"[③]1933年，居里夫人到马德里主持一个讨论文化前途的辩论

---

① 秦关根．法拉第[M]．北京：中国青年出版社，1982：55．

② 玛丽·居里．居里传[M]．周荃，等译．南昌：江西教育出版社，1999：196

③ 艾芙·居里．居里夫人传[M]．左明彻，译．北京：商务印书馆，1984：296．

会，当有些与会者惊呼“专门化”和“标准化”的种种祸害，并认为科学应对全世界的“文化危机”负一定责任时，居里夫人挺身而出，为科学辩护道：“我是认为科学极其美好的那种人。一个在实验室中的学者不只是一个技术人员，他也是一个小孩子，他眼前的自然现象像神话一样，给他很深的印象。我们不应该使人相信科学的一切进步可以简单化为机械结构、机器、齿轮装置，虽然这些东西也自有其美。”[①]晚年，居里夫人仍热心于科学公益事业，为发展科学呼吁、奔波，她在一篇报告中写道：“社会的兴趣何在？难道它不应该赞助科学事业的发展？难道它已经很富裕，可以牺牲将对它有所贡献的事业？我却相信，真正科学事业所需要的才能的总体是一种无限贵重而又极为脆弱的东西，是一种稀有的财宝；若丧失这种财宝，就是罪过，而且是荒谬的，我们应该关怀备至地照料它，以便给它一切成长的机会……”[②]法国生物学家巴斯德曾深有体会地说：“当你终于确实明白了某件事物时，你所感到的快乐是人类所能感到的一种最大的快乐。”[③]法国生理学家克洛德·贝尔纳（Claude Bernard，1813—1878）也说：“作出新发现时感到的快乐，肯定是人类心灵所能感受的最鲜明而真实的感情。”[④]原子物理学和原子核物理学的奠基者卢瑟福说：“物理学家们有理由为自己的信念辩护，因为这些信念是建筑在事实这一坚固的岩石之上的，而不是像我们的一些同行如此郑重其事地警告我们的那样，建立在一片想象和假设的流沙之上。”[⑤]爱因斯坦说：“科学研究能破除迷信，因为它鼓励人们根据因果关系来思考和观察事物。在一切比较高级的科学工作的背后，必定有一种关于世界的合理性或者可理解性的信念，这有点像宗教的感情。”[⑥]

科学是人类永恒的主题，科学探索具有永久的魅力，自然科学家创造了人生的传奇。科学代有才人出，各自影响数百年。我们对科学的发展充满信心，对自然科学家的研究充满期待。只要相信科学，信赖科学，信仰科学，就会对科学产生浓厚而持久的兴趣和强大而持久的动力，就会对发展科学具有不为外界所干扰

① 艾芙·居里．居里夫人传[M]．左明彻，译．北京：商务印书馆，1984：327．

② 艾芙·居里．居里夫人传[M]．左明彻，译．北京：商务印书馆，1984：326-327．

③ 贝弗里奇．科学研究的艺术[M]．陈捷，译．北京：科学出版社，1979：147-148．

④ 贝弗里奇．科学研究的艺术[M]．陈捷，译．北京：科学出版社，1979：148．

⑤ 约翰·罗兰．欧内斯特·卢瑟福：杰出的原子核物理学家[M]．姜炳忻，译．北京：原子能出版社，1978：62．

⑥ 爱因斯坦．爱因斯坦文集（增补本）第一卷[M]．许良英，李宝恒，赵中立，等编译．北京：商务印书馆，2009：364．

的战略定力，这是做好一切科学工作的基础和前提。心中有信仰，眼中有方向，脚下有力量。信心激发动力，信仰点燃勇气，信念坚韧毅力。让我们以杰出自然科学家为榜样，树立十足的信心、坚定的信念和崇高的信仰，相信科学，信仰科学，献身科学；以信念创造奇迹，以信仰成就事业，以信心续写辉煌。

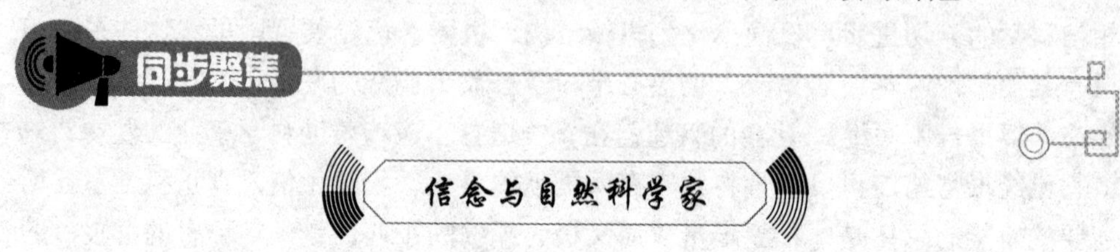

顾名思义，所谓信念，就是指确信不疑和矢志不渝的看法、理念。信念是一种更明确、更深刻、更稳固、更持久的认识，是一个人对未来发展所持有的坚信不疑的理念和坚定不移的态度，是一个人笃信而不疑的看法和笃行而不倦的追求。

信念是自然科学家从事科学研究工作的出发点、立足点和支撑点，奋斗的起点在信念，攀登的动力在信念，精神的支柱在信念。正如爱因斯坦所指出："相信世界在本质上是有秩序的和可认识的这一信念，是一切科学工作的基础。"①没有信念就没有自然科学家的成功，甚至可以说没有信念就没有科学。"要是不相信我们的理论构造能够掌握实在，要是不相信我们世界的内在和谐，那就不可能有科学。这种信念是，并且永远是一切科学创造的根本动力。在我们的一切努力中，在每一次新旧观点之间的戏剧性的冲突中，我们都认识到求理解的永恒的欲望，以及对于我们世界的和谐的坚定信念，都随着求理解的障碍的增长而不断地加强。"②在谈到伽利略等物理学家从事科学研究的动机时，德国物理学家普朗克曾说："对于所有这些人来说，他们有意或无意献身于科学的动机，乃是出于一种信仰，即对一种合乎理性的世界秩序表示坚定不移的信仰。"③

信念是人强大的精神支柱和动力的源泉，坚定的信念会使人产生强烈而持久的热情和强大而持久的动力，不仅能促使人树立明确的目标，而且能促使人竭尽全力去实现自己的目标。正如爱因斯坦所指出："从一开始就一直存在着这样的企

---

① 爱因斯坦．爱因斯坦文集（增补本）第一卷[M]．许良英，李宝恒，赵中立，等编译．北京：商务印书馆，2009：409.

② 爱因斯坦．爱因斯坦文集（增补本）第一卷[M]．许良英，李宝恒，赵中立，等编译．北京：商务印书馆，2009：520.

③ 赵鑫珊．普朗克之魂[M]．上海：文汇出版社，2000：43.

图：要寻找一个关于所有这些学科的统一的理论基础，它由最少数的概念和基本关系所组成，从它那里，可用逻辑方法推导出各个分科的一切概念和一切关系。这就是我们所以要探求整个物理学的基础的用意所在。认为这个终极目标是可以达到的，这样一个深挚的信念，是经常鼓舞着研究者的强烈热情的主要源泉。”①

信念支撑人的精神，砥砺人的意志，支配人的思想和行动。信念能激活思维，激励行动，激发兴趣，增强信心，提高勇气，产生力量。坚定的信念能够产生连锁反应，能够派生出并提高一系列优秀品质，对人的成长、成功、成才起着举足轻重的关键作用。正如美国科学家富兰克林所说：“一个人失败的最大原因，就是对于自己的能力永远不敢充分信任，甚至自己认为必将失败无疑。”②由此可以得出一个推论：“一个人成功的最大原因，就是对于自己的能力永远充分信任，甚至自己认为必将成功无疑。”可见，具有坚定的信念是一个人成功的首要原因，没有坚定的信念是一个人失败的首要原因。信念的动摇是最危险的动摇，信仰的危机是最致命的危机。

信念是一种渴望、一种追求、一种理想，也是一种信心、一种激励、一种动力，更是一种信仰、一种精神、一种境界。

杰出自然科学家不仅有对困难、挫折、挑战的忧患意识，更有面对困难、挫折和挑战的必胜信心和坚定信念。这种信念不是源于心血来潮的一时冲动，也不是源于盲目的从众或跟风，更不是源于装潢门面或自我炫耀的虚荣，而是源于哲学的深层认识、科学的理性认知、人生目标的迫切要求和人生价值的执着追求。在攀登科学高峰的征途上，所有的困难都会被信念踩在脚下。正因为如此，杰出自然科学家高远坚定的信念是攻无不克、战无不胜的力量。有了这种高远坚定的信念，遇到困难就不会却步，遇到挫折就不会退缩，遇到失败就不会灰心；有了这种高远坚定的信念，就能不为任何风险所惧，不为任何干扰所惑，不为任何物欲所累；有了这种高远坚定的信念，探索科学就能拼搏，追求科学就能执着，对待名利就能淡泊。

纵观科学技术史可以发现，在法拉第、爱迪生、居里夫人等许多杰出自然科学家的一生中都自始至终贯穿着一条主线——自立、自信、自强、自主，这是杰

① 爱因斯坦．爱因斯坦文集（增补本）第一卷[M]．许良英，李宝恒，赵中立，等编译．北京：商务印书馆，2009：528．

② 傅明伟，等．世界名人名言精选[M]．上海：上海交通大学出版社，2004：210．

出自然科学家旺盛的生命之线、非凡的成才之线、辉煌的成功之线和灿烂的人生之线。自立者无忧，自信者无畏，自强者无敌，自主者无憾。而信念是自立之魂，自信之源，自强之根，自主之基。有信念就有追求，就有梦想，就有力量；没有信念，人生之路就会徘徊不定，人生之线就会暗淡无光，人生前途就会虚无缥缈。需要强调指出和特别注意的是，信念不仅存在于头脑中，更表现在行动上；信念不只是一个思想认识问题，更是一个实践问题。因为信念不仅是指坚信不疑的精神状态，更是指坚定不移的实际行动。的确，信念是否坚定不仅体现在思想认识上，更体现在实际行动上。换言之，信念不仅要通过认识来体现，而且要通过实践来检验，更需要用实际行动来证明。

"发明大王"爱迪生曾言简意赅地说："自信是成功的第一秘诀。"①自信是一种心理状态、精神面貌和人生态度，不仅是一种心态、一种品格、一种力量，更是一种精神、一种气质、一种境界。自信是成功之始，是成才之基。有自信才会有自觉，有自信才能有定力，有自信才会有勇气，有自信才会有干劲。要努力使信心、信念、信仰、信誉四位一体，共同构成一个有机的整体——自信系统，共同形成自信的长效机制。一个人在任何时候、任何情况下都要对自己有信心，有信心就有可能，有信心就有希望，有信心就有机遇，有信心就有收获，有信心就有期待，有信心就有未来。有信心的人更有进取心，有信念的人更有意志力，有信仰的人更有内动力，有信誉的人更有幸福感；有信心才能开拓，有信念才能执着，有信仰才能超脱，有信誉才能卓越；有信心者无畏，有信念者无阻，有信仰者无敌，有信誉者无憾。的确，没有信心，何来创新？没有信念，何来意志？没有信仰，何来力量？没有信誉，何来信任？可见，每个人成功的起点就在自己心中。我们要虚心向杰出自然科学家学习，永不丧失信心，永不放弃信念，永不动摇信仰，永不降低信誉。有信心就会蓬勃向上，有信念就会斗志昂扬，有信仰就会有远大理想，有信誉就会有责任担当。信心满怀气自华，信念如磐底气足，信仰坚定斗志昂，信誉崇高精神爽。让我们用信仰铸魂励人，用信念聚精会神，用信心攻坚克难，用信誉开拓前进；用信仰托起梦想，用信念产生力量，用信心创造辉煌，用信誉谱写华章。在科学人生中笃信科学精神，在科学探索中恪守信念，在科学研究中充满信心，在科学创造中绽放精彩。让我们以杰出自然科学家为榜样，不断增强科学探索自信、科学研究自信、科学创造自信、科学发现自信、技

① 傅明伟，等．世界名人名言精选[M]．上海：上海交通大学出版社，2004：211.

术发明自信，自信有为，主动作为，在任何情况下都要牢记并努力做到：

科学意识不能淡薄，科学情绪不能低落；
科学精神不能萎缩，科学道德不能滑坡。
科学情感不能冷漠，科学兴趣不能消解；
科学意志不能松懈，科学奋斗不能打折。
科学探索不能惶惑，科学研究不能懒惰；
科学积累不能忽略，科学创造不能胆怯。
科学机遇不能错过，科学追求不能淡泊；
科学动力不能枯竭，科学攀登不能停歇。
科学信心不能减弱，科学信念不能泯没；
科学信仰不可或缺，科学信誉不能降格。
科学使命不能忘却，科学责任不能推卸；
科学理想不能空设，科学岁月不能蹉跎。

第五章　献 身 科 学

控制论的创立者诺伯特·维纳（Norbert Wiener，1894—1964）在回忆自己成长历程时曾深有体会地说："从父亲那里我学到了属于真正学者的学术标准，学到了一个学者的事业所需要的大丈夫气概、献身精神和诚实的态度。我认识到，学术是一种召唤，一种献身，而不是一种职业。我学会了一种对所有的吹牛和知识上的弄虚作假的强烈憎恨，学会了一种对任何问题无不尽力加以解决而不为其困难所压倒的自豪。这些都是值得付出痛苦的代价的，但是我并不是要求任何在体力和精神上忍受不住这种痛苦的人也付出这个代价。一个虚弱的人是不可能付出这种代价的，这种代价可能是致命的。"[①]在科学的征途上，探索没有尽头，研究没有止境，创造没有结束，攀登没有终点；在科学的征途上，杰出自然科学家不愧是不知畏惧的探索者、不知疲倦的攀登者、不知满足的进取者和不知索取的奉献者；在科学的征途上，印下了探索者的坚实足迹，洒下了研究者的辛勤汗水，留下了创造者的奋进身影，立下了发现者的纪念丰碑；在科学的征途上，记录了跋涉者的艰辛、拼搏者的努力、攀登者的风险和奉献者的忘我。自然科学家一生都与科学打交道，对于自然科学家来说，科学就是心中的太阳、生命的中心和聚精会神的焦点。在科学这个强大向心力的作用下，他们一生都在围绕着科学而满负荷地运转，就像地球绕太阳运动一样，昼夜不停，持之以恒。一生都酷爱科学，心系科学，志在科学。科学就是工作，科学就是生活，科学就是生命。真正做到了一切为了科学，为了一切科学，为了科学的一切。"发明大王"爱迪生说："我能活多久，就工作多久。"[②]我国著名数学家华罗庚（1910—1985）说："我的哲学不是生命尽量延长，而是工作尽量多做。"[③]我国数学家、2000 年度国家最高科学技术奖获得者吴文俊（1919—2017）说："我应该向我的老师陈省身先生学习，他在去世前几天还在做研究！做科研没有'退休'一说，除非无法工作，否则活着

---

① 维纳．昔日神童：我的童年和青年时期[M]．王福，译．上海：上海科学技术出版社，1982：261．

② 陈俊熹．爱迪生传[M]．长春：长春出版社，2003：209．

③ 华罗庚．华罗庚科普著作选集[M]．上海：上海教育出版社，1984：（王元介绍）7．

一天就要做一天。”[①]默默奉献，无私追求，忘我工作，这就是自然科学家一生的真实写照。

英国科学家罗伯特·胡克（Robert Hooke，1635—1703）曾深有感触地说：“科学研究中的尝试和努力，往往需要自我牺牲的精神。”[②]科学竞争的激烈程度一点儿也不亚于体育比赛或战争，正如俄罗斯著名科学家米哈伊尔·瓦西里耶维奇·罗蒙诺索夫（Mikhail Lomonosov，1711—1765）所说：“攻克科学堡垒，就像打仗一样，总会有人牺牲，有人受伤，我要为科学而献身。”[③]实际上，翻开科学发展史就会发现，近代自然科学就是在血泊中诞生的。为了使科学从神学中解放出来，走上独立自主的发展道路，一些自然科学家献出了自己的宝贵生命。例如，西班牙医生弥贵尔·塞尔维特（Miguel Servet，1511—1553）把人体血液运动的研究向前推进了一大步，然而这位正要发现血液循环的科学家却被宗教裁判所以异端罪名于 1553 年逮捕、烧死，死前还被活活地烤了两个小时，他的多数著作也被付之一炬。意大利进步哲学家和天文学家乔尔丹诺·布鲁诺（Giordano Bruno，1548—1600）由于宣传哥白尼的日心说和进步的哲学思想而成为宗教裁判所的仇敌，到处被追捕，1576 年被迫离开祖国在 10 多个国家过流浪生活达 15 年之久。1592 年，布鲁诺被罗马教廷诱骗回国，囚禁在宗教裁判所的监狱里，受残酷折磨达 8 年之久，最后被处以火刑，于 1600 年 2 月被烧死在罗马的鲜花广场。意大利著名物理学家伽利略也因宣传哥白尼的日心说于 1616 年 3 月 26 日被宗教裁判所传讯并提出严重警告，1633 年伽利略带病赴罗马宗教裁判所受审，1633 年 6 月 22 日被判处终身监禁。由于好友们的拯救，伽利略获准监外执行——在家软禁，被押回老家阿切特里（Arcetri）故居，与世隔绝。伽利略带病进行研究和创作，于 1635 年 6 月完成了《两门新科学的对话》一书，于 1638 年 7 月正式出版。1637 年，伽利略在双目失明后，仍坚持与朋友、学生讨论科学问题，直到 1642 年 1 月 8 日病逝。在现代，也同样有一些杰出自然科学家为发展科学而献出了自己的宝贵生命。例如，1912 年提出大陆漂移说的德国气象学家阿尔弗雷德·魏格纳（Alfred Lothar Wegener，1880—1930）为了寻找大陆漂移的直接证据，多次去格陵兰探险，重复测量格陵兰相对于欧洲的漂移速度，1930 年在第四次考察格陵兰时遭到暴风雪袭击，不幸遇难，名副其实地做到了为科学而献身。

---

① 吴文俊．我要替数学争一下[N]．光明日报，2010-06-10（04）．

② 文三甲．名人与你同生日丛书（第七辑）[M]．太原：山西人民出版社，2000：25．

③ 王德风，刘卫东．企业家、科学家名言录[M]．北京：中国工人出版社，1991：14．

杰出自然科学家是用自己一生的思考引领、推动科学进步的智者，是用自己一生的研究传承、创新自然科学的学者，是用自己一生的实践诠释科学精神和科学道德的仁者。为了科学，自然科学家把自己的心交付，把自己的情投入，把自己的爱倾注，把自己的一生都无私献出！俄罗斯著名生理学家伊万·彼得罗维奇·巴甫洛夫（Ivan Petrovich Pavlov，1849—1936）在临终前给青年的一封信中强调指出："记住：科学是要求人们为它贡献毕生的。就是有两次生命也不够用。"[①]正因为杰出自然科学家把生命与科学融为一体，对科学由兴趣上升到追求，把献身科学作为人生目标，所以他们才能把科学研究看成是生活的第一需要，才能把"一切为了科学"作为人生宗旨和处事原则，作为一切言行的出发点和归宿，进而才能把热爱科学之情变为献身科学之行，把生命的历程变为献身科学的实际行动。凡是有利于科学的事就竭尽全力去做，凡是与科学无关的事就坚决戒掉。

科学，使学习者倾心，令爱好者向往，让研究者忘我，被应用者颂扬；科学，令热爱者着迷，使追求者发狂，让探索者献身，被信仰者崇尚。科学是学习者的校园，热爱者的家园；是向往者的圣殿，信仰者的圣地；是追求者的天堂，献身者的乐园。科学是用心灵开拓的路，用智慧耕耘的地，用心血浇灌的花，用生命结出的果。这就是科学的价值和意义，这就是科学的伟大和魅力，这就是科学的神秘和传奇。科学研究是真诚的付出，忘我的投入，无私的奉献。杰出自然科学家都是特别能吃苦、特别能奋斗、特别能攻关、特别能奉献的典范。在创造中享受快乐，在奉献中体现价值。献身科学是自然科学家心甘情愿的自觉行为，也是自然科学家的快乐之源和幸福之泉。非欧几何的创立者之一、俄罗斯数学家尼古拉·伊万诺维奇·罗巴切夫斯基（Nikolai Ivanovich Lobachevsky，1792—1856）发自内心地说："不停地斗争，为真理而献身，为科学和人民死而无怨。"[②]因发现X射线而成为第一位诺贝尔物理学奖获得者的德国物理学家威廉·康拉德·伦琴（Wilhelm Conrad Röntgen，1845—1923）曾说："对科学家来说，最大的快乐是，无论对什么问题，都不拘泥于偏见，自由自在地继续进行研究。对研究者来说，没有比问题得到解答时那样的心满意足而更喜悦的了。无论外界怎样承认或夸奖都比不上它。"[③] 1947 年诺贝尔生理学或医学奖获得者、美国生物化学家格蒂·特蕾

① 贝弗里奇．科学研究的艺术[M]．陈捷，译．北京：科学出版社，1979：160．
② 陈守义．数学家的性格、思想与功绩[M]．北京：北京师范大学出版社，1990：118．
③ 山本大二郎．伦琴传[M]．文都苏，译．西安：陕西科学技术出版社，1982：130．

莎·科里（Gerty Theresa Cori，1896—1957）由衷地说："对于我来说，挚爱并献身于科学事业，是一切幸福的根基。在多年辛勤地埋头工作之后，笼罩着大自然的神秘面纱突然被揭开，黑暗和混乱一下子被和谐和美丽的阳光所代替，这真是人生中最难忘的幸福时刻啊！"[①]"发明大王"爱迪生也意味深长地说："我的人生哲学是工作，我要揭示大自然的奥秘，并以此为人类造福。我们在世的短暂的一生中，我不知道还有什么比这种服务更好的了。"[②]自然科学家用生命践行使命，将奉献凝聚在科学使命之上，将辉煌写进了人类文明的历史篇章。自然科学家发展了科学，科学也成就了自然科学家。自然科学家的职业幸福感来源于自然科学家对职业的高度自觉。这种高度的职业自觉既彰显了一种科学意识，也表现为一种科学价值，更落实在各种科学实践中。

热爱产生兴趣，向往渴求立志，追求确立目标，相信坚定信念，献身导致奉献。杰出自然科学家热爱科学之炽烈、向往科学之迫切、追求科学之执着、相信科学之坚决、献身科学之自觉，都是我们学习的榜样和效仿的楷模。我们向杰出自然科学家学习，就是要像杰出自然科学家那样，心怀热爱科学之激情，肩扛发展科学之使命，追求创新科学之目标，践行献身科学之夙愿。我们向杰出自然科学家学习，就是要像杰出自然科学家那样，做到科学事业至上，不管遇到多大的困难和风险，对科学事业都"不变其志，不改其节，不悔其道"。我们向杰出自然科学家学习，就是要像杰出自然科学家那样倾注为科学执着的那份心和为科学奉献的那份情，使讲科学、爱科学、学科学、用科学成为自己的自觉行动，努力成为科学道路的开拓者、科学实践的探索者、科学知识的传播者、科学方法的推广者，科学思想的倡导者、科学真理的追求者，科学道德的践行者、科学精神的弘扬者。我们向杰出自然科学家学习，就是要像杰出自然科学家那样，在认识上要确立科学就是我的挚爱、我的向往、我的追求、我的信仰、我的事业；在情感上要达到一从事科学研究就热情奔放，激情燃烧，豪情满怀，真情涌动，深情澎湃；在行为上要做到热爱科学，向往科学，追求科学，相信科学，献身科学。真正做到对待科学有情、有爱、有信仰，献身科学有言、有行、有担当。让生命在科学探索、科学研究、科学创造中精彩绽放。

① 马来平．科学箴言[M]．济南：山东科学技术出版社，2007：114.

② 王通讯，等．科学家名言[M]．石家庄：河北人民出版社，1980：1.

同步聚焦

奉献与自然科学家

由《现代汉语词典》(第7版),奉献是指恭敬地交付;呈献。通常,奉献多是指主动自觉地无私付出和心甘情愿地忘我贡献。提倡奉献有一个前提,就是一定要为正义的事业而奉献,即为促进科学发展、人类进步、社会文明、人民幸福而奉献。卡尔·马克思(Karl Marx,1818—1883)说:"科学绝不是一种自私自利的享乐。有幸能够致力于科学研究的人,首先应该拿自己的学识为人类服务。"[①] 控制论的创立者维纳说:"学者的纪律是献身于追求真理。这包括愿意做出这种献身所要求的那种实际牺牲,例如牺牲金钱或者名誉,在极端的情况下(不是没有先例的),甚至牺牲个人的安全。"[②]科学需要奉献,选择了科学就等于选择了奉献。奉献是科学精神的必然要求,科学精神体现在实践中就是奉献;奉献是科学道德的具体体现,科学道德落实到行为上就是奉献。奉献根于世界观、人生观、价值观,源于事业心、责任感、使命感。奉献是心灵的呼唤、责任的支配和使命的驱动;奉献是人文精神的弘扬、高尚品德的践行和有益价值的创造。

奉献既是认识、改造客观世界的过程,也是认识、改造主观世界的过程;既是为社会创造价值的过程,也是自我价值实现的过程;既是为人类、为社会做贡献的过程,也是自我发挥、自我提升的过程;既是一种付出的过程,也是一种收获的过程,特别是一种精神上收获的过程。苦中有乐,乐在其中。因为社会价值是衡量个人价值的标准,一个人创造的社会价值越大,对社会的贡献也越大,自己的价值也越大。有奉献才有作为,有作为才有价值,有价值才有意义。可见,奉献不是丧失,而是充实;奉献不是白干,而是历练;奉献不是吃亏,而是受益;奉献不是自我牺牲,而是自我实现。奉献就像蜡烛一样,既照亮了别人、温暖了别人、服务了别人、给予了别人,也最好地发挥了自己、发展了自己、实现了自己、成就了自己。可见,奉献最难得、特值得,也颇有所得。

奉献是一种行为、一种实践、一种壮举,也是一种作风、一种品格、一种美德,还是一种享受,一种幸福,一种快乐,更是一种情怀、一种精神、一种境界。

---

① 拉法格,等. 回忆马克思恩格斯[M]. 马集,译. 北京:人民出版社,1973:2.

② 维纳. 我是一个数学家[M]. 周昌忠,译. 上海:上海科学技术出版社,1987:306.

忘我才能为人，无私才能奉献。奉献是奋斗的提升，是拼搏的升华。奉献是平凡中孕育的伟大，是普通中升华的崇高。生命的意义不在于索取，而在于奉献！奉献是生命功能的发挥、生命价值的创造和生命意义的实现。平凡孕育非凡，普通蕴藏神奇。奉献是平凡中迸发出的生命亮度，是普通中升华出的生命高度。正如爱因斯坦所指出："人只有献身于社会，才能找出那实际上是短暂而有风险的生命的意义。"①

奉献是一种极为崇高的精神境界和极为高尚的道德品质。只有对科学事业具有浓厚的兴趣和深厚的感情，只有对科学价值抱有深刻认同和高度确信并达到在精神层面的信奉和信仰，才能产生废寝忘食、无私奉献的伟大壮举。纵观科学技术史可以发现，杰出自然科学家都是敢于担当、勇于负责、乐于奉献的光辉典范和榜样。奉献既是杰出自然科学家的共同特点，也是杰出自然科学家的闪光点；奉献既是杰出自然科学家的非凡之举、伟大之处和魅力所在，也是杰出自然科学家超凡脱俗的原因、成功成才的奥秘和出类拔萃的真谛；奉献既是杰出自然科学家的忘我之为和无私之行，也是杰出自然科学家的快乐之源和幸福之泉。杰出自然科学家都具有强烈的责任意识和高度的使命自觉，都能把个人命运融入科学发展，用生命践行科学使命，将生命的历程变成了奉献科学的过程，既为科学增光添彩，也使自己有意义地度过了一生。正因为杰出自然科学家选择了奉献，理解了担当，所以他们苦也不说，累也不提，名也不求，利也不取，名副其实地做到了真情付出，无私奉献，人生无悔。

奉献既要持之以恒，又要与时俱进。让我们以杰出自然科学家为榜样，把科学作为一项事业去为之终生努力奋斗。在奉献中贡献智慧和才能，在奉献中实现人生价值和理想，在奉献中享受快乐和成长。用一生的奉献来诠释科学精神，落实科学道德，谱写科学历史，创造科学成果。把热爱科学之情变为献身科学之行，不断地提高奉献的质量、效率和效益，努力实现知识向智慧的转化和功利向境界的升华。心存高远，立足本职。在日常中见证奉献，在本职中践行奉献，在平凡中诠释伟大，在普通中体现崇高；在奉献中创造，在创造中奉献；在奉献中体现价值，在给予中享受快乐。只要终生甘于奉献，勇于奉献，勤于奉献，乐于奉献，所有的追求都能如愿，所有的梦想都能实现。

选择了科学就选择了人生的一种生活方式——奉献，科学就是自然科学家奉

① 爱因斯坦．爱因斯坦文集（增补本）第三卷[M]．许良英，赵中立，张宣三，编译．北京：商务印书馆，2009：316．

献的舞台，科学因自然科学家的奉献而辉煌，自然科学家的人生因奉献科学而精彩。人生虽然有限，但奉献却永无止境。人生在世，最可贵的是做到“奉献”二字。自然科学家的一生可以用“奉献”二字来概括，可以用“科学百字歌”来诠释：

热爱科学，向往科学，追求科学，创立科学。
学习科学，钻研科学，探索科学，攀登科学。
相信科学，普及科学，传播科学，弘扬科学。
遵循科学，依靠科学，运用科学，推广科学。
坚持科学，维护科学，忠于科学，捍卫科学。
促进科学，推动科学，发展科学，繁荣科学，
献身科学！

第六章　敢于理性质疑并善于提出科学问题

爱因斯坦曾和波兰物理学家利奥波德·英费尔德（Leopold Infeld）共同指出："提出一个问题往往比解决一个问题更重要，因为解决一个问题也许仅是一个数学上的或实验上的技能而已。而提出新的问题，新的可能性，从新的角度去看旧的问题，却需要有创造性的想象力，而且标志着科学的真正进步。"①这是爱因斯坦本人在科学创造中的切身体会，许多做出重大科学发现的自然科学家也感同身受。从特定意义上可以说：发现和提出一个有价值的科学问题比分析和解决一个科学问题更重要，掌握发现和提出科学问题的方法比掌握分析和解决科学问题的方法更重要。换言之，发现和提出一个有价值的科学问题比找到解决一个科学问题的答案更有意义。的确，分析和解决科学问题固然需要，但发现和提出科学问题则更为可贵、更为急需；分析和解决科学问题固然重要，但发现和提出科学问题则更为根本、更为重要。因为发现和提出一个新的科学问题往往比分析和解决一个科学问题更需想象力、更具创造性。培养科学人才，尤其是培养创新型科学人才，当然需要培养分析问题和解决问题的能力，但更要重点培养发现和提出有价值的新科学问题的能力。

科学探索始于科学问题。发现和提出有价值的科学问题是科学探索的出发点，也是整个科学探索的第一步。俗话说："好的开始是成功的一半。"这第一步非常关键，科学问题选择得好，科学探索就会事半功倍，捷报频传，硕果累累；科学问题选择得不好，科学探索就会事倍功半，误入歧途，屡遭失败。

科学研究起于科学问题。科学问题是科学研究的对象，发现和提出有价值的科学问题是科学研究的起点，科学问题是贯穿科学研究的主线。有科学问题方有科学研究，没有科学问题就不可能有科学研究。从特定意义上可以说，科学研究就是发现和提出科学问题、分析和研究科学问题、回答和解决科学问题的过程。科学研究的第一步就是科研课题选择。所谓科研课题，就是指科学研究中所围绕进行并力求获得结果的具体科学问题。如何选择科研课题，即如何发现和提出有

① 爱因斯坦，英费尔德．物理学的进化[M]．周肇威，译．上海：上海科学技术出版社，1962：66．

价值的科学问题是科学研究艺术的精华所在。科研课题选择能力是科研工作者的一种基本能力，科研课题选择得好与坏将决定科研工作的效率和效益，不仅关系到科研成果的多寡，甚至决定科研工作的成败。

科学创造基于科学问题。科学问题是科学创造的活化剂，是科学创造的源头活水，源头激活，创造自畅。科学问题能激发自然科学家的探索欲望、研究兴趣和创造激情，即科学问题能激活创造性思维，能把人常态的和潜在的智能都充分调动起来和有效发挥出来，这样就会使人由常态跃迁到激发态，从而使人的智能得到超常发挥，往往能解决在常态下无法解决的问题，常常能取得在常态下无法取得的成果。

科学发现源于科学问题。发现和提出科学问题往往是科学发现的前奏，每一个有价值的科学问题都像伸向科学海洋中的挂满鱼饵的鱼钩一样，将引来数不清的"科学成果之鱼"。在科学史上，许多重大科学发现都是从科学问题发源的。例如，法国物理学家路易斯·维克多·德布罗意（Louis Victor de Broglie，1892—1987）在经过对以往各种理论的研究后，于 1924 年提出了一个令人深思的科学问题："整个世纪以来，在光学上，比起波动的研究方法来，是过于忽略了粒子的研究方法；在物质理论上，是否发生了相反的错误呢？是不是我们把关于'粒子'的图像想得太多，而过分地忽视了波的图像？"①正是这一科学问题，导致了德布罗意关于物质波理论的孕育和创立。再如，爱因斯坦在 16 岁（1895 年）时，就开始思考"追赶光线"的问题，正是这一科学问题，导致了狭义相对论的孕育和创立。爱因斯坦在 1905 年创立狭义相对论之后并不满意，他洞察到还有重要的问题需要继续研究。"当我通过狭义相对论得到了一切所谓惯性系对于表示自然规律的等效性时（1905 年），就自然地引起了这样的问题：坐标系有没有更进一步的等效性呢？换个提法：如果速度概念只能有相对的意义，难道我们还应当固执地把加速度当作一个绝对的概念吗？"②正是这一科学问题又导致了爱因斯坦关于广义相对论的研究。可见，发现和提出一个有价值的科学问题往往是重大科学发现的前奏，提出科学问题的角度和深度反映研究者的高度。

科学的生命在于科学问题。在科学创造者的眼里，世界上到处都树立着"问号"的大旗，未知现象不断涌现，科学问题层出不穷。科学问题为科学研究和科学创造注入了新鲜血液，使科学具有勃勃生机和旺盛活力。科学问题是推动科学

---

① 苟清泉．普通物理学：原子物理学部分（修订本）[M]．北京：高等教育出版社，1964：169．

② 爱因斯坦．爱因斯坦文集（增补本）第一卷[M]．许良英，李宝恒，赵中立，等编译．北京：商务印书馆，2009：451．

发展的加速器，源源不断的科学问题是推动科学发展的不竭动力。实践是科学认识的源泉，也是科学问题的源泉。每个时代都有自己的科学实践，也都有自己的科学问题。从特定意义上可以说，科学的发展在于科学问题。纵观科学史可以发现，科学的发展进步是由科学问题推动的，是在科学问题的导引下实现的。正如德国数学家戴维·希尔伯特（David Hilbert，1862—1943）所指出："只要一门科学分支能够产生大量重要而富有价值的问题，它就充满着生命力；而问题缺乏则预示着独立发展的衰亡或中止。正如人类的每项事业都追求着确定的目标一样，数学研究也需要自己的科学问题。"[①]同理可以说：只要一个科技工作者能够发现和提出大量重要而富有价值的科学问题，就充满着创造力，他的科学研究就会捷报频传、硕果累累；反之，如果不具有发现和提出有价值科学问题的能力，就预示着创造力的衰退或中止，他的科学研究将很难取得成果。的确，解决数学问题就是数学研究的目标，每一个数学问题的解决都标志着一个数学研究目标的实现，即标志着一个数学成果的诞生。例如，1900 年希尔伯特在巴黎国际数学家代表大会上提出了 23 个重大的数学问题，这就是数学史上有名的"希尔伯特问题"，在数学界引起了强烈的反响，对这些问题的研究探索产生了一系列数学硕果，有力地推动了数学的发展。推而广之，每一个有价值的科学问题的提出都为自然科学家确立了新的研究目标，都促使自然科学家进行新的探索、研究、创造；每一个科学问题的解决都标志着一个新的科学成果的诞生，都为人类文明宝库增加新的宝藏。

科学的魅力寓于科学问题之中。俄罗斯低温物理学家、1978 年诺贝尔物理学奖获得者卡皮查（Peter Leonidovich Kapitza，1894—1984）曾指出："科学研究引人入胜之处在于，它产生了一些无法预料如何解决的问题。"[②]科学的奥妙就寓于科学问题之中，不仅在于科学问题丰富多彩，还在于科学问题层出不穷，更在于科学问题的解决无法预料。正是科学问题使科学研究变化莫测、出人意料、妙趣横生，充满了神秘感、神奇感和神圣感，从而使科学活力无比、奥妙无穷、魅力无限。

理性质疑是科学研究的生命，批判性思维是创新的基础。在科学研究中，要选好突破口，找准切入点，明确着力点，突出创新点，形成自己的独特思路与方法。如何选好突破口和找准切入点？这是科学研究艺术的精华所在，也是科学研究成败的关键所在。而发现一个有价值的科学问题往往就是一个突破口和切入点，巧妙地分析科学问题和解决科学问题，常常就能形成自己的独特思路与方法，这

① 赵树智．希尔伯特的科学精神[M]．济南：山东教育出版社，1992：116．

② 马来平．科学箴言[M]．济南：山东科学技术出版社，2007：98-99．

说明发现、提出、分析、解决科学问题的能力是科学研究的重要能力。在科学研究中，只要言之有据，能自圆其说，有科学实验支持，就要敢于提出自己的观点和主张，特别是要敢于理性质疑和善于提出科学问题。如何发现和提出一个有价值的科学问题？这本身就是一项严肃的科学研究，也是一种精湛的艺术，虽然没有固定的模式，却大有学问。一般地说，它与人的知识、能力、素质、经验等诸多因素有关，因人而异，因条件而异，只能具体情况具体分析。共性要求是：不仅能摆脱传统观念和思维定式的束缚，而且能克服习惯性思考和受条件限制思考的局限，敢于打破常规，坚决摒弃世俗；大胆怀疑书本，理性质疑权威；勇于创新，大胆超越，如超越常规、超越经验、超越前人、超越权威、超越范式、超越已知、超越自我。

科学问题是科学探索的出发点，是科学研究的切入点，是科学创造的兴奋点，是科学发现的突破点，是科学成果的生长点，是科学发展的增长点。新问题对于科学家和科学来说都既是新机遇，又是新挑战。科学家抓住这一机遇、战胜这一挑战就会取得新成果，科学抓住这一机遇、战胜这一挑战就会获得新发展。正是科学问题激发人们去观察、去思考、去学习、去研究、去创造、去实践。学问，学问，学与问本来是分不开的，勤学好问是杰出自然科学家的共同特点，也是成才的共同经验。正如美籍华裔物理学家李政道（1926—　）于 2010 年 10 月 30 日在北京师范大学“首届创新中国论坛”上所说：“要创新，需学问，只学答，非学问，问愈透，创更新。”[①]的确，科学研究都是围绕着科学问题而进行和展开的，从特定意义上可以说，科学研究的过程就是发现问题、提出问题、分析问题、解决问题的过程。发现问题、提出问题、分析问题、解决问题的能力是科学研究者的基本能力，也是科学研究者的基本功。每一个科技工作者都应苦练这一基本功，都应着力培养和尽快提高这一基本能力。特别是要增强问题意识，突出问题导向，一旦存疑，务必执着探求。问题在哪里，研究就在哪里，创造就在哪里。一定要牢记爱迪生的名言：“任何问题，都有解决的办法，无法可想的事是没有的。”[②]一定要坚信：世界上没有解决不了的问题，只有解决不了问题的人。努力做到：敢于理性质疑，敏于发现科学问题，勇于提出科学问题，善于分析科学问题，长于解决科学问题。特别是要敏于和善于从科学问题中发现机会，在别人未疑之处提出问题，在别人未思之处提出思想，在别人未知之处有所发现，在别人

① 刘茜，祁雪晶．李政道：问愈透，创更新[N]．光明日报，2010-10-31（2）．

② 马来平．科学箴言[M]．济南：山东科学技术出版社，2007：77．

未做之处有所发明。

科学问题是自然科学家关注的焦点、研究的重点、争论的热点和攻关的难点。从特定意义上可以说，科学问题是科学研究的发动机和风向标，也是科学创造的切入点和突破口。科学研究难在科学问题，科学创造贵在理性质疑。科学问题既是科学研究的对象，也是科学创造的契机；理性质疑既体现批判精神，又体现创新精神。我们既要坚持问题导向去深化科学研究，又要坚持创新驱动去引领科学发展。在科学实践中找问题，在科学研究中寻答案，在科学创造中求突破。让我们以理性质疑为突破口，以科学问题为切入点，取得科学研究的新突破，获得科学创造的新成果，实现科学发展的新飞跃。

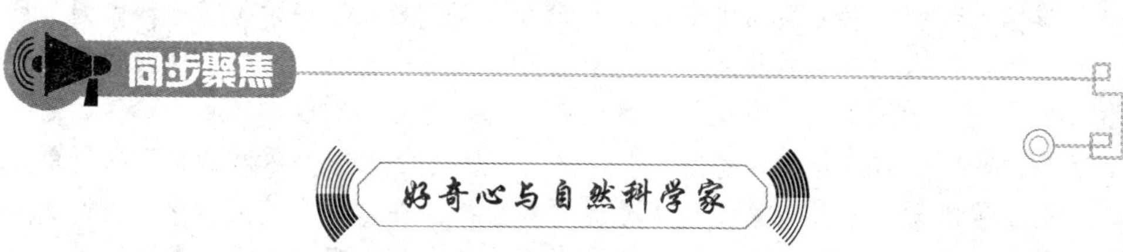

从字面上讲，“好”就是喜爱、喜欢、感兴趣；“奇”就是非常、特殊、罕见，即新颖、令人难测、出人意料，亦指未知、疑问、惊诧。所谓好奇，就是指对自己所不了解的事物因觉得新颖、奇特而倍感兴趣，喜欢对新奇事物或现象刨根问底，实质上就是对问题格外关注、超乎寻常地感兴趣，十分喜欢提出问题、思考问题、研究问题。简言之，所谓好奇心，就是指对新发现的奇特事物或现象由衷喜欢、特别上心和格外专注，具有浓厚的兴趣、超常的猎奇意识和强烈的求知欲望，迫切想了解，急于快研究，渴望多认知，孜孜以求地去思索，专心致志地去探究，迫不及待地想搞明白。

古希腊哲学家亚里士多德（Aristotle，前384—前322）曾深刻指出：“古往今来人们开始哲理探索，都应起于对自然万物的惊异；他们先是惊异于种种迷惑的现象，逐渐积累一点一滴的解释，对一些较重大的问题，例如日月与星的运行以及宇宙之创生，作成说明。一个有所迷惑与惊异的人，每自愧愚蠢……他们探索哲理只是为想脱出愚蠢，显然，他们为求知而从事学术，并无任何实用的目的。”[①] 这段话说明了科学探索、科学研究、科学创造最原始、最根本的动因来自于好奇心。美国著名科学史家乔治·萨顿也指出：“科学进步的主要动因是人类的好奇心，这是一种非常根深蒂固的好奇心，不是一般意义上的感兴趣，甚至不是很谨慎

① 亚里士多德．形而上学[M]．吴寿彭，译．北京：商务印书馆，1959：5.

的。……一旦好奇心被激发就再也没有办法平息他们对知识的渴望。”[①]的确，好奇心源于实践，发自内心。普遍联系和永恒发展的自然界中千变万化的奇异现象引发科学家永不枯竭的好奇心。好奇心引起惊奇感，怀疑产生疑问。好奇心促使自然科学家勇于理性质疑和大胆提出科学问题。好奇心是科学创造的源头活水，科学创造始于好奇心，许多重大的科学发现都是从好奇心发源的。自然科学家往往是因好奇而追问，常常是因好奇而探究。好奇心是科学创造的出发点，也是科学研究的动机和推动力，它激发人们去探索奥秘。好奇心是科学创造取之不尽的问题泉和用之不竭的动力源，它是自然科学家产生顽强毅力和无限耐心的根源之一，它作为一种心理力量可以给自然科学家以精神激励。

英国动物病理学家贝弗里奇指出：“科学家的好奇心，通常表现为探索对他所注意到的，但尚无令人满意解释的事物或其相互关系的认识。”[②]“对科学的好奇和热爱是进行研究工作最重要的思想条件。”[③]好奇心的功能、作用、价值、意义远远超出人们通常的认识和想象，正如乔治•萨顿所指出：“科学的好奇心既然是进步的主要来源，必然也是变革世界的主要原因。在这种意义上，它是我们头脑中最革命的活动。它的革命倾向并不局限于这件或那件事情，而是扩展到每一件事情。”[④]的确，好奇心能产生活化能，能激活自然科学家的思维，是自然科学家思维创新的动力源。永不满足的好奇心体现了自然科学家迫不及待地想探索未知世界的迫切愿望，会产生强烈的求知欲、求识欲和创造欲，是自然科学家进行科学创造不可缺少的心理动力和精神动力。好奇心是创新的基因，是创造力的激发器，它能激发兴趣，引发想象，产生激情，激活思维，激励探索，激扬精神；好奇心是驱动科学探索、科学研究、科学创造的引擎，只有拥有好奇心，才永远不会停止科学探索、科学研究、科学创造。从特定意义上可以说，好奇心就是追问，就是质疑，就是猜想；好奇心就是探索，就是求知，就是思考；好奇心就是热爱，就是激情，就是动力；好奇心就是新问题、新火花、新灵感；好奇心就是科学研究的出发点、切入点、突破口。

好奇之心分外美，创新之花别样红。科学探索始于好奇心，科学研究起于好奇心，科学创造源于好奇心，科学发现根于好奇心。正如爱因斯坦所说：“我们思

---

① 萨顿．科学史和新人文主义[M]．陈恒六，等译．上海：上海交通大学出版社，2007：32.
② 贝弗里奇．科学研究的艺术[M]．陈捷，译．北京：科学出版社，1979：65.
③ 贝弗里奇．科学研究的艺术[M]．陈捷，译．北京：科学出版社，1979：164.
④ 萨顿．科学史和新人文主义[M]．陈恒六，等译．上海：上海交通大学出版社，2007：40.

想的发展在某种意义上常常来源于好奇心。”[①]好奇在心，创新在行。科学探索是人在永不满足的好奇心、持续增长的求知欲和追本溯源的强烈愿望驱动下所从事的创造活动。永不枯竭的好奇心是科学研究永恒的内在驱动力。要用强烈的好奇心重新观察一切，重新审视一切，重新思考一切，重新研究一切，重新认识一切。只要既持之以恒又与时俱进地这样做，你就会用好奇心创造奇迹，从中就会体验到好奇心的神奇动力、惊人功能和无穷魅力，从中就会享受到好奇心带来的收获、愉悦和快乐。当你不仅从思想上深刻认识到而且从实践中亲身体会到好奇心的神奇功能时，你就会情不自禁地对好奇心产生好奇，不由自主地对好奇心着迷，迫不及待地想拥有好奇心，持之以恒地想保持好奇心！让永无止境的好奇心插上理想的翅膀在科学天空中翱翔。

让我们以杰出自然科学家为榜样：

因好奇心而质疑，因好奇心而探讨，
因好奇心而追问，因好奇心而寻找；
因好奇心而实践，因好奇心而思考，
因好奇心而研究，因好奇心而创造；

因好奇心而求索，因好奇心而拼搏，
因好奇心而开拓，因好奇心而执着；
因好奇心而激活，因好奇心而突破，
因好奇心而快乐，因好奇心而收获！

① 李政．与名人有约：影响人类文明的10位科学家[M]．北京：中国档案出版社，2004：379.

第七章　主动积极地、创造性地进行思维

一切科学技术成果，归根结底都是创造性思维的结晶和硕果。因此，主动积极地、创造性地进行思维对于一个科学技术工作者来说是至关重要的，主动积极地、创造性地思维能力是科学技术工作者最核心的能力和最根本的素质。

英国动物病理学家贝弗里奇在《科学研究的艺术》一书序言中开门见山地指出："精密仪器在现代科学中有重要的作用。但我有时怀疑，人们是否容易忘记科学研究中最重要的工具必须始终是人的头脑。人们固然花费了不少时间和精力去训练和武装科学家的头脑，但是，对于如何充分利用头脑，在技术细节上却几乎未加注意。"[①]的确，人脑还有许多潜力没有挖掘出来，还有许多潜能没有释放出来，人们在充分利用现代科学仪器的同时还应高度重视和大力加强对人脑的研究与开发，把人脑尽量多的潜在功能（可能功能）尽量快地转化为显在功能（现实功能）。

科学劳动是一种创造性的脑力劳动，其实质和核心是人脑所进行的创造性思维活动，因此，人脑始终是科学研究中起主导作用的重要工具和武器。提高科学研究效率和效益的根本途径是提高人的创造力，最根本和最核心的是提高人脑的创造性思维能力。所以，在科学研究的技术和艺术中，最根本和最核心的是如何充分高效地发挥人脑的创造性思维能力。为此，必须高度重视和大力加强思维科学的研究和思维技术的开发，尤其要重点加强对创造性思维的研究与开发。

科学研究是一种原始性创新过程，其实质和核心是思维创新。只要自然科学在发展着，它的思维形式就是创造性思维。一部自然科学史，也是一部创造性思维史。自然科学家所取得的一切科学成果，归根结底都是创造性思维的结晶，所有科技产品都是创造性思维的物化。创造性思维对自然科学家科研方向的确定，科研课题的选择，科学实验的设计，科学概念、假说、理论、预言的提出，科学论文、著作的构思等工作都起着非常关键的作用。创造性思维是自然科学家思维的共同特点，也是自然科学家成功的共同经验。所以，科学方法中最关键的是创

① 贝弗里奇．科学研究的艺术[M]．陈捷，译．北京：科学出版社，1979：序言 ix．

造性思维方法，科学能力中最核心的是创造性思维能力，自然科学家素质中最根本的是创造性思维素质。思路决定出路，出路决定命运，创造性思维决定自然科学家命运。可以毫不夸张地说，原始性创新是科学技术的生命，创造性思维是自然科学家的灵魂。科技竞争的实质是人才的竞争，说到底是创造性思维能力的竞争。换言之，创造性思维能力是自然科学家的核心竞争力，创造性思维能力决定科研工作的成败和科研成果的多少。正因为如此，创造性思维一直是思维科学、教育学、人才学、创造学等诸多学科关注的焦点、研究的重点、争论的热点和攻关的难点。因而，“如何提高创造性思维能力”也就成为举世瞩目的研究课题，这既是在创新教育中必须研究的一个非常关键的理论问题，又是在创新实践中急需解决的一个特别重要的实践问题。可见，对创造性思维进行正确定义和科学分类、总结归纳出创造性思维的特点并揭示概括出创造性思维的规律，这对深刻了解和认识人类思维的本质及其规律、深入研究和探索人类发明创造的规律与方法、促进和推动创新教育的深化与发展、有效开发和利用人的创造力、提高创造性思维的效率及效益和大力培养造就高素质的创造型人才等都具有重要的价值和重大的意义。

一、创造性思维的定义①

1. 思维的分类

众所周知，科学分类是研究和认识事物的基础和前提。同理，对思维进行科学分类也是研究和认识思维的基础和前提。由于思维涉及的范围极其广泛，思维的分类不是唯一的，为了不同目的、适应不同需要，可以从不同角度出发，按照不同标准，对思维进行不同分类：①按思维过程特点分为形象思维和抽象思维；②按思维依据分为直觉思维和逻辑思维；③按思维发生方式分为常规思维和灵感思维；④按思维功能和结果分为创造性思维和非创造性思维；⑤按思维结构分为单一思维和综合思维（立体思维）；⑥按世界观、方法论可分为形而上学思维和辩证思维。

这样分类的好处有以下几个方面：

（1）清楚地说明不同的分类方式是基于不同目的和适应不同需要，从不同角度、按不同标准划分的，彼此并不矛盾，它们互相补充、相辅相成。各种分类方

① 孔宪毅．潜科学畅论[M]．太原：山西科学技术出版社，1997：171-182．

式都有自己的优点和缺点，都有自己的适用范围和用途，谁也不能代替谁，谁也不能消解谁。对各种分类方式不能进行好坏的比较或优劣的区分，也不能只承认其中的一种分类方式而否定其他的分类方式。

（2）清楚地揭示了每一种思维名称的来历，从而有助于较准确地理解每一种思维的含义，进而能克服只从名称上来思考和研究思维所造成的错觉及混乱。例如，如果只从名称字面上看，就会错误地认为创造性思维是指具有创造性的思维形式，而非创造性思维是指没有创造性的思维形式。实际上，从思维的分类可以明显地看出创造性思维和非创造性思维是根据思维的功能和结果来划分的，只要一种思维活动具有创新功能，即产生了创造性新成果，那么这种思维活动就是创造性思维，而不管它是哪一种思维形式。可见，既不能否认每一种思维形式都具有的潜在的创造性，又不能把某一种思维形式定义为创造性思维形式。

（3）明确地认识到按同一标准划分的不同种类的思维是有明显区别的，绝对不能混为一谈。但按不同标准划分的不同思维之间相互交叉、相互包含、相互渗透，不能把它们彼此割裂开来和孤立起来，更不能对立起来。例如，形象思维既是直觉思维的重要方式，又是产生灵感思维的重要方式。

（4）这种对思维的分类方法说明对思维要进行多角度、多层次的研究。随着人类的进步和科学的发展，今后人们还将从许多新的角度和新的层次出发来研究思维，还将从新的角度、按照新的标准去对思维进行新的分类。思维的分类既不是唯一的，也不是一成不变的，而是动态的、与时俱进的。

需要强调指出和特别注意的是，把思维进行上述分类，这仅仅是一种理想化的抽象，是为了认识和科学研究的需要而从观念形态上把不同思维分开。但具体的思维过程是错综复杂的，各种思维形式往往交织在一起综合发生作用，很难严格分开。

2. 创造性思维的定义

创造性思维的定义是揭示创造性思维本质的逻辑表述，是研究创造性思维的基础和前提，应当把它作为创造性思维研究的突破口。

有人把创造性思维归结为某一种或某几种具体的思维形式，如相似思维、灵感思维、形象思维、直觉思维、逆向思维、求异思维、发散思维等。这种定义方法是不可取的，有许多局限性和片面性：第一，如果把创造性思维定义为某一种或某几种具体的思维形式，就把创造性思维局限于这一种或这几种具体的思维形式，并导致把创造性作为这一种或这几种具体思维形式的必然性，即只要运用这一种或这几种具体思维形式就必然导致发明创造，反之，只要不运用这一种或这几种具体思维形式就不能做出发明创造。这显然是不妥的，不仅在理论上站不住脚，而且不符合迄今为止的思维实践。实际上，创造性本来是这一种或这几种具体思维形式的或然性（即有可能而不一定发生），可是这种定义却把创造性说成是这一种或这几种具体思维形式的必然性，这显然是不妥的。第二，把某一种或某几种思维形式定义为创造性思维，就把这一种或这几种思维形式与其他思维形式对立起来，就等于否定了其他思维形式的创造性，从而把其他思维形式都排除在创造性思维之外。即使某一种或某几种思维形式在历史上或现实中曾经导致了科学技术上的发明创造，也不能保证它在今后被任何人运用、在任何情况下都一定还能导致发明创造；反之，即使某一种或某几种思维形式在历史上或现实中没有导致发明创造，也不能肯定它在今后被任何人运用、在任何情况下都不能导致发明创造。可见，每一种思维形式既有被用于创造性思维的可能性，也有被用于非创造性思维的可能性。第三，如果把创造性思维归结为某一种或某几种具体思维形式，就把复杂的问题简单化了，就无法彻底说明创造性思维活动内容的丰富性和形式的多样性。

也有些人提出“综合就是创造”，主张把创造性思维定义为综合思维。相对于把创造性思维归结为某一种或某几种具体思维形式的定义来说，这个定义确是一个进步，但仔细推敲起来，这个定义也有不妥之处：第一，只能说“综合有时也是创造”，而不能说“综合就是创造”或“综合才是创造”。因为综合只是创造的一种途径、一种方法，不综合有时同样可以导致发明创造，有时综合也不一定能导致发明创造。对于思维来说也是如此，综合思维只是创造性思维的一种形式，非综合思维有时同样可以产生创造性新成果，有时综合思维也不一定能产生创造性新成果。第二，创造性思维常常是综合思维，但综合思维却不一定是创造性思维。换言之，综合思维不是创造性思维的充分条件，只有导致创造性新成果的综合思维才是创造性思维。第三，综合思维的含义不明确。实际上人的每一个思维活动过程都是非常复杂的，往往不是单纯的一种思维形式在起作用，而是两种或两种以上的思维形式交织在一起综合地起作用，即几乎都是综合思维。可见，综合思维具有相当大的普遍性，难道人的每个思维活动都是创造性思维吗？

还有人根据实现创造性思维的途径来寻求创造性思维的定义，认为创造性思维是人们通过突破思维定式而获得解决问题崭新方法的思维活动。这样定义创造性思维也是不妥的。固然，突破思维定式往往是产生创造性思维的一条重要途径和常见方法，但突破思维定式不一定都能产生创造性新成果，即突破思维定式的思维不一定都是创造性思维，创造性思维也不一定都需要突破思维定式。这说明突破思维定式与创造性思维并没有必然的联系，因而，不能把创造性思维与思维定式对立起来，而要具体情况具体分析。

创造性思维与非创造性思维是根据思维的功能和结果划分的。所谓创造性思维，从功能上看就是指具有创新功能的思维活动，从结果上看就是指产生创造性新成果的思维活动，即指达到前所未有的新认知水平的思维活动。请注意，这里的“创新功能”和“创造性新成果”都有着十分明确的含义，就是必须为人类文明宝库（主要是科学技术宝库和文化艺术宝库）增添新的成分，为人类认知的发展做出有价值的贡献。这个定义既简洁又明确，既通俗又易懂，可以推出许多有益的结论，可以澄清许多模糊认识。

（1）根据这一定义，每一种思维形式或方法都具有潜在的创造性，要把这种潜在的（可能的）创造性变为显在的（现实的）创造性，受多种因素的影响和制约。既不能否认每一种思维形式或方法所具有的潜在的创造性，又不能否认把这种潜在的（可能的）创造性变为显在的（现实的）创造性的复杂性和艰巨性，更不能把这种潜在的（可能的）创造性等同于显在的（现实的）创造性。

（2）根据这一定义，只能把已经发生的某一具体的思维活动称为创造性思维或非创造性思维，而不能把某一种思维形式称为“创造性思维形式”或“非创造性思维形式”，也不能把某一种思维方法称为“创造性思维方法”或“非创造性思维方法”。每一种思维形式或方法都既有可能被用来进行创造性思维，也有可能被用来进行非创造性思维。

（3）从这一定义可以看出，把思维划分为创造性思维与非创造性思维，并不是在思维没有发生之前来确定哪些思维形式是创造性思维或哪些思维形式不是创造性思维，而是在一个具体思维活动完成之后，根据它产生的思维结果来判定它是否具有创新功能，从而确定它是不是创造性思维。研究创造性思维的目的并不是寻找一种专门的创造性思维形式或方法（这既不可能也没必要），而是通过对历史上或现实中大量的创造性思维活动的分析研究，总结概括出创造性思维活动的突出特点和基本规律，了解和掌握在创造性思维活动中经常出现并起重要作用的思维方式和方法，为人们的思维提供借鉴和启迪，从而提高人们的创造性思维能力和素质，培养具有开拓精神的创造性思维人才，有效地促进人们取得更多更大的创造性思维成果。总之，既不能否认创造性思维规律的存在，也不能把这种规律简单化或庸俗化。

二、创造性思维的特点与思维的优秀品质

（一）创造性思维的特点[①]

创造性思维的特点是指所有创造性思维都共同具有的、既使创造性思维成为它自身又使创造性思维与其他思维相区别的本质属性，主要有以下几个方面：

（1）创造性。创造是人类所特有的一种活动，而创造性思维就是人类在思维领域中的创造活动。顾名思义，所谓创造性思维，就是指具有创造性的思维活动，它是人类创造力和创造性的集中反映和突出体现。创造贯穿于创造性思维的始终，创造性思维的过程就是创造过程。创造性体现出创造性思维的独特性和开拓性。

（2）新颖性。创造性思维是原始性创新，具有创新功能，能为人类文明宝库增添新的宝藏。创造性思维的结果必须是前所未有的，具有新颖性。新颖性体现出创造性思维的空前性和先进性。

（3）非重复性。创造性思维是相对于再现性思维（重复性思维）而言的，是对已有思维的扬弃。创造性思维所要解决的问题都没有现成的答案，靠重复、模仿、下载等都无济于事。对创造性思维而言，只有可供借鉴的思维程序与方法，而没有完全能照搬套用的现成的思维程序与方法。创造性思维的结果必须与已有认知范围内的思维结果有所不同，即具有非重复性。非重复性体现出创造性思维的批判性和革命性。

（4）超越性。由于创造性思维具有创造性、新颖性、非重复性，所以就必然具有超越性。所谓超越性，就是指创造性思维的结果能超越出人类已有认知范围而达到新的认知水平。当然，超越的含义是十分广泛的，如超越已知、超越常规、超越经验、超越逻辑、超越已有思维等。换言之，创造性思维能使人类超越对已知的满足和因袭而实现对未知的探求和洞达。超越性体现出创造性思维的突破性和飞跃性，从而充分展现出创造性思维固有的魅力。

（5）价值性。人类取得的一切科学技术和文化艺术成果归根结底都是创造性思维的结晶，创造性思维必须为人类文明宝库增添新的成分。这说明创造性思维的产物必须对人类有益、具有社会价值，即创造性思维必须对人类发展做出有价值的贡献，而决不能成为无效思维。

① 孔宪毅．潜科学畅论[M]．太原：山西科学技术出版社，1997：182-185．

由于创造性思维的 5 个显著特点是所有创造性思维共同具有的，反映了创造性思维的共性，所以创造性思维的 5 个特点并不是彼此孤立的，而是密切联系、相辅相成的，亦即相互依赖、相互补充、相互作用、相互制约的。

首先，创造性与新颖性是密切联系的相近属性，都是创造性思维本身所固有的、内在的本质特征，两者都是从同一个角度——创造性思维自身去研究创造性思维，只不过创造性是强调和侧重从创造性思维的过程看创造性思维的特点，而新颖性则是强调和侧重从创造性思维的结果看创造性思维的特点。可见，创造性与新颖性的关系更为密切：创造性产生新颖性，新颖性是创造性的必然结果；创造性是新颖性的基础和前提，新颖性是创造性的表现和标志。

其次，非重复性和超越性也是密切联系的相近属性，两者都是从同一个角度——把创造性思维与已有思维（或已有认知成果）进行比较来看创造性思维的特点。非重复性和超越性都是再现性思维所不具有的而为创造性思维所特有的特征，两者的关系极为密切：非重复性是超越性的必要条件，超越性是非重复性的充分条件。换言之，有了非重复性不一定有超越性，但没有非重复性肯定没有超越性；没有超越性不一定没有非重复性，但有了超越性肯定有非重复性。

此外，价值性是其他 4 个特点的前提条件，如果没有价值性，则创造性、新颖性、非重复性和超越性均失去价值和存在的意义。

从创造性思维所具有的共同特点这一角度，可以给创造性思维下一个新的定义：从特点看，所谓创造性思维，就是指具有创造性、新颖性、非重复性、超越性和价值性的思维活动。

（二）思维的优秀品质

有些思维特征虽然不是创造性思维所共同具有的特点，却是提高创造性思维能力应培养的思维的优秀品质。思维的优秀品质主要有以下几个方面。

（1）独立性，指独立思考。独立思考能力是最关键、最核心的思维能力，独立思考习惯愈早养成愈好。创新无定式，独到易成功。科技工作者一定要具有独立之精神和自由之思想，在科学研究、技术发明和科技写作中，一定要通过独立思考提出自己的观点和见解，既不苟同世俗之见，也不迎合学术时尚，更不趋炎附势。既不能迷信盲从、随波逐流，形不成自己的思路，也不能赶时髦、追新潮，形不成自己的特色。只有独辟蹊径，才能成为开拓者；只有独树一帜，才能成为创造者。

（2）开阔性，指思维领域具有广度。思维领域广大、辽阔，不仅思维的时空跨度大，而且思维路径多样、内容丰富，真正做到站得高、看得远、想得全，即能多角度、全方位地进行思维。通俗地说，就是指能无拘无束地想、无边无际地想，无尽无休地想。思维豁达、开阔，想象大胆、丰富，联想广泛、奇特，思常人之所未思，想常人之所未想。思路开阔，触类旁通，妙思泉涌，奇思奔腾，思维的巨流终将冲开问题的堤坝，取得思维硕果。

（3）深刻性，指思维域具有深度，即指思维深邃、透彻，能由表及里，由浅入深，由宏观深入到微观。能超越对知识“顾名思义”的把握，进而达到对知识鞭辟入里的理解。思维具有非凡的洞察力，目光犀利，分析深入，不仅思考层次深，而且能透过现象揭示本质、透过特殊发现普遍、透过偶然发现必然、透过相对发现绝对。

（4）敏捷性，指观察敏锐，思考敏捷，反应迅速，不仅思维速度快、思维角度新，而且思维效率高。善于及时迅速地捕捉有用信息，并能高效地分析加工所获得的信息，敏锐迅速地找出解决问题的关键和突破口，准确迅速地选择出解决问题的最佳途径和最优方法，当机立断地快速解决问题。一言以蔽之，能用最短的时间找出解决问题的思路和方法。

（5）灵活性，指思维者能审时度势、随机应变，灵活、机动地进行思维，以便适应主、客观条件各种可能的变化，果断、迅速地调换思路和改变思维方法。及时放弃没有希望的思路和线索，及时抓住有希望的思路和线索，克服思维的惰性，突破思维的惯性，增强思维的主动性、积极性和创造性，不断获得思维的动力和加速度，高效、巧妙地取得思维新成果。

（6）批判性，指思维的求异性，即指对已有思维的扬弃性，充分体现思维的革命性和创新性。思维者要具有很强的鉴别能力、判断能力和批判能力，敢于理性质疑并善于提出科学问题，超越已知的障碍和对传统思维的因袭，进而达到对未知的洞明和真知的发现。

（7）流畅性，指思维能无拘无束、畅通无阻地进行。不仅能摆脱传统观念和思维定式的束缚，而且能克服习惯性思考和受条件限制思考的局限，思维自由、奔放，思路豁达、通畅，逢山开路，遇水架桥，势不可当，不达目的誓不罢休！一句话，能排除各种困难和障碍，把思维进行到底。

创造性思维的特点与提高创造性思维能力应培养的思维的优秀品质是既有联系又有区别的，既不能因为有联系就把两者等同起来、混为一谈或互相代替，也不能因为有区别就把两者割裂开来、孤立起来，甚至对立起来。

众所周知，知识可以讲出来，但能力不能讲出来，只能通过长期实践练出来。

就像要具备优秀道德品质就必须长期加强道德修养一样，要提高创造性思维能力也必须通过科学的教育和有效的思维训练，特别是要通过长期的思维实践去培养并具有思维的优秀品质。通过持之以恒的思维实践去拓展思维广度，增进思维深度，提升思维高度，加快思维速度，提高思维的效率和效益。

三、创造性思维的分类[①]

从创造性思维的结果与相关学科的已有认知成果的关系，可以把创造性思维分为两大类：派生型创造性思维和叛逆型创造性思维。

（一）派生型创造性思维

这一类创造性思维的产生都是以相关学科的已有认知成果为直接来源和知识基础，是原有相关学科向广度和深度发展的结果。这一类创造性思维结果公认后都可以转化为相关学科的重要成分，是对原有相关学科的已有科学成果的补充和延伸、丰富和发展、扩大和深化。这一类创造性思维产生于原有相关学科，又服务于原有相关学科，其功能是使相关学科扩大领域、丰富内容、完善体系、增强功能。一句话，这一类创造性思维结果都是由原有相关学科派生出来的，故可统称为派生型创造性思维。

派生型创造性思维的共同特点：①新颖性弱，多表现为较小的创新与进步；②涉及面窄，只涉及某一学科的某一领域或某一具体问题；③潜伏期短，容易鉴别，正确的很快就得到社会公认，很快就转化为原有科学的一个成分；④发展顺利、迅速，阻力小，挫折少，不容易被埋没，发展道路不曲折；⑤对科学发展推动作用小，只是在局部上或某一问题上对科学发展有推动作用，对科学发展产生的影响较小。总之，派生型创造性思维是原有相关学科在量变过程中的产物。在科学发展过程中，派生型创造性思维是常见的和大量的。例如，欧几里得几何学诞生后创立新定理的思维活动，微积分学诞生后创立新定理或新方法的思维活动，经典力学建立后发现新定律的思维活动等，都属于派生型创造性思维。

（二）叛逆型创造性思维

这一类创造性思维的产生是以发现相关学科的已有认知成果中无法解决的矛盾为导火索的，不彻底跳出原有相关学科的框框就不可能进行。因此，这一类创

① 孔宪毅．从潜科学看创造性思维[J]．贵州社会科学，1998，4：37-41．

造性思维结果被公认后根本不可能转化为原有相关学科的一个成分，但可转化为一门崭新的科学。这一类创造性思维的结果都不是对原有相关学科进行修修补补，而是提出与原有相关学科在本质上截然不同的新概念、新理论、新方法，其功能是开辟科学的新领域或建立一门崭新的学科。一句话，这一类创造性思维结果都是对原有相关学科已有科学成果的扬弃，可称为扬弃型创造性思维。为对比明显起见，把这一类创造性思维称为叛逆型创造性思维。

叛逆型创造性思维的共同特点：①新颖性强，多表现为较大的创新与进步，常常是划时代的变革与创造；②涉及面广，往往涉及整个领域、整个学科，甚至整个科学；③潜伏期长，不容易鉴别，即使是正确的也很难得到社会公认；④发展曲折、缓慢，阻力大，挫折多，容易被埋没，发展道路迂回曲折；⑤对科学发展推动作用大，把科学推向一个崭新的阶段，提高到一个崭新的水平，对整个科学的发展产生巨大而深远的影响；⑥反常性，是对已有思维的超越，是对思维定式的突破，从而表现出与传统思维或常规思维完全不同的特点。反常性是叛逆型创造性思维的一个显著特征。总之，叛逆型创造性思维是原有相关学科在质变（尤其是革命）过程中的产物。在科学发展过程中，叛逆型创造性思维是不常见的和少量的，但作用是巨大的，影响是广泛而深远的。例如，数学中提出和创立非欧几何的思维活动，物理学中提出和创立量子力学、狭义相对论和广义相对论的思维活动等，都属于叛逆型创造性思维。

如前所述，所谓创造性思维，就是指能产生创造性新成果的思维活动。创造性思维的结果都具有新颖性，且新颖性程度越高，其创造性就越强。由创造性思维的分类可以明显看出，叛逆型创造性思维结果比派生型创造性思维结果具有更强的新颖性，因而叛逆型创造性思维比派生型创造性思维具有更强的创造性。这样，类似于把创造性思维分为派生型创造性思维和叛逆型创造性思维，也可以把创造性思维结果的新颖性分为派生型新颖性和叛逆型新颖性两类，很显然，叛逆型新颖性比派生型新颖性的新颖程度更高，因而其创造性也更强。

四、创造性思维的规律[①]

由于创造性思维是非常活跃的思维，根本没有固定的模式，因人而异，因条件而异，只能具体情况具体分析，所以创造性思维的规律是很难发现的。为抛砖

① 孔庆新，孔宪毅．创造性思维的定义、特点、分类、规律[J]．科学技术与辩证法，2008，2：25-31．

引玉，作者拟从以下两个角度摸索和探求创造性思维的规律。

（一）从自然科学创造史实看创造性思维的规律

纵观自然科学史可以发现，凡是自然科学创造都必须应用创造性思维，一切自然科学成果都是创造性思维的结晶。从这个特定意义上可以说，凡是导致科学发现和技术发明的思维活动都是创造性思维。因而，自然科学创造的“富矿层”，恰是创造性思维的多发区；自然科学创造最活跃、最丰收的领域，恰是创造性思维大显身手的用武之地和大有作为的收获之所。那么，在自然科学研究中科学创造常常发生在什么地方呢？创造性思维在哪些领域中应用最频繁且最容易取得丰硕成果呢？换言之，创造性思维的应用有哪些规律呢？总结概括自然科学史上大量的科学创造史实和创造性思维案例可以发现，自然科学创造常常发生在以下几种情况，即创造性思维往往在以下几种情况下频繁出现且大有作为。

1. 在超越常规处

美国科学史家乔治·萨顿指出：“科学总是革命的和非正统的；这是它的本性；只有科学在睡大觉才不如此。”①所谓超越常规，就是人们通常所说的“反常”。反常性是叛逆型创造性思维的显著特征，反常也往往是自然科学创造的重要途径和主要表现。这里的反常有 3 层含义：一是反人们日常生活经验之常，二是反传统观念之常，三是反常规科学之常。因而，超越常规是创造性思维的突出特点，也是科学创造的常见途径。例如，波兰天文学家哥白尼在 1543 年出版了倾注他毕生心血的划时代名著《天体运行论》，提出了日心地动说，违背了人们“地静天旋”的直觉经验，摧毁了宗教神学的传统观念，推翻了统治人们 1000 多年的地心说，引起了天文学上的一场革命，使自然科学从神学中解放出来，走上了独立自主的发展道路，标志着近代自然科学的诞生。

2. 在独辟蹊径处

在世界著名的贝尔实验室的亚历山大·贝尔（Alexander Bell，1847—1922）塑像下面有一段关于发明与创造的名言：“有时需要离开常走的大道，潜入森林，你就肯定会发现前所未见的东西。”②

---

① 梅森．自然科学史[M]．周煦良，等译．上海：上海译文出版社，1980：565．

② 中国自然辩证法研究会筹委会．科学方法论研究[C]．北京：科学普及出版社，1983：53．

在科学史上有许多出人意料的科学发现是通过独辟蹊径来实现的。例如，在19世纪末20世纪初，正当绝大多数物理学家运用经典物理学都无法解释光电效应实验规律时，当时还默默无闻的德国年轻人爱因斯坦却不为经典物理学所束缚，独辟蹊径，出奇制胜，思常人之所未思，想常人之所未想，出人意料地利用普朗克的量子论解决了这一难题。1905年，他发表了《关于光的产生和转化的一个试探性观点》一文，提出了光量子论，不仅使光电效应实验规律得到了圆满解释，而且揭示了光的本性——波粒二象性。这一成果使爱因斯坦荣获了1921年诺贝尔物理学奖。爱因斯坦创立光量子论的思维是典型的创造性思维。

3. *在屡遭失败后*

英国化学家戴维曾深有体会地说："我的那些最重要的发现是受到失败的启示而作出的。"[①]如何对待失败，这是成功与夭折的分水岭，是伟人与庸人的分界线。在科学研究中遇到失败不仅是正常的现象，而且是科学创造的一个难得的机遇，这往往是新希望的开始、新转折的良机、新发现的环节。因此，失败并不可怕，可怕的是以不正确的态度对待失败。失败是科学研究的一次实践、一次经历、一次尝试，它只是证明原来预想的可能实际上不可能、原来预想的可行实际上不可行、原来预想的能做实际上不能做。这样就增加了通向成功的概率。正如"发明大王"爱迪生所说："失败也是我所需要的，它和成功对我一样有价值。只有在我知道一切做不好的方法以后，我才知道做好一件工作的方法是什么。"[②]这是爱迪生的切身体会。例如，他在发明电灯过程中，为了寻找理想的灯丝大约试验了6000多种材料，终于找到了比较理想的实用灯丝，如果他不知道什么材料不行，他就不知道什么材料能行。可见，失败既可能是新发现的机遇和前奏，又可能是通往成功的阶梯和路标。所谓"失败是成功之母"，道理就在于此。例如，英国物理学家法拉第经过10年的艰苦探索和大量失败终于在1831年成功地进行了转磁为电的试验，发现了电磁感应现象，为人类打开了电力时代的大门。

4. *在发现并纠正严重谬误处*

英国动物病理学家贝弗里奇指出："在科学的发展上，对严重谬误论见的揭露，其价值不亚于创造性的发现。"[③]发现并纠正学术权威的谬误，也是科学创造的一

① 贝弗里奇．科学研究的艺术[M]．陈捷，译．北京：科学出版社，1979：63．
② 李其荣．爱迪生传[M]．武汉：湖北辞书出版社，1996：213．
③ 贝弗里奇．科学研究的艺术[M]．陈捷，译．北京：科学出版社，1979：54．

个常见途径。例如，意大利物理学家伽利略发现并纠正了亚里士多德认为“物体落下的速度与重量成正比”的错误观点，发现了自由落体定律；法国化学家安托万-洛朗·拉瓦锡（Antoine-Laurent Lavoisier，1743—1794）否定了德国化学家乔治·恩斯特·施塔尔（Georg Ernst Stahl，1660—1734）提出的燃素说，于 1777 年提出了科学的燃烧理论——氧化学说，引起了化学革命；丹麦物理学家汉斯·克里斯蒂安·奥斯特（Hans Christian Oersted，1777—1851）于 1820 年发现了电流的磁效应，从而纠正了电学权威吉尔伯特认为“电和磁是两种本质完全不同的现象，二者之间没有什么联系”的错误观点，促进和推动了电磁学的发展。

5. *在透过现象揭示本质处*

科学创造和创造性思维都要透过现象揭示本质，从大量的资料和事实中总结概括出规律来。例如，物理学家约翰尼斯·开普勒（Johannes Kepler，1571—1630）从他老师第谷·布拉赫（Tycho Brahe，1546—1601）一生的观测资料中总结概括出了行星运动三大规律；英国物理学家、化学家法拉第在 1833—1834 年深入研究了电流通过电解液的实验，于 1834 年总结概括出了两条电解定律。

6. *在科学争鸣激烈处*

科学争鸣能激发热情，振奋精神，鼓舞斗志，激励拼搏，诱发灵感，从而可以提高创造性思维能力，导致重大的发现和创造。因为争鸣可以把双方积累的常态的和潜在的全部智慧和才能都充分调动起来和有效发挥出来，使自然科学家的智能处于激发态，这样就可以使争论双方的智能得到超常发挥，常常能解决在通常状态下无法解决的问题。例如，关于古希腊数学家欧几里得（Euclid，约前 330—前 275）所著《几何原本》中第五公设（即平行公设）的长达 2000 多年的争鸣导致了非欧几何的创立；关于黑体辐射实验解释的争鸣导致了普朗克量子论的诞生。

7. *在原有科学发生危机处*

科学危机往往孕育和导致科学革命，所以，科学危机不应当成为科学工作者悲观失望的借口，而恰是大有作为的机遇。在科学危机时要运用创造性思维使科学的发展由山穷水尽变为柳暗花明。例如，19 世纪物理学在各个领域的辉煌成就，使当时不少物理学家认为物理学的大厦已基本建成，今后只能在细节上做些补充和发展。可是正当人们踌躇满志、欢庆胜利的时候，在物理学晴朗天空中接连出现了一朵朵乌云：X 射线、放射性和电子的发现，以太漂移、光电效应、黑体辐射、原子光谱等实验事实都表现出与经典物理学理论的尖锐矛盾，使经典物理学出现了严重的危机。这场危机导致了世纪交替时期一场伟大而深刻的物理学革命，产生了以量子力学、狭义相对论和广义相对论为代表的累累硕果，为人类文明开辟了一个新纪元。

8. *在学科边缘或学科交叉处*

美国科学家维纳曾很有见地地指出：“在科学发展上可以得到最大收获的领域是各种已经建立起来的部门之间的被忽视的无人区……到科学地图上的这些空白地区去做适当的查勘工作，只能由这样一群科学家来担任，他们每人都是自己领域中的专家，但是每人对他的邻近的领域都有十分正确和熟练的知识。”①20 世纪以来，现代科学技术的发展既高度分化，又高度综合。各门学科之间密切联系、相互渗透、相互结合，出现了许多交叉学科、边缘学科和综合学科，使科学出现了综合化、整体化的趋势。人们从思想上越来越明确地认识到并且从实践中越来越深刻地体会到：交叉出成果，综合出效益。的确，在学科与学科交界处的边缘地带，往往是新的边缘学科的生长点和发祥地；学科与学科交叉、联系常常会产生出新的交叉学科。所以在原各学科割据的空白地带，特别是在学科边缘地带和交叉处，常常是新学科的诞生地和科学创造的多发区，也是创造性思维的丰收区。例如，在 20 世纪 30 年代，维纳和他的好友阿图罗·罗森布鲁斯（Arturo Rosenblueth，1900—1970）共同发起、领导了一个科学方法讨论会，参加的人有物理学家、数学家、工程师和医学家等。凡是宣读的论文都要受到连珠炮一样的批评和攻击，使那些半通不通的思想、过分的自信和妄自尊大的作风得到反思和纠正。这样大家从数理统计学、逻辑学、电工学、通信工程学和神经生理学等不同角度提出和思考问题，通过争鸣达到了知识互补、能力互补和人才互补，使维纳集其大成而创立了控制论。

（二）从创造性思维分类看创造性思维规律

把创造性思维规律研究与创造性思维分类研究有机结合起来，会使我们得到许多新的认识和启迪，这也是寻找创造性思维规律的一个切入点和突破口。例如，当我们从创造性思维的结果与相关学科已有认知成果的关系把创造性思维分为派生型和叛逆型两大类之后，就可以清楚地看到创造性思维明显地呈现出以下规律。

① 维纳．控制论[M]．郝季仁，译．北京：科学出版社，1963：2-3.

（1）对科学发展作用规律。只要科学在发展着，它的思维形式就是创造性思维，一切科学成果都是创造性思维的结晶，创造性思维是能促进科学发展的思维活动。科学的发展既有量变又有质变，使科学发生量变的是派生型创造性思维，使科学发生质变和革命的是叛逆型创造性思维。

（2）与思维方式关系规律。抽象（逻辑）思维是进行派生型创造性思维的主要方式，形象（直觉）思维是进行叛逆型创造性思维的主要方式。

（3）与思维定式关系规律。并不是所有的创造性思维都需要突破思维定式，只有叛逆型创造性思维才需要突破思维定式，而对于派生型创造性思维来说，不仅不需要突破思维定式，而且还必须熟练掌握和灵活运用思维定式。换言之，思维定式只是产生叛逆型创造性思维的障碍，思维定式不仅不是产生派生型创造性思维的障碍，反而恰恰是产生派生型创造性思维的条件和基础。

充分认识、深刻理解、熟练掌握和灵活运用这 3 条基本规律，对于如何应用和怎样进行创造性思维都具有非常直接和十分重要的指导意义。换言之，从这 3 条基本规律出发，又可以推论出应用和进行创造性思维的下述规律。

（1）在科学发展的不同时期，应进行不同类型的创造性思维：在科学量变时期、特别是在科学质变（尤其是科学革命）刚发生之后，应该进行派生型创造性思维；而在科学质变时期，特别是在科学已经过长期的量变而正在孕育新的质变（尤其是科学革命）时，应该尝试进行叛逆型创造性思维。

（2）在进行不同类型的创造性思维时，应选择不同的思维方式：在进行派生型创造性思维时应首先和主要选择抽象（逻辑）思维方式，在进行叛逆型创造性思维时应首先和主要选择形象（直觉）思维方式。

（3）在进行不同类型的创造性思维时，对思维定式应采取不同的态度：在进行叛逆型创造性思维时必须突破思维定式，在进行派生型创造性思维时不仅不需要突破思维定式，而且必须熟练掌握和灵活运用思维定式。

如何应用创造性思维、怎样进行创造性思维和如何提高创造性思维的效率和效益，既是非常复杂的理论问题，又是极其困难的实践问题；既是意义重大的课题，又是充满魅力的课题。这些课题需要综合运用各门科学知识和方法长期地、多角度多层次地进行开创性的理论研究和开拓性的实践探索。本章提出的创造性思维的规律是富有启发性的，让我们以此作为创造性思维研究的新起点和突破口，在创造性思维的理论研究和实际应用上再创辉煌。

创造性思维有法，但无定法，贵在得法，难在创法。如何运用最优的创造性思维方法去取得最佳的创造性思维效果？这是科学研究艺术的精华所在，也是决定科学研究成败的关键所在。创造性思维是发明创造的源头活水，科学发现源于创造性思维，技术发明基于创造性思维。研究对象越复杂越需要创造性思维，科学问题越困难越需要创造性思维。让我们以杰出自然科学家为榜样，不断增强创造性思维意识，大力提高创造性思维能力，力争取得更多更大的创造性思维成果。奇思创新，妙想天开，创造性思维结硕果。一个能创造性思维的人，才真是一个潜力无限的人、活力无比的人、力量无边的人和前途无量的人。

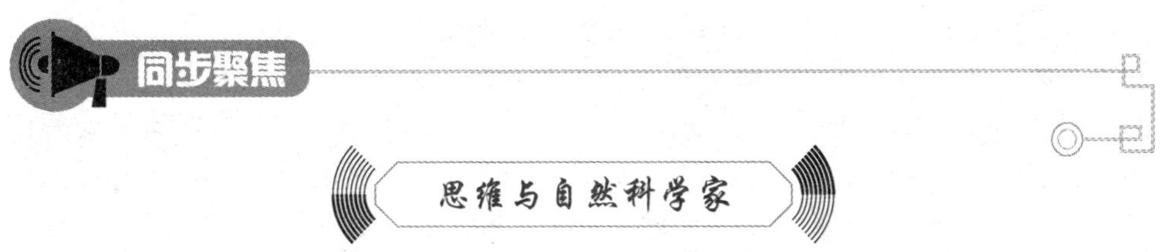

思维与自然科学家

思维是人脑的机能，是人类特有的一种精神活动。从信息论的观点看，思维是人脑接受信息、存储信息、加工信息、输出信息的全过程。简言之，思维就是人脑进行的信息处理过程。思维贯穿于科学研究的全过程，任何自然科学家的科学研究活动都离不开思维。人类正是通过思维来反映和认识客观事物的，人类正是通过思维来发现、认识、掌握和应用规律的。思维方法是其他一切科学方法的生命线，是科学方法的灵魂。科技创新中最根本的是思维创新，科学方法中最根本的是思维方法，科研能力中最根本的是思维能力。一切科学技术成果，归根结底都是思维的结晶和硕果。因此，思维对于科学研究是至关重要的。著名生物学家达尔文曾深有体会地说："没有思考就没有好的和有创见的见解。"①此名言通过阐述思考与有创见的见解的关系来强调思考的重要性，特别是强调独立思考的重要性，启发人们要高度重视和大力培养独立思考能力，不断提高思考的效率和效益。

古人云："心，灵物也；不用则常存。小用之则小成，大用之则大成，变用之则至神。"②可见，人脑具有鲜明的"用进废退"特征，用就会进化，不用就会退化。对人脑来说，使用出智慧，常用（勤于思考）出成果，创造性使用（善于思考）创造奇迹。思维的作用远超过人们通常的认识和想象，不可低估。科学探索需要科学思维，科学研究贯穿科学思维，科学发现源于科学思维，技术发明基于科学思维。科学思维能力是科学技术工作者的核心能力和基本素质。正因为如此，古今中外的自然科学家都特别强调思维的重要性。发现杠杆原理和浮力定律的古

① 江笨湖．大师领读世界名人[M]．北京：中国戏剧出版社，2005：336．

② 姚炎祥，等．科技人才修养十二讲[M]．北京：红旗出版社，1984：80．

希腊力学家阿基米德（Archimedes，前 287—前 212）说：“我只有一个嗜好——不停地思考。”[①]经典力学的集大成者艾萨克·牛顿（Isaac Newton，1642—1727）说：“如果说我对世界有些微贡献的话，那不是由于别的，而是由于我的辛勤耐久的思索所致。”[②]狭义相对论和广义相对论的创立者爱因斯坦说：“学习知识要善于思考，思考，再思考，我就是靠这个方法成为科学家的。”[③]中国数学家华罗庚（1910—1985）说：“独立思考能力是科学研究和创造发明的一项必备才能。在历史上任何一个较重要的科学上的创造和发明，都是和创造发明者的独立地深入地看问题的方法分不开的。”[④]俄罗斯昆虫学家亚历山大·亚历山德罗维奇·柳比歇夫（Alexander Alexandrovich Lyubishchev，1890—1972）说：“没有时间思索的科学家，那是一个毫无指望的科学家；如果不能改变自己的日常生活制度，挤出足够的时间去思考，那他最好放弃科学。”[⑤]“发明大王”爱迪生说：“不下决心培养思考的人，便失去了生活中的最大乐趣。”[⑥]可见，要对世界有所贡献，要成为科学家，要具备科学研究和创造发明的才能，要做一个有指望的科学家，要获得生活中的最大乐趣，都必须不断增强思维意识，不仅要勤于思维、善于思维和乐于思维，而且要大力提高思维的质量、效率和效果。实际上，现实世界中很多问题都没有现成的答案，创造性思维才是我们认识事物、理解世界、解决问题的基本方式和有效途径。

提倡独立地、创造性地进行思维就是要突出一个“悟”字，“悟”是理解、领会、觉醒，“悟”的实质就是独立地、创造性地进行更广范围和更深层次的思维。“悟”的主体是自己，只有自己悟出来的才能理解透彻、印象深刻，才能融会贯通、触类旁通，才能由表及里、由此及彼，才能举一反三、闻一知十，才能随时运用、灵活运用，才能独辟蹊径、独树一帜，才能形成自己独特的思路、方法、见解，才能取得有自主知识产权的原始性创新成果。

科学劳动是创造性劳动，其核心是人脑进行的创造性思维活动；人的创造力是推动科学发展的原动力，而人的创造力的核心是思维的创造力。可见，最根本的创新是思维创新，最根本的创造是思维的创造，最根本的创造力是创造性思维

---

① 张庆文．著名科学家传记[M]．北京：中国广播出版社，2001：6.

② 李政．与名人有约：影响人类文明的 10 位科学家[M]．北京：中国档案出版社，2004：104.

③ 李政．与名人有约：影响人类文明的 10 位科学家[M]．北京：中国档案出版社，2004：378.

④ 华罗庚．华罗庚科普著作选集[M]．上海：上海教育出版社，1984：272.

⑤ 马来平．科学箴言[M]．济南：山东科学技术出版社，2007：140.

⑥ 李政．与名人有约：影响人类文明的 10 位科学家[M]．北京：中国档案出版社，2004：298.

能力。杰出自然科学家都是勤于思维、善于思维、乐于思维的科学思想家，科学技术史也是一部科学思想史。每个科技工作者都应虚心向杰出自然科学家学习，努力使自己成为一个思想者：无拘无束地想、海阔天空地想、无边无际地想、无尽无休地想，直到想明白为止；冥思苦想、慎思力索、深思熟虑、奇思妙想，直到问题得到解决为止。自然科学家要提出问题、分析问题、解决问题需要科学思维，要提出科学猜想、科学预言、科学假说需要科学思维，要做出科学发现和技术发明需要科学思维，要战胜失败取得成功需要科学思维，要有意义地度过一生需要科学思维。创造性思维能使观察变得犀利，分析变得深刻，想象变得丰富，思想变得深邃，实践变得智慧。慧心巧思结硕果，异想天开创奇迹。思维产生思路，思路决定出路。思维致新，思维致深，思维致远，思维致胜。正如恩格斯所指出："一个民族想要站在科学的最高峰，就一刻也不能没有理论思维。"[①]

---

① 恩格斯. 自然辩证法[M]. 中共中央马克思恩格斯列宁斯大林著作编译局，译. 北京：人民出版社，1971：29.

第八章　无畏精神与科学态度高度统一

英国动物病理学家贝弗里奇指出："研究人员在很多方面酷似开拓者。研究人员探测知识的疆界需要很多与开拓者同样的品格：事业心和进取心；随时准备以自己的才智迎战并克服困难的精神状态；冒险精神；对现有知识和流行观念的不满足；以及急于试验自己判断力的迫切心情。"①杰出自然科学家就是科学领域中名副其实的开拓者，既是勇于开拓进取的不知疲倦的探索者，又是敢于离经叛道的无所畏惧的探险家。为了科学，他们无所畏惧，不怕艰险，不怕困难，不怕挫折，不怕失败，不怕打击，不怕报复，不怕怀疑，不怕嫉妒，不怕冷漠，不怕诋毁，不怕权威，不怕逆境，不怕传统观念，不怕习惯势力，不怕疾病，不怕贫穷……为了科学，他们勇往直前，逢山开路，遇水架桥，势不可当，决心把科学研究进行到底，不达目的誓不罢休。当然，在科学研究工作中不仅要具有敢想、敢做、敢试、敢闯的大无畏精神，而且要具有老老实实、认认真真、实事求是、一丝不苟的科学态度。科学技术史上取得开创性成果的杰出自然科学家都能做到无畏精神与科学态度高度统一。

贝弗里奇还指出："发现者，尤其是一个初出茅庐的年轻发现者，需要勇气才能无视他人的冷漠和怀疑，才能坚信自己发现的意义，并把研究继续下去。"②纵观科学技术史可以发现，青年时期就初露锋芒的自然科学家大都具有一种"初生牛犊不怕虎"的大无畏精神，由于没有背上传统包袱而能轻装上阵，敢于闯"禁区"、攻尖端，勇探未知路，敢为天下先；不迷信书本，不迷信权威，勇于大胆怀疑，敢于标新立异。例如，挪威青年数学家尼尔斯·亨利克·阿贝尔（Niels Henrik Abel，1802—1829）在中学时就着手研究数学史上的一道著名难题"五次方程的根式求解问题"。1824 年，22 岁的阿贝尔终于完成了论文《论代数方程，证明一般五次方程的不可解性》，并自己出资以小册子的形式印发了这篇论文，从而解决了这道困惑数学家长达 300 年的难题。又如，1828 年，法国青年数学家埃瓦里斯特·伽

① 贝弗里奇．科学研究的艺术[M]．陈捷，译．北京：科学出版社，1979：143．

② 贝弗里奇．科学研究的艺术[M]．陈捷，译．北京：科学出版社，1979：116．

罗瓦（Evariste Galois，1811—1832）在 17 岁时就写出了关于五次代数方程根式可解条件问题的论文。他在论文中引入了代换群的概念，为群论的建立、发展和应用奠定了基础。再如，1925 年夏季，华罗庚从金坛中学毕业，回家协助父亲经营小杂货铺，并利用业余时间刻苦自学数学。他用 5 年时间自学了高中三年和大学低年级的全部数学课程，为后来研究数学打下了坚实的基础，并且在数学研究上也很快取得了成果。1930 年，华罗庚在《科学》杂志上发表了论文《苏家驹之代数五次方程式解法不能成立的理由》，受到著名数学家熊庆来的赞赏，后经熊庆来的鼎力推荐、四处奔波和多方交涉，清华大学决定接纳华罗庚来校工作。年仅 20 岁、只有初中文凭的华罗庚敢于并且能够指出数学权威的错误，这既体现了大无畏的科学精神，又体现了实事求是的科学态度。

被誉为“现代炸药之父”的瑞典化学家、发明家阿尔弗雷德·诺贝尔（Alfred Nobel，1833—1896）就是无畏精神与科学态度高度统一的典范。早在少年时代，曾担任诺贝尔家庭教师的俄罗斯化学家尼古拉斯·津宁（Nicholas Zinnen，1812—1880）就讲过，1846 年意大利化学家阿斯卡尼奥·索布雷洛（Ascanio Sobrero）制得的不稳定的液体硝化甘油具有猛烈的爆炸性能，由于它受到震动就会爆炸，故不易控制，无法应用。这一问题引起了诺贝尔强烈的好奇心、浓厚的兴趣和特别的关注。1850 年，17 岁的诺贝尔奉父亲之命以一名机械工程师的名义出国学习深造，先是到美国工厂实习，后又到法国、德国、意大利等国家考察学习，曾在几处先进的实验室里学习，掌握了许多化学知识和操作技能。1853—1855 年，俄罗斯、土耳其、英国、法国之间爆发了争夺克里米亚半岛的战争。1854 年，诺贝尔回到俄罗斯的圣彼得堡，协助父亲为俄罗斯军队生产军用物资，开始接触硝化甘油炸药的制造技术。诺贝尔凭着大无畏的精神勇敢地选择了“硝化甘油炸药研究”这一危险性极高的课题，和父亲及弟弟共同研究硝化甘油的安全生产方法。克里米亚战争结束后，俄罗斯政府撕毁了原先与诺贝尔父亲签订的合同，使工厂陷入困境，硝化甘油炸药安全生产技术的研究也中断了。1859 年，伊曼纽尔·诺贝尔（Emanuel Nobel，1801—1872）返回瑞典，而诺贝尔和两个哥哥则留在了俄罗斯。路德维希·诺贝尔（Ludwig Nobel）被授权处理父亲工厂变更后的善后工作，不久利用自己积攒的钱办了一家小型工厂，生产一些工业上的生产工具；罗伯特·诺贝尔（Robert Nobel）先在圣彼得堡做陶土生意，后又办起了一个小小的陶器制造厂。只有诺贝尔继续研究硝化甘油炸药，终于在 1862 年发明了具有实用价值的硝化甘油炸药的引爆方法，初步扫除了大批生产的障碍。1863 年，诺贝尔返回瑞典，与父亲和弟弟共同进行炸药的研制工作。1864 年 9 月 3 日，诺贝尔的弟弟埃米尔·诺贝尔（Emil Nobel）和诺贝尔的4位助手在实验室里进行硝化甘油的研制工作。由于操作不当，发生了意外爆炸事故，在场的五人全部身亡，诺贝尔因不在实验室才幸免于难。实验室被炸成了废墟，父亲因过度悲伤而患了中风病，周围的居民纷纷要求封闭诺贝尔在市区的实验室，政府也下令禁止在城内进行制造炸药实验。面对巨大的打击和多方的压力，诺贝尔并没有动摇，也没有灰心，为了能继续从事安全炸药的研制工作，他把实验室设在了斯德哥尔摩郊外马拉湖里的驳船上。他冒着生命危险，经过上百次的试验，多次被炸得鲜血淋漓，终于在1864年发明了雷管，成功地解决了炸药的引爆难题，这是炸药研制中的历史性突破。从此，炸药工业便进入了硝化甘油的新纪元。后来，诺贝尔在炸药研究上取得了一系列成果：1866年发明了黄色炸药，并在世界各地建立了16座诺贝尔工厂；1875年发明了胶质炸药，1887年发明了无烟炸药……诺贝尔一生的主要精力都用在安全炸药的研究和改进上，获得有关炸药方面的专利多达127项，攻克了炸药研究、制造和生产中的一系列难关，被誉为“现代炸药之父”。没有大无畏的勇敢精神，诺贝尔就不会选择“硝化甘油炸药研究”这一危险性极高的课题，更不可能把这一研究坚持下去；没有科学态度，诺贝尔的研究也不会取得成功，更不可能做出那么多的发明。

科学探索、科学研究、科学创造是原始性创新过程，由于受不可控因素的影响，常常是困难层出不穷、失败多于成功，往往是险中取胜、绝处逢生。要由山穷水尽转变为柳暗花明、由失败转为成功都需要大无畏的勇气。请记住：在科学中也和在人生中一样，如果你想要取得从未取得过的成就，那你就必须英勇无畏地去做从未做过的事情。著名数学家华罗庚曾深有体会地说：“科学上没有平坦的大道，真理长河中有无数礁石险滩。只有不畏攀登的采药者，只有不怕巨浪的弄潮儿，才能登上高峰采得仙草，深入水底觅得骊珠。”①意大利物理学家、天文学家伽利略也颇有感触地说：“追求科学需要特殊的勇敢。”②机遇和挑战在科学生涯中交织，勇气和智慧在科学创造中彰显。求真不仅要靠智能，而且要靠无畏精神；智慧不仅是指聪明，而且是指胆识；创新不仅需要能力，而且需要勇气。勇气蕴含着胆力和魅力。无私才能无畏，无畏才能担当；无私心胸大，无畏天地宽。在科学探索、科学研究和科学创造中，往往是无畏才能有为，常常是冒险才会取胜，这就要求科技工作者必须做到越探越勇、越研越勇、越创越勇。开拓者无畏，创

① 王涵，等. 名人名言录[M]. 上海：上海人民出版社，1983：176.

② 李政. 与名人有约：影响人类文明的10位科学家[M]. 北京：中国档案出版社，2004：70.

新者无敌。为勇敢者鼓劲，为创新者喝彩。艺高人胆大，胆大艺越高；勇者面前无难事，强者脚下路自宽；无私无畏品自高，求真求实果必多。两强相遇勇者胜，勇者相遇智者胜。让我们以杰出自然科学家为榜样，把“知难而进，迎难而上，越是艰险越向前”的大无畏精神与“实事求是，一丝不苟，精益求精”的科学态度有机结合起来，在科学探索、科学研究和科学创造中既有智慧又有勇气，既有理智又有激情，既有魄力又有方法，既敢有所为又善有所为，真正做到勇探未知路，敢为天下先；勇攀最高峰，敢攻最尖端。勇于克难，敢于攻坚；勇于创新，敢于担当；敢想敢说，敢闯敢做；有胆有魄，有勇有谋；无私无畏，大有作为。

决策能力与自然科学家

每个人的一生都要面临许多选择，取舍之选、进退之择、徘徊之处、犹豫之时、两难之际、定夺之前……都需要选择，都需要决策，选择决定方向、道路、路线、策略、措施等重大问题。遇路，慎识别，方能行稳致远；做事，会取舍，则能扬长避短；追求，知进退，就能有所为和有所不为；人生，善选择，才能功崇业伟。人生之路，关键可能只有几步。人生重大关口的选择非常关键，人生重大关口的风景注定难忘。人生在世，选择很重要。选择决定成败，选择决定命运，选择改变人生。要高度重视并努力做好选择，而不能盲目或草率选择，更不能放弃选择。要理性选择人生，从容走向社会，成就辉煌事业。聪明人的智慧人生，就在于能够科学决策、正确选择、理智进退和智慧取舍。真正做到进有度，退有则；选之有理，弃之有据；抓住时机，科学决策；适时适度，恰到好处。选择了就不再犹豫，舍弃了就不再惋惜。学会取舍，才能既有所为又有所不为，从而才能有更多的成功和快乐。同理，任何自然科学家的科学活动也都离不开选择和决策，如科学道路的选择、科研方向的确定、科研课题的选择、科研方案的制订、科研方法和科学仪器的选用等都需要决策。决策正确，科研工作就事半功倍，往往容易取得成功，常常能够做出成果；决策错误，科研工作就事倍功半，往往容易造成浪费，常常导致失败。自然科学家常见的大量的决策是科研课题选择。

所谓科研课题，就是指科学研究中所围绕进行并力求获得结果的具体科学问题，简言之，科研课题就是指有待解决的有价值的科学问题。科研课题选择本身就是一项严肃而复杂的科学研究，也是一种高超而精湛的艺术，虽然没有固定的模式，却大有学问。取舍之间彰显智慧，去留抉择体现艺术，选弃决策足见功底。选，固然需要勇气、智慧和远见；弃，则更需要魄力、睿智和卓识。可见，选择是智慧，舍弃是胆识，决策是能力。科学选择，才有可为；智慧取舍，方有作为；正确决策，才能成功。正如英国动物病理学家贝弗里奇所指出的："任何思想敏锐的人，在研究的过程中都会遇到无数有趣的附带问题，可以进一步研究下去。对所有这些问题加以研究，在体力上是办不到的。大部分不值得研究下去；少部分会出成效；偶尔会出现一次百年难逢的良机。如何辨别有希望的线索，是研究艺术的精华所在。具有独立思考能力，并能按其本身的价值而不是根据主宰当时的观念去判断佐证的科学家，最有可能认识某种确属新东西的潜在意义。他也需要具有想象力和丰富的知识，来了解自己是不是有新的观察，来看到自己的观察可能有哪些含义。在决定是否应该进行某一方面的研究时，不应仅仅由于别人已经考虑过，或者甚至已经做过而无成果，就予以放弃。这并不一定说明这个设想不好；很多具有经典意义的发现都曾被这样预期过，但直到适逢其人才得以正确地开展。"①可见，科研课题选择至关重要：

（1）从功能看，科研课题选择是决定"研究什么"的重要问题，选题定了，也就在很大程度上决定了科学研究的方向、途径和可能取得的成果。

（2）从程序看，科研课题选择是科学研究的第一步，也是整个科学研究工作的起点。俗话说："好的开始是成功的一半。"这第一步非常关键。科研课题选择得好，科学研究就事半功倍，捷报频传，硕果累累；科研课题选择得不好，科学研究就事倍功半，屡遭失败，误入歧途，甚至使科研工作成为无效劳动，造成人力、财力、时间的浪费。科研课题选择与科学研究的关系就像选择矿址和采矿的关系一样：如果选的是富矿层，则费很少的力就能采到很多的矿；如果选的是贫矿层，则费很大的力才能采到很少的矿；如果选的是无矿层，则无论怎样费力也采不到矿。可见，科研课题选择的好坏不仅关系到科研成果的多少，甚至决定科研工作的成败。

（3）从社会承认看，科研课题选择好坏是决定科研成果能否得到社会承认及承认快慢的关键，不仅关系到科研成果的优先权问题，而且关系到科研成果的传播和社会影响。

（4）从对科学研究者的作用看，科研课题选择是科学研究的基本功，也是衡

① 贝弗里奇．科学研究的艺术[M]．陈捷，译．北京：科学出版社，1979：38.

量科学研究者境界、学术水平和科研能力的一个重要标志，它关系到科研工作的效率和效益。

正因为科研课题选择如此重要，所以著名科学史家乔治·萨顿指出："在科学中，如同艺术一样，经常有一项基本的要求，这就是选择。画家不可能把所有的景色都绘制下来，情人也不可能爱上每一位女子，与此相似，科学家也不能研究所有的问题。除非他们限制自己的目标，否则他们就毫无希望。科学上的巨大成功相当程度上取决于课题的选择，先选择的是当时最简单、最易从事的课题，如此等等。科学上的天才与艺术上的天才一样，从根本上讲，就是具有正确选择的能力。"①

一般地说，科研课题选择与自然科学家科学研究的目的、条件、兴趣、爱好等诸多因素有关，因人而异，因条件而异，只能具体情况具体分析。但是，有些基本原则却是必须遵循的。

（1）价值原则。选题必须满足科学技术发展和社会发展的需要，具有理论或实践价值，具有学术或现实意义，具有经济或社会效益。最好选择那些既有重要理论价值又有重大实践价值，既有重要学术意义又有重大现实意义的科学问题。这一原则反映和体现了科学研究的目的，只有贯彻落实这一原则，才能使科学研究为人类做出有价值的贡献，而不致成为无效劳动。

（2）科学原则。科研课题选择不是随意的，必须有科学理论根据或事实根据，使课题持之有故，选之有理。这一原则反映和体现了科学研究的根据，只有贯彻落实这一原则，才能避免选题的盲目性，提高完成的可靠性。

（3）创新原则。所选课题必须具有新意，即具有创造性、新颖性、先进性。要选择那些确实是别人没有研究过或虽研究过却没有彻底解决的课题。这一原则反映和体现了科学研究的本质特征，只有贯彻落实这一原则，才能避免重复性，才能取得开创性成果。

（4）可行原则。所选课题必须是在当前主、客观条件下经过努力可以完成的，具有实现的现实可能性。这一原则反映和体现了科学研究的条件，只有贯彻落实这一原则，才能保证课题是可以完成的。

这 4 项基本原则并不是彼此孤立的，而是密切联系、相辅相成的。一般地说，要在保证科学原则和可行原则的前提下，或侧重于创新原则或侧重于价值原则。基础理论研究多侧重于创新原则，应用研究多侧重于价值原则。我们要科学合理地选择科研课题，必须把这 4 项基本原则有机结合起来，正确运用，综合运用，

① 萨顿．科学的生命[M]．刘珺珺，译．上海：上海交通大学出版社，2007：26．

协调运用，灵活运用！

搞科学研究一定要“选好突破口，找准切入点，明确着力点，突出创新点”，这既是科研课题选择的依据，又是科研课题选择的功能；既是科研课题选择的出发点，也是科研课题选择的目的。能否恰当、智慧地选择科研课题是能否做到这一点的关键。深谋方益远，远虑无近忧。要做到科学决策和正确选择，不仅需要能力和水平，而且需要智慧和韬略，更需要勇敢和果断。试想，犹豫不决让人们错过了多少机遇和精彩，又少了多少成功和多了多少失败？所以，选择了就不要再犹豫，坚定不移做下去，不成功决不放弃。让我们从杰出自然科学家的科学选择和正确决策的案例中学会选择和决策的方法，提高选择和决策的能力，悟出选择和决策的智慧；让我们从杰出自然科学家排除万难去坚持自己的正确选择和实现自己的正确决策的实践中去总结经验、汲取力量、受到鞭策。在选择中成长，在决策中成熟，在实施决策中成功。在自己的一生中都能用选择的智慧做出智慧的选择，用决策的智慧做出智慧的决策，用实践的智慧进行智慧的实践。在追求中懂得取舍，在选择中正确决策，坚持自己智慧的选择，实施自己智慧的决策，实现自己智慧的实践，取得一个又一个成功，努力使自己的科学人生成为智慧人生、成功人生、精彩人生和幸福人生。

第九章　智力因素与非智力因素互相促进

科学心理学认为，科学工作者的素质是由智力因素和非智力因素共同构成的。智力因素是科学工作者进行科学研究和科学创造的能力，主要包括观察能力、记忆能力、思维能力、想象能力、分析判断能力、操作能力、应变能力、预测能力、决策能力等；非智力因素是指除智力因素以外的心理品质，主要包括兴趣、情绪、进取心、信心、勇气、意志、毅力、性格、态度、道德等。自然科学研究的探索性、创造性、复杂性决定了自然科学家必须具有出类拔萃的智力因素；自然科学研究的长期性、艰巨性、曲折性决定了自然科学家必须具有非凡的非智力因素。杰出自然科学家因超常的智力因素而领先，因非凡的非智力因素而超群。

纵观科学人才史可以发现，智力因素和非智力因素都是一个人取得成功、成就不可缺少的内在因素，都对科学工作者的成长、成才产生作用和影响，那么，哪一个方面的作用更大呢？为了探索智力因素和非智力因素在成才中的作用，美国著名心理学家刘易斯·麦迪孙·特尔曼（Lewis Madison Terman）从 1921 年开始对 1528 名智力超常儿童进行了长达 50 多年的追踪研究，结果表明：①智力因素与成就有一定关系。这些智力超常儿童到中年大多数是有成就的。例如，800 个智力超常儿童成人后取得的成就和任意选择的 800 名同龄人比较起来，高出 10～20 倍。但是智力因素与成就的关系不是完全相关的，如发现有 20%的超常儿童成人后没有超出一般人的成就。②非智力因素与成就关系密切。在前述研究中，特尔曼对成就最大的 20%与成就最小的 20%进行了比较研究，发现这两组人的最明显差别在于他们的非智力因素不同。成就最大这一组的非智力因素如谨慎、有进取心、自信、不屈不挠、完成任务的坚持性等方面，明显地高于成就最小的那一组。这项卓有成效的研究很有说服力，它证明了非智力因素对于一个人成长、成功、成才、成就的影响远远大于智力因素，这可能与很多人通常所认为的完全不同甚至相反，它提醒人们一定要高度重视非智力因素的作用和大力加强非智力因素的培养。这给人们的启发是：培养和提高智力因素固然必要，但培养和提高非智力因素则更为根本。一个人要想获得成功并取得成就，不仅要在提高智力因素上多努力，更要在提高非智力因素上下功夫。

确实，非智力因素对科学工作者的成长、成功、成才、成就具有不可忽视的重大作用和影响，不仅科学工作者在道德品质方面的伟大成就是直接和主要由非智力因素决定的，而且科学工作者在科学上的辉煌成果也与智力因素和非智力因素都有关，即是智力因素和非智力因素有机结合、互相促进而共同产生的综合作用的结果。对于一名科学工作者来说，科研方向的确定、科研课题的选择、科研精力的投入、科研成果的应用等都要受到非智力因素的作用、影响和制约。没有智力因素无法做事，没有非智力因素无法成大事，甚至无法做人。可见，智力因素的开发、培养固然重要，非智力因素的开发、培养则更为根本。这一点必须引起人们的高度重视和特别关注。

智力因素和非智力因素都是一个人的内在因素、主观因素，都是一个人取得成功的内因。自然科学家的科学研究工作是外在因素通过内在因素而起作用，客观因素通过主观因素而起作用，外因通过内因而起作用。外在因素、客观因素固然必要，但内在因素、主观因素则更为根本。一切外因的作用和影响都要通过自己的素质这个内因而起作用，素质是根本，态度最关键。正如爱因斯坦所指出："不管时代的潮流和社会的风尚怎样，人总可以凭着自己高贵的品质，超脱时代和社会，走自己正确的道路。现在，大家都为了电冰箱、汽车、房子而奔波、追逐、竞争。这是我们这个时代的特征了。但是也还有不少人，他们不追求这些物质的东西，他们追求理想和真理，得到了内心的自由和安宁。"①

人是由智力因素和非智力因素共同构成的复杂系统，一个人的创造能力就是由这个复杂系统的要素和结构所共同决定的，即创造能力是由智力因素与非智力因素所共同决定的，是智力因素与非智力因素的综合体现。智力因素与非智力因素相互协同而产生综合创造效应。智力因素与非智力因素并不是彼此孤立无关的，而是密切联系、相辅相成的有机整体，两者互相渗透、互相作用，并在一定程度上互相依赖和互相制约。如果处理得好，两者就互相促进，形成一个良性循环，这样的人便是一个智力因素与非智力因素互相促进的循环加速系统，就容易成才和卓有建树；如果处理得不好，两者就互相牵制，形成一个恶性循环，这样的人便是一个智力因素与非智力因素互相阻碍的循环减速系统，就很难成才，也很难取得成就。我们要深入研究、科学认识、正确对待和妥善处理智力因素与非智力因素的关系，既要高度重视和大力加强智力因素和非智力因素的开发与培养，又

① 秦关根．爱因斯坦[M]．北京：中国青年出版社，1979：303．

要持续不断地优化智力因素和非智力因素的结构，使智力因素与非智力因素有机结合、互相促进，努力实现智力因素与非智力因素的全面发展、协调发展和可持续发展。

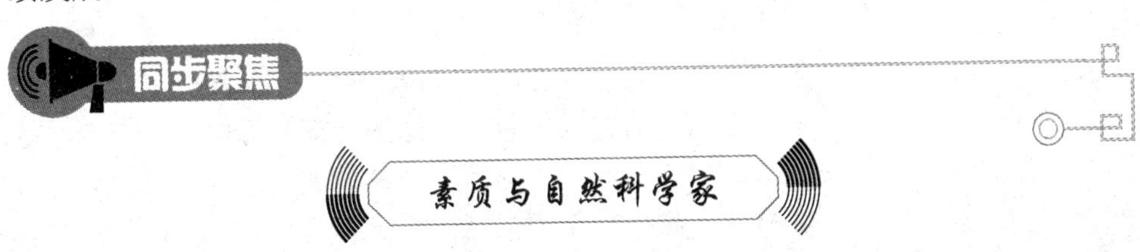

所谓素质，通常是指构成一个人基本品质的各种要素的总和。从不同角度可将素质分为身体素质与心理素质、智力素质与非智力素质、科学素质与人文素质等。从表面上看，科学研究是自然科学家智力因素的运用和体现，而实际上，科学研究是自然科学家智力因素和非智力因素的综合运用和体现。因为科学研究工作是自然科学家全素质参与的过程，是各种素质的综合运用和体现。在做科学研究的关键时候和困难关口往往需要比拼综合素质。因此，从根本上说，要提高科学研究能力，就必须全面提高自然科学家的素质。

树要有根才能枝繁叶茂、开花结果；人要有根才能朝气蓬勃、成功成才。做大学问和成真学者都需要有好根基——优良的素质。科学研究中的一步之差，往往是素质上的天壤之别，常常是结果上的成败之分。如果说成果是自然科学家的闪光点，那么素质就是自然科学家的发光源。自然科学家丰富多彩的表现是现象，素质是本质，自然科学家的各种表现都是从素质发源的。的确，自然科学家在生活上、科研上的所有超群之为和非凡之举都是素质的具体体现，都可以从素质上找到根源、得出答案和做出解释。对于一个自然科学家来说，没有素质上的奇迹就没有科学道路上的奇迹和科研成果上的奇迹。就像要发展一个地区的经济必须善于把资源优势转化为经济优势、再转化为产品优势一样，一个成功的自然科学家也必须善于把自己的素质优势转化为科学研究优势、再转化为科学成果优势。

有什么样的素质，就有什么样的自然科学家；有什么样的自然科学家，就有什么样的自然科学。对于一个自然科学家来说，素质是主观因素和内在因素，是内因，一切外来的作用和影响都要通过素质这个内因而起作用。素质是一个自然科学家知识、能力、道德、精神等各方面情况的集中反映和综合体现，它决定一个自然科学家的研究能力、创造能力、竞争能力和发展能力，也决定一个自然科学家适应环境及其变化的综合能力。可见，素质是一个自然科学家的本质和精髓，无论是研究自然科学家、认识自然科学家，还是学习自然科学家、赶超自然科学家，都要抓住这一本质和精髓，则其他一系列问题便迎刃而解。

众所周知，每一位科技工作者都梦寐以求地渴望成为一名杰出的自然科学家，都冥思苦想“怎样才能成为杰出的自然科学家”这一古老而常新的问题；每一位科技教育工作者都竭尽全力想把自己的教育对象培养成为杰出的自然科学家，都在执着探索“如何才能培养出杰出的自然科学家”这一充满魅力的教育问题。这两个问题都涉及科技人才成长和培养的方方面面，都是没有固定答案的亘古至今的难题。但如果抓住了素质这一根本和精髓，则这两个问题的答案都很简洁，那就是“都必须着力培养和尽快具有杰出自然科学家的优秀素质”。换言之，只要具有杰出自然科学家的优秀素质，成为杰出自然科学家并非难事，但要具有杰出自然科学家的优秀素质却并非易事。因此，必须高度重视和大力加强以提高人的素质为根本宗旨的教育——素质教育。素质教育要全面，不仅要提高智力素质，而且要提升非智力素质；不仅要提高科学素质，而且要提升人文素质。

一个人的境界不仅取决于他“知、学、见”的面有多大，更取决于他“识”的能力有多强。换言之，一个人的境界不仅取决于他“知、学、见”的宽度，更取决于他“识”的深度和精神的高度。“识”的深度决定研究的深度、实践的力度和创新的程度。中国著名数学家华罗庚指出：“因为我们要认识事物的本质，达到灵活运用，变为自己的东西，就必须知而识之，学而识之，见而识之，不断提高。”① 知无边，学无涯，见无垠，识无止境。让我们以杰出自然科学家为榜样，持续不断地努力实现由“知、学、见”向“识”的飞跃，不仅要知得多，学得博，见得广，更要识得深。既要把“识”内化为智慧和能力，又要把“识”外化为开拓性科学实践和创造性科学行为。一般地说，提高素质的基本途径有两条：一是学习，二是实践。尤其是非智力因素的培养往往需要在逆境中历练而成。自然科学家的成长实践已经证明并将继续证明：学——长知识；思——生创意；做——提能力；悟——出智慧。学、思、做、悟都要锲而不舍，即学、思、做、悟都既要持之以恒又要与时俱进；同样，学、思、做、悟的有机结合和互相促进也要锲而不舍，即学、思、做、悟的有机结合和互相促进既要持之以恒又要与时俱进。要掌握获取知识的知识，要学会创造方法的方法，要提高增强能力的能力，要优化提升素质的素质。换言之，要学会学习，学会创造，学会成才，学会成功。素质决定自然科学家的竞争能力和可持续发展能力。要把一切困难都看成是对素质的考验，

① 华罗庚．华罗庚科普著作选集[M]．上海：上海教育出版社，1984：310.

要把一切逆境都看成是对素质的挑战，要把一切经历都看成是提高素质的机遇，要把一切实践都变为提高素质的历练，千方百计利用一切有效方法来提高自己的素质，增强可持续发展能力。提高素质是一个人的终身目标、终身任务。提高素质不是治标，而是治本；不是权宜之计，而是百年大计；不是短期行为，而是终身行为。因此，提高素质必须锲而不舍，既要持之以恒，又要与时俱进，生命不息，学习不止，历练不停，提升不断。

第十章　科学实验与科学思想有机结合

思想决定行动，思路决定出路。科学思想是一切科学工作的生命线，也是攀登科学高峰的统帅和开路先锋。我们在研究自然科学家时应重点研究自然科学家的科学思想，不仅要了解自然科学家的科学思想是什么，更重要的是要弄清楚自然科学家是怎样进行科学思考的，以及为什么要和为什么能这样思考。而科学实验是检验科学思想是否正确的唯一标准。因此，科学思想与科学实验具有密切的关系和很强的相关性，从理论上深入研究和科学认识并在实践中正确对待和妥善处理科学思想与科学实验的关系是至关重要的。在科学技术史上，有许多杰出自然科学家（如法拉第、卢瑟福等）既与单纯的实验科学家有所不同，又与单纯的科学思想家相区别，他们真正做到了融科学实验、科学思想为一体，集实验科学家、科学思想家于一身。他们不仅在科学实验上才能非凡、功勋卓著，而且在科学思想上也出类拔萃、硕果累累。手与脑并用，科学实验与科学思想有机结合、互相促进，这是杰出自然科学家科学研究工作的又一个显著特点和突出优点，也是杰出自然科学家成功的一条宝贵经验，还是杰出自然科学家为人们提供的又一个有益的启迪。

例如，英国物理学家、化学家法拉第一生酷爱科学实验，他一生的绝大部分时间是在实验室中度过的。但他与一般的实验科学家不同，他在动手做实验的同时，总是在动脑思索问题，真正做到了“实验＋思想”。实验室既是他做实验的场所，又是他进行科学思考的阵地；实验室既是他在科学实验上日夜奋战、大显身手的拼搏领域，又是他在科学思想上纵横驰骋、大有作为的广阔天地。首先，法拉第不只是为了实验而实验，从不满足于实验操作和已经取得的实验结果，而总是想方设法地对实验结果进行全面深入的分析和刨根问底的研究，勇于并善于从各种各样的实验事实中总结概括出规律来，从而对实验结果给出圆满解释。例如，他在 1834 年通过对电解过程的实验研究总结概括出了电解定律；在 1831 年发现电磁感应现象后，经过 20 年的实验研究和深入思索于 1851 年总结概括出了电磁感应定律。其次，法拉第从不被已经发现的实验事实所局限，而能凭着深邃的科学思想高瞻远瞩地洞察蕴藏在实验事实中的许多有价值的新东西，提出了许多闪烁着真理光辉的科学思想和科学预言。例如，他提出了场和力线的概念，否定了超距作用，建立了一种崭新的物理模型——近距作用，预言了光的电磁说和各种自然力的联系等。此外，法拉第的科学思想大多是围绕着他的科学实验提出的，而他的科学实验也大多是围绕其科学思想进行的。每当有了新的科学实验事实之后，他总想总结规律、给出解释、提出预言；每当有了新的科学思想之后，他总想设计新的实验进行验证。例如，当法拉第产生“场和力线都是物理实在”这一科学思想之后，他便立即设计实验来证明这一科学思想：用一张撒上铁粉的纸，在其下面用磁棒轻轻振动，于是这些铁粉就清楚地呈现出磁场的力线，这就有力地证明了场和力线确实是一种物理实在。可见，法拉第的科学实验不是从用手开始的，而是从用脑开始的；同样，法拉第的科学实验不是用手结束的，而是用脑来结束的。

如果说“设计实验方案—发现实验事实—总结实验规律—圆满解释实验”是法拉第进行实验研究的四部曲，那么实验研究的每一步都是在科学思想的参与、作用和指导下进行的。对于法拉第来说，科学实验与科学思想就像化合物一样有机结合在一起，难舍难分：他的科学思想离不开科学实验，他的科学实验也离不开科学思想。总之，法拉第一生对科学实验有着浓厚的兴趣，投入了毕生的精力；法拉第一生对科学思想有着不懈的追求，倾注了毕生的心血。法拉第既肯于并善于动手，又肯于并善于动脑。作为实验科学家，法拉第无疑是出色的；作为科学思想家，法拉第无疑也是杰出的。法拉第的显著特点和突出优点是：手与脑协调并用，使二者相辅相成；科学实验与科学思想有机结合，使两者互相促进。对法拉第来说，科学实验是科学思想的基础，科学思想是科学实验的指南；科学实验既是证实已有科学思想的手段，又是提出新科学思想的根据；科学思想既是科学实验成功的保证，又是设计新科学实验的依据；科学思想扩大了科学实验的成果，科学实验丰富了科学思想的内容。科学实验与科学思想有机结合、相辅相成，互相促进、互相补充，构成了法拉第成功的两大支柱，是法拉第在科学上高速前进的两个车轮，亦是法拉第在科学天空中自由翱翔的一双翅膀。这正是法拉第不同于并高于一般实验科学家的原因所在，也是他不同于并高于一般理论科学家的原因所在，还是他科学成果多于并大于一般自然科学家的原因所在，这正是法拉第最值得我们学习的地方。

科学理论之树常青，科学实践之路常新，科学思想之法常变。科学实验与科学思想结合的内容、形式、方法都是不断发展变化的，科学实验与科学思想的结合既要持之以恒，更要与时俱进。和杨振宁（1922—　）一起因发现宇称不守恒而荣获 1957 年诺贝尔物理学奖的著名物理学家李政道（1926—　）曾深有体会地说：“没有实验物理学家，理论物理学家将漂泊不定。没有理论物理学家，实验物理学家将徘徊不前。”[①]类似地可以说：没有科学实验，科学思想将漂泊不定；没有科学思想，科学实验将徘徊不前。科学思想引领科学实验发展，科学实验推动科学思想更新。为了有效促进和大力推动科学的全面发展、协调发展和可持续发展、应努力实现科学实验与科学思想以及实验科学家与理论科学家的有机结合和互相促进。

科学思想闪耀光辉，科学实验彰显魅力。我们要努力实现科学思想与科学实验的有机结合、动脑与动手的密切协作、理论创造和实践探索的高度统一。在科学思想上卓有建树，在科学实验上硕果累累，在科学思想与科学实验的相互促进中再创辉煌。

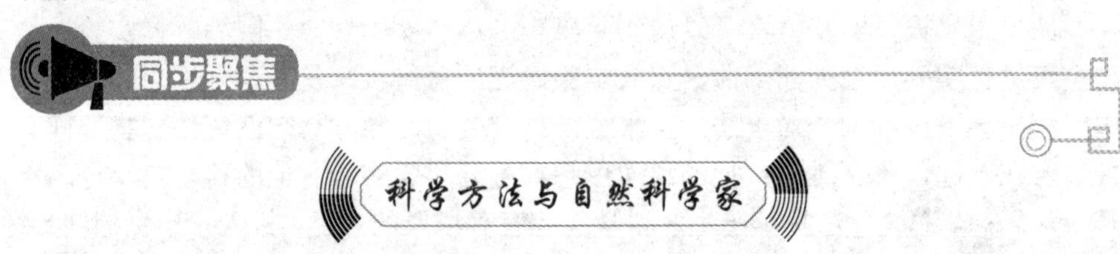

所谓科学方法，就是指能够行使科学探索、研究、创造、应用等职能，实现科学探索、研究、创造、应用等目标，保证科学探索、研究、创造、应用等活动有效进行并取得成效的科学方式、手段、技术、措施等，它是进行科学工作的锐利武器和有效工具，也是人类认识世界和改造世界的科学手段和有效途径。

纵观自然科学历史，科学方法贯穿于自然科学发展的全过程，从这个意义上可以说，科学方法无时不有，一部自然科学史同时也是一部科学方法史；横看当今自然科学，科学方法充满了自然科学的各个学科、各个领域，从这个意义上可以说，科学方法无处不在，科学探索、研究、创造、应用、发展的所有空间都是科学方法大显身手的应用领域和大有作为的广阔天地。科学探索、研究、创造、应用的重要性和普遍性决定了科学方法应用的广泛性和价值的重要性。

古今中外的一切科学成果都是运用一定的科学方法而取得的，科学方法是科学的灵魂，也是自然科学家的法宝。千难万难，找到解决的科学方法就不难；有

① 李政道．对称、不对称和粒子世界[M]．吴元芳，译．北京：科学出版社，1991：30．

了正确的科学方法，则一切科学问题都迎刃而解。正如法国生理学家贝尔纳所说："良好的方法能使我们更好地发挥运用天赋的才能，而拙劣的方法则可能阻难才能的发挥。因此，科学中难能可贵的创造性才华，由于方法拙劣可能被削弱，甚至被扼杀；而良好的方法则会增长、促进这种才华。"[①]

科学方法中最常见、最大量、最基本的是科学研究方法。法国著名天文学家皮埃尔·西蒙·拉普拉斯（Pierre Simon Laplace，1749—1827）指出"认识一位天才的研究方法，对于科学的进步，甚至对于他本人的荣誉，并不比发现本身更少用处。科学研究的方法经常是极富兴趣的部分"[②]，即科学研究方法至少同科学发现本身一样重要或更重要。这样就从新的角度和站在新的高度论述了科学研究方法的重要性，因为一般人都普遍认为科学发现比科学研究方法重要，拉普拉斯纠正了人们的这一传统看法。科学发现是科学研究的成果，科学研究方法是取得科学研究成果的手段、方式、措施。熟练掌握和创造性运用科学研究方法，不仅可以做出已有的科学发现，而且还可以做出许多新的科学发现，即不仅可以取得已有的科学研究成果，而且还可以取得许多新的科学研究成果。换言之，已经做出的科学发现或已经取得的科学研究成果是确定的、有限的，而科学研究方法的应用是广泛的、功能是多方面的，所取得的成果是无限的。从这个特定的意义可以说，科学研究方法比科学发现或科学研究成果更为根本、更为重要。

科学方法的重要性还突出地表现在科学突破上。一般地说，科学突破的方式主要有从科学实验上突破、从科学方法上突破、从科学概念上突破、从科学理论上突破，从科学方法上突破是科学突破的基本形式之一。这种科学突破方式主要是通过创立和采用一种新的科学方法来实现科学的飞跃。例如，意大利物理学家伽利略由于创立了实验方法而发现了自由落体定律，美国科学家维纳由于采用了信息与反馈方法而创立了控制论等。

科学知识固然重要，但科学方法则更为根本。掌握获取科学知识的科学方法，不仅可以掌握已有科学知识，而且还可以不断地获取新的科学知识。可见，掌握获取科学知识的科学方法比掌握科学知识本身更为根本，也更为重要。由此可以得出一个推论：学习科学方法比学习科学知识更为根本，也更为重要；传授科学方法比传授科学知识更为根本、也更为重要；换言之，教师不仅仅要传授科学知识，更重要的是要传授科学方法；学生不仅仅要学习科学知识，更重要的是要学

① 贝弗里奇. 科学研究的艺术[M]. 陈捷，译. 北京：科学出版社，1979：序言 x.

② 拉普拉斯. 宇宙体系论[M]. 李珩，译. 北京：商务印书馆，2012：445.

习科学方法。培养能力和提高素质重在掌握科学研究方法。同理，掌握发现真理的科学方法比掌握真理本身更为根本、也更为重要，因为掌握发现真理的科学方法不仅可以掌握已有真理，而且可以继续不断地发现新的真理。

研究自然科学家应重点研究自然科学家的科学方法，学习自然科学家应重点学习自然科学家的科学方法。掌握科学方法既是继承科学的精髓，又是创新科学的资本。提出科学问题、分析科学问题、解决科学问题都离不开科学方法，都必须依靠科学方法。只要找到了有效的科学方法，则一切科学问题都迎刃而解。如何找到解决科学问题的科学方法？这既是科学研究的难点和关键所在，也是科学研究的艺术和精华所在。我们要牢记爱迪生的名言："任何问题，都有解决的办法，无法可想的事是没有的。"①坚信任何科学问题都有解决的科学方法，暂时未得到解决的科学问题只是还没有找到解决此问题的科学方法，但是一定存在能够解决这一科学问题的科学方法，这样可以增强解决科学问题的信心和决心。既要正确地、创造性地、有效地运用已有科学方法，又要大胆地、与时俱进地不断创造新的科学方法。生理学家巴甫洛夫曾深刻指出："科学是随着研究法所获得的成就而前进的。研究法每前进一步，我们就更提高一步，随之在我们面前也就开拓了一个充满着种种新鲜的事物的，更辽阔的远景。"②

在科学探索、科学研究、科学创造中，科学方法能使科学工作者把未知变为已知，把不能做变为能够做，把不可行变为可行，把不可能变为可能并把可能变为现实。

认真总结研究历史上和现实中别人的科学方法，是学习科学方法的重要途径，这对于掌握已有的科学方法和创造新的科学方法都是十分必要的和非常有益的。但必须清醒地看到和明确地认识到：科学劳动是一种创造性劳动，科学研究是一种原始性创新过程，在科学研究中，只有可供借鉴的方法，没有完全能照搬套用的现成方法。因为任何一种科学方法都有对科学工作者素质的要求，科学方法不一样，对科学工作者素质的要求也不一样。正像外因必须通过内因而起作用一样，别人的科学方法只有通过自己的刻苦学习、深入研究和反复应用才能变成自己的科学方法；只有与自己的知识、能力和实践相结合，才能真正解决自己所遇到的具体实际问题。可见，科学方法不是现成的，不仅发明一种新科学方法是创造，就是对已有科学方法的每次成功运用也都是创造。必须看到，真正掌握和成功运

---

① 马来平．科学箴言[M]．济南：山东科学技术出版社，2007：77.

② 傅明伟，等．世界名人名言精选[M]．上海：上海交通大学出版社，2004：341.

用一种科学方法并不是轻而易举的简单事，而必须经过长期刻苦的创造性学习，特别是要经过长期刻苦的科研实践的历练。不是找到一种科学方法就算掌握了这种科学方法，而是做到在各种情况下都能运用此科学方法来解决具体实际问题时才算真正掌握了这种科学方法。因此，不是找到一种科学方法就万事大吉，而应该在此科学方法的实际运用上下苦功夫，花大力气，这才是我们学习和研究科学方法的真正目的所在，这才是我们学习和掌握科学方法的必由之路和有效途径。科学研究有法，但无定法，贵在得法，难在创法。“科学研究有法”反映和体现了科学研究的规律性，“科学研究无定法”反映和体现了科学研究的创造性。正因为科学研究有法，所以科学研究有规律可循、有经验可供学习和借鉴；正因为科学研究无定法，所以科学研究奥妙无穷、魅力无限。如何创造性地运用最优科学方法去取得最优科学成果是科学研究艺术的精华所在，也是决定科学研究成败的关键所在。

科学方法创新是科学创新的重要方面，从科学方法上突破是科学突破的常见方式。熟练掌握和创造性运用科学方法的能力是自然科学家的重要能力。细处见精，微处见妙，科学方法见功效。让我们以杰出自然科学家为榜样，刻苦地学习科学方法，正确地掌握科学方法，创造性地运用科学方法，刻意创造新科学方法，既充分又高效地发挥科学方法的功能，巧妙地运用科学方法这把金钥匙去打开未知世界的各种奥秘之锁！

第十一章　学习与创造并举

从科学研究这一特定角度来看，一个科学工作者一生就做两件事情，一是学习，二是创造。不学习，思想会僵化，知识会老化，能力会退化；不创造，科学研究不能取得突破，科学探索不能取得成果，科学人生不能出彩。当然，学习和创造都不是短期行为，而是终身行为。因此，"怎样学习"和"如何创造"就成为举世瞩目的重大课题。古往今来，有无数名人学者探讨过这两个古老而常新的问题，留下了许多名言警句，积累了丰富的文献资料和宝贵的实践经验。杰出自然科学家更是用一生的言行对这两个问题做了出色的回答，认真学习和深刻领悟这些回答，会使人们得到许多有益的启迪。

自学成才的中国杰出数学家华罗庚就是学习与创造并举的典范，他不仅在数学研究上硕果累累，而且在学习和创造的研究上也卓有建树。可以毫不夸张地说，华罗庚不仅对学习和创造进行了开创性的理论研究，而且也对学习和创造进行了开拓性的实践探索。关于学习方法，华罗庚根据自己的经验创造性地总结概括出了"由薄到厚"再"由厚到薄"的科学方法。"什么叫学深学透？这就是要经过'由薄到厚'、'由厚到薄'的过程。首先是'由薄到厚'。比如学一本书，每个生字都查过字典，每个不懂的句子都进行过分析，不懂的环节加上了注解，经过这一番工夫之后，觉得懂多了，同时觉得书已经变得更厚了。有人认为这样就算完全读懂了。其实不然。每一章每一节、每一字每一句都懂了，这还不是懂的最后形式。最后还有一个'由厚到薄'的过程，必须把已经学过的东西咀嚼、消化，组织整理，反复推敲，融会贯通，提炼出关键性的问题来，看出了来龙去脉，抓住了要点，再和以往学过的比较，弄清楚究竟添了些什么新内容、新方法。这样以后，就会发现，书，似乎'由厚变薄'了。经过这样消化后的东西，就容易记忆，就能够得心应手地运用。"[①]"有人说，基础、基础，何时是了？天天打基础，何时是够？据我看来，要真正打好基础，有两个必经的过程，即'由薄到厚'和'由厚到薄'的过程。'由薄到厚'是学习、接受的过程，'由厚到薄'是消化、提炼

---

① 华罗庚．华罗庚科普著作选集[M]．上海：上海教育出版社，1984：301-302．

的过程。譬如我们读一本书，厚厚的一本，加上自己的注解，就愈读愈厚，我们所知道的东西也就‘由薄到厚’了。但是，这个过程主要是个接受和记忆的过程，‘学’并不到此为止，‘懂’并不到此为透。要真正学会学懂还必须经过‘由厚到薄’的过程，即把那些学到的东西，经过咀嚼、消化，融会贯通，提炼出关键性的问题来。我们常有这样的体会：当你读一本书或是看一叠资料的时候，如果对它们的内容和精神做到了深入钻研，透彻了解，掌握了要点和关键，你就会感到这本书和这叠资料变薄了。这看起来你得到的东西似乎比以前少了，但实质上经过消化，变成精炼的东西了。不仅仅在量中兜圈子，而有质的提高了。只有经过消化提炼的过程，基础才算是巩固了，那么，在这个基础上再练，那就不是普通的练功了；再念书，也就不是一本一本往脑里塞，而变成为在原有的基础上添上几点新内容和新方法。经过‘由薄到厚’和‘由厚到薄’的过程，对所学的东西做到懂，彻底懂，经过消化的懂，我们的基础就算是真正的打好了。有了这个基础，以后学习就可以大大加快。这个过程也体现了学习和科学研究上循序渐进的规律。”[①]由上所述，“由薄到厚”是学的过程，“由厚到薄”是悟的过程；“由薄到厚”是知的过程，“由厚到薄”是识的过程；“由薄到厚”是了解的过程，“由厚到薄”是理解的过程；“由薄到厚”是量变的过程，“由厚到薄”是质变的过程；“由薄到厚”是感性认识的过程，“由厚到薄”是理性认识的过程；“由薄到厚”是学习别人的过程，“由厚到薄”是把别人的东西变成自己的东西的过程；“由薄到厚”是钻进去的过程，是入乎其内，故能继承；“由厚到薄”是跳出来的过程，是出乎其外，故能创新。可见，“由薄到厚”和“由厚到薄”既是两个阶段、两个过程，也是两次飞跃、两次提升，更是两个层次、两种境界；既是科学的读书方法，也是科学的学习方法。华罗庚所创造和倡导的这种科学方法具有普遍的适用性和极大的推广价值，可以作为读书和学习的一个方法论原则而载入史册，世世代代为人类造福。

读书丰富心灵，求知提升素养，学习实现梦想。读书是人生不可缺少的必要组成部分，既是一种人生态度，也是一种生活方式。要努力使读书成为人生的内在需求和执着追求，成为人生的一种乐趣和享受。的确，读书是愉快惬意的精神之旅，是赏心悦目的文化畅游。一边思索，一边前行；观赏心路风景，抓拍珍贵影像；采撷文明之花，品味智慧之果；留下一路风采，享受多彩生活。从华罗庚提出的读书方法中我们可以悟出：读书不只是看书，而是要思考；读书不只是学

---

① 华罗庚．华罗庚科普著作选集[M]．上海：上海教育出版社，1984：306 307.

懂弄通，而是要学深悟透；读书不是死记硬背，而是要融会贯通；读书不是接受，而是要有自己的判断；读书不是人云亦云，而是要有自己的观点；读书不是照抄照搬，而是要活学活用；读书不是机械重复，而是要有自己的创造！

关于创造，华罗庚也提出了自己的真知灼见："要想赶过别人，非有独创精神不可。"[①]"研究科学最宝贵的精神之一，是创造的精神，是独立开辟荒原的精神，科学之所以得有今日，多半是得力于这样的精神，在'山穷水尽疑无路'的时候，卓越的科学家往往另辟蹊径，创造出'柳暗花明又一村'的境界。所以独立开创能力的培养，是每一个优秀科学家所必须具备的优良品质之一。"[②]"我不轻视容易的问题，今天熟练了容易的，明天碰到较难的也就容易了。我也不害怕难的问题，我时刻准备着在必要时把一个问题算到底。我相信，只要辛勤劳动，没有克服不了的困难，没有攻不破的堡垒。"[③]华罗庚的这些名言都是肺腑之言和经验之谈，读后令人深受教育、备受鼓舞、颇有收获。特别是能启迪人们明确认识到：读书是为了使用，学习是为了创造，积累是为了突破，继承是为了创新，学习别人是为了超越。这对科技人才增强创造意识和树立创造信心都是大有裨益的。

实践出真知，使用出人才。只有加强学习和努力实践才能弥补素质缺陷、化解能力危机、纾解本领恐慌、突破发展瓶颈。毛泽东同志指出："读书是学习，使用也是学习，而且是更重要的学习。从战争学习战争——这是我们的主要方法。没有进学校机会的人，仍然可以学习战争，就是从战争中学习。革命战争是民众的事，常常不是先学好了再干，而是干起来再学习，干就是学习。"[④]同理，由于创造是最重要的使用，所以可以说，读书是学习，创造也是学习，而且是更高层次和更有成效的学习。科学技术史上许多杰出自然科学家的经历都证明"从科学研究中学习科学研究、从科学创造中学习科学创造"是一种值得提倡的好方法。的确，科学研究和科学创造工作也常常不是先学好了再干，而是干起来再学习，边学边干，边干边学，在学中干，在干中学，学干结合，学用相长，学与干密切联系，相辅相成；读书与使用有机结合，相得益彰。实践给予人们的感受直观、深刻，学习给予人们的启迪新颖、独特，创造给予人们的收获巨大、丰硕。的确，读书使人充实，思考使人深邃，实践使人丰富，创造使人智慧。从一定意义上可以说：学历和文凭代表一个人的过去，业务知识和能力体现一个人的现在，而学

---

① 华罗庚．华罗庚科普著作选集[M]．上海：上海教育出版社，1984：291．

② 华罗庚．华罗庚科普著作选集[M]．上海：上海教育出版社，1984：258．

③ 华罗庚．华罗庚科普著作选集[M]．上海：上海教育出版社，1984：269．

④ 毛泽东．毛泽东选集（第一卷）[M]．北京：人民出版社，1991：181．

习能力和创造能力决定一个人的未来。我们要使学习成为自己的一种健康的生活方式，读书成为一种良好的习惯，特别是要掌握获取知识的知识、学会创造方法的方法，增强提高能力的能力，提升提高素质的素质，深入实践，学会学习，学会创造，努力实现由知识向智慧的转化和由功利向境界的升华！纵观自然科学家的成长历程可以发现：学习是创造的前提，创造是学习的继续；学习是创造的基础，创造是学习的目的；学习是一种创造，创造更是一种学习。在学习中创造，在创造中学习，使理论与实践有机结合，读书与使用互相促进，学习与创造并举，这是一种应当永远坚持的好方法。

对于我们来说，没有比学习和创造更值得努力去做的事了。学习永无止境，创造永无止境，学习与创造的有机结合和互相促进永无止境。有了读书的引导、学习的充实、实践的丰富和创造的激励，有了兴趣的驱动、好奇心的激活、信心的鼓舞和意志的保证，就会形成学习与创造互相促进、循环加速的长效机制。的确，学习、创造、学习与创造的有机结合和互相促进都不是断续的短期行为，而是可持续的终身行为，所以必须持之以恒；又因为学习、创造、学习与创造的有机结合和互相促进的机制、模式、内容、形式、方法、途径、条件等都不是一成不变的，而是动态的、不断发展变化的，所以还必须与时俱进。实质上，是要做到 3 个“持之以恒”和 3 个“与时俱进”：一是学习既要持之以恒又要与时俱进，二是创造既要持之以恒又要与时俱进，三是学习与创造的有机结合和互相促进既要持之以恒又要与时俱进。为此，就必须增强 3 个“自信”——学习自信、创造自信、学习与创造有机结合和互相促进自信，真正做到 3 个“自觉”——学习自觉、创造自觉、学习与创造有机结合和互相促进自觉。

学习能力、思维能力、实践能力和创造能力是一个人与时俱进的基本能力，也是一个人的可持续发展能力和核心竞争力。学习、思维、实践、创造都没有终点，而只有一个接一个的新起点。我们要真正做到：勤学而不厌，敏思而不钝，钻研而不怠，笃行而不倦。一个善于学习、敏于思维、长于实践、勇于创造的人一定会成为活力无比、潜力无限和前途无量的人。学习和创造是最值得我们竭尽全力去做好的两件事，让我们以杰出自然科学家为榜样，把学习养成为一种习惯，把创造修炼成一种品质；学习增活力，创造添动力；学习不停步，创造再启程；努力开创学习与创造并举的新局面，不断取得学习与创造有机结合和互相促进的新成果。

学习者进，创造者强，学习与创造有机结合、互相促进者胜！

学习，学习，再学习，学出一种新境界！

奋斗，奋斗，再奋斗，干出一番新业绩！
创造，创造，再创造，创出一片新天地！

同步聚焦

教育与自然科学家

良好的教育是自然科学家成长、成才、成功的共同基础，所不同的只是教育的经历不同、形式不同。

一流的人才需要一流的教育，一流的智慧需要一流智者的启迪；天才的发育需要适宜的土壤，大师的成长也需要大师的培养。大多数自然科学家的成长主要是靠学校教育，“名师出高徒”成为科学人才培养的一条经验规律。这一点通过诺贝尔奖自然科学领域获奖情况可以得到有力证明：从诺贝尔奖自然科学领域1901—2000年的历程和走势看，获奖者主要集中在设备先进和名师云集的名牌大学的实验室中。例如，英国剑桥大学的卡文迪什实验室先后培养出25位诺贝尔奖获得者；美国加利福尼亚大学的劳伦斯实验室先后培养出9位诺贝尔奖获得者。在获奖者中有师徒关系的比例高达40%以上，据美国获奖者的统计，也在60%左右。例如，在英国物理学家约瑟夫·约翰·汤姆孙（Joseph John Thomson，1856—1940）的学生中出了8位诺贝尔奖获得者，在物理学家卢瑟福的学生中出了12位诺贝尔奖获得者，在丹麦物理学家尼尔斯·亨利克·戴维·玻尔（Niels Henrik David Bohr，1885—1962）的学生中出了8位诺贝尔奖获得者，在物理学家恩利克·费米（Enrico Fermi，1901—1954）的学生中出了6位诺贝尔奖获得者。进一步分析后还发现，师徒关系竟出现了更为有趣的多代延续现象，如在诺贝尔奖获得者中可以追溯出5代相继的情况：1909年化学奖获得者、德国物理化学家弗里德里希·威廉·奥斯特瓦尔德（Friedrich Wilhelm Ostwald，1853—1932）的学生、德国物理化学家瓦尔特·赫尔曼·能斯特（Walther Hermann Nernst，1864—1941）获得了1920年化学奖，能斯特的学生、美国物理学家罗伯特·安德鲁·密立根（Robert Andrews Millikan，1868—1953）获得了1923年物理学奖，密立根的学生、美国物理学家卡尔·大卫·安德森（Carl David Anderson，1905—1991）获得了1936年物理学奖，安德森的学生、美国物理学家唐纳德·阿瑟·格拉泽（Donald Arthur Glaser，1926—2013）获得了1960年物理学奖。

除学校教育外，也有的自然科学家（如焦耳、达尔文、爱迪生等）是靠家庭教育成才的，还有的自然科学家（如法拉第、华罗庚等）是靠自学成才的。生物进化论的创立者达尔文曾深有体会地说：“我所学到的任何有价值的东西都是从自学中得来的。”①不仅没有条件接受学校教育的人要走自学成才的道路，即使受过良好学校教育的人也要学会自学。自学之所以重要，一是因为自己独立学习的时间多于、长于在别人指导下学习的时间；二是因为自己才是学习的主体，一切外来的因素和影响都要通过自己这个内因而起作用，在任何情况下学习都主要靠自己。要充分认识自己在学习中的主体地位和决定作用，要学会自学并既持之以恒又与时俱进地坚持自学。自我教育是一种非常基本和特别重要的教育形式，既是自我发展的必由之路，也是自我提升的有效途径，还是自我优化的得力措施，每个人（尤其是科技工作者）都应当高度重视和大力加强自我教育。

教育对智力因素的早期开发固然重要，教育对非智力因素的早期培养则更为根本。挖潜力、增动力、添活力都必须激发人的创造力，正如爱因斯坦所指出：“发展独立思考和独立判断的一般能力，应当始终放在首位，而不应当把获得专业知识放在首位。如果一个人掌握了他的学科的基础理论，并且学会了独立地思考和工作，他必定会找到他自己的道路，而且比起那种主要以获得细节知识为其培训内容的人来，他一定会更好地适应进步和变化。”②“除开这一点，我还认为应当反对把个人当作死的工具来对待。学校的目标始终应当是：青年人在离开学校时，是作为一个和谐的人，而不是作为一个专家。”②

众所周知，教育由“教”和“育”两个字所组成，教育，教育，顾名思义，既要“教”，又要“育”。从语义看，教育包括既相互联系和相互作用又相互区别的“教”和“育”两个方面，“教”与“育”相辅相成，共同决定教育的效率和效益。于是，“教什么？怎样教”和“育什么？怎样育”就成为教育科学必须从理论上重点研究并在实践上着力解决的核心问题。一般地说，“教”主要包括3个方面的内容：一是教科学文化知识；二是教做人、做事的道理；三是教认识世界和改造世界的方法，即教做人的方法和做事的本领。“育”主要包括3个方面的内容：一是培育科学的世界观和正确的人生观、价值观、荣辱观、幸福观；二是精心培育、着力提高、大力开发、多方激活、高效发挥人的创造力；三是用心培育做人

---

① 张秉伦，郑土生．达尔文[M]．北京：中国青年出版社，1982：1．

② 爱因斯坦．爱因斯坦文集（增补本）第三卷[M]．许良英，赵中立，张宣三，编译．北京：商务印书馆，2009：174．

的优良素质和高尚情操。可见，“教”是强基增能，“育”是铸魂固本。考核评价教育既要考核评价“教”的效果，又要考核评价“育”的效果，千万不能重“教”轻“育”，而应使“教”与“育”有机结合，互相促进！

需要强调指出和特别注意的是，虽然教育离不开知识和技能，但是教育不能仅仅局限于知识和技能，教育的真正目的和宗旨是用知识和技能来武装人、充盈人、启迪人，而绝不能把人变为某种知识或技能的工具。真正的教育必须超越知识传授和技能训练，进而上升到哺育人的心灵和培育人的精神。教育不仅要传授知识和训练技能，更要开启智慧、训育身心和点化人生。教育不仅要为就业做准备，更要为人的一生打好基础。的确，教育是一个人成长、成才、成功的基础，教育基础如何关系到一个人有没有发展后劲、有没有可持续发展能力的大问题，即关系到一个人能否实现全面发展、协调发展和可持续发展的大问题。人生大厦建设得好不好，就看教育这个基础打得牢不牢。不仅要把教育作为一门科学去学习和研究，而且要把教育作为一种艺术去探索和实践，更要把教育作为一项事业去奋斗和拼搏。特别是要尽快确立科学的教育观：①从主体、中介、客体看，应确立教育者、教育手段与方法、受教育者三位一体的教育观；②从教育内容看，应确立知识教育、素质教育、创新教育、开发教育四位一体的教育观；③从教育形式看，应确立自我教育、家庭教育、学校教育、社会教育四位一体的教育观。

在人生的路上，每个人永远都是学生。处处留心皆学问，时时学习即教育。自己是学习的主体，学习的主动权永远掌握在自己手中。只要你愿意学习，家庭、工作单位、社会都是学校，生活、工作、实践都是课堂，经历、见闻、信息都是教材，教育无处不在，学习无时没有。正所谓：人人可为师，事事有启迪；时时能思考，处处可学习。对于一个人来说，自我教育和学习，都不是断续的短期行为，而是可持续的终身行为。因而，对于自我教育和学习，不仅要做到持之以恒，更要做到与时俱进，并要努力提高自我教育和学习的质量、效率和效益。

第十二章　苦干与巧干相辅相成

杰出自然科学家的每项科学成果都是手和脑并用的结果，都是勤奋和智慧的共同结晶，都是苦干和巧干的共同产物。简言之，所谓苦干，就是勤奋，就是不辞辛苦地尽最大努力去做；所谓巧干，就是智慧，就是要选用最优的科学方法去干，从而提高干的效率和效益。

科学研究的长期性、艰巨性、曲折性决定了必须苦干；科学研究的探索性、创造性、复杂性决定了必须巧干；苦干增加了科学劳动的强度，是在绝对意义上延长了科学劳动的时间；巧干则提高了科学劳动的效率，是在相对意义上争取了科学劳动的时间，即节约了科学劳动的时间。苦干和巧干是科学劳动相辅相成的两个方面，目的都是提高科学劳动的效率和效益，促使科学劳动快出成果，多出成果，出大成果。正因为如此，肯于苦干和善于巧干是所有杰出自然科学家的共同特点，而苦干与巧干有机结合、互相促进也就成为自然科学家获得成功的一条共同经验。一部科学技术史，既是自然科学家苦干的历史，又是自然科学家巧干的历史；一部科技人才成长史，就是自然科学家如何苦干和怎样巧干的记录。

纵观自然科学史，许多自然科学家从事的艰苦卓绝的科学研究工作都是苦干与巧干相辅相成的。例如，中国南北朝时期的杰出数学家祖冲之（429—500）在应用刘徽（约 225—约 295）的割圆术求圆周率时，以惊人的勇气和顽强的毅力，从圆内接正六边形开始一直计算到圆内接正 24576 边形，通过极其繁复艰巨的计算，终于精确地求得圆周率（π）在 3.1415926 与 3.1415927 之间，并提出 π 的约率为 22/7，密率为 355/113。其精确度在长达 1000 多年的时间里一直处于全世界领先地位；又如，波兰天文学家哥白尼于 1512 年移居弗洛恩堡。他选择教堂西北角的一座箭楼作为自己的宿舍，并把它建成了一个小天文台。从此，哥白尼便利用简陋的自制仪器孜孜不倦地从事天文观测研究长达 31 年。他不顾多数人的不理解和嘲弄，不怕教会的迫害和密探的监视，甚至在 1519 年波兰和条顿骑士团发生战争，城堡到处是血和火的危险情况下，仍然每天登上角楼，坚持天文观测与研究。1543 年，他终于出版了具有划时代意义的巨著《天体运行论》，提出了具有里程碑意义的日心说，标志着近代自然科学的诞生。从此，自然科学便从神学中解放出来，从哲学中独立出来，走上了独立自主的发展道路。再如，为培养一种不吃桑叶、经济价值极高的新蚕品种，中国生物学家、实验胚胎学家朱洗（1900—1962）和助手在 700 多天中夜以继日地观察实验，从来没有休息日。助手看他很疲倦劝他休息一天，他说："可惜蚕宝宝没有星期天！"他们连大年初一都是在实验室里度过的。还如，中国气象学家、地理学家、教育家竺可桢（1890—1974）在研究中国近 5000 年来气候变迁的过程中，查阅了大量古代和近代文学、历史、游记、医书、地方志等文献，从这些浩如烟海的资料中，查找梅花、桂花等植物开花的时间，与现在这些植物开花的时间相比较，从中找出气候变化的规律，研究时间长达 50 年。杰出自然科学家在科学研究中，流过多少汗，从不嫌累；吃过多少苦，从不后悔；克过多少难，从不埋怨；攻过多少关，从不彰显。他们既是苦干的楷模，又是巧干的榜样。我们要虚心向杰出自然科学家学习，用肯于苦干和善于巧干的实际行动，去续写事业辉煌，去成就人生梦想。

自然科学家从事科技写作的过程也有诸多苦干与巧干相辅相成的典型案例。例如，被誉为"药圣"的中国明代杰出医学家、药物学家李时珍（1518—1593）于明嘉靖三十一年（1552 年）开始着手撰写《本草纲目》，直到明万历六年（1578 年）才全部完成，先后三易其稿，共用了 27 年的时间。在这 27 年中，他一方面认真深入地查阅和研究了前人在药物学方面的大量资料并汲取其有益的成果，另一方面又进行了长期艰苦的实地考察，他的足迹遍及湖北、江西、江苏、安徽、河南、河北等广大地区。他翻越崇山峻岭，深入山寨村落，采集标本，搜集治病的药方，询问药农，进行试验，获取了大量的珍贵的第一手资料。这部闻名中外的药物学巨著《本草纲目》，全书共 190 万字，分 52 篇 16 部 62 类，共收载药物 1892 种，载入药方 11096 则，插图 1160 幅。它不仅是一部药物学巨著，而且是一部详明的植物学、动物学和矿物学专著，它全面系统地总结了中国明朝以前的药物学成就，把中国医药科学的水平提高到了一个崭新的高度，对中国和世界的医药学和多种学科的发展都具有巨大的作用和深远的影响。该书于 1596 年在南京出版后，不仅在国内翻刻过 30 多次，而且先后被译成日文、德文、法文、英文、俄文、拉丁文等多种文字，风靡世界，被誉为"东方医学巨典"。再如，创立进化论的英国生物学家达尔文一生大部分时间被疾病所困扰，但他以惊人的毅力和顽强的意志与疾病做斗争，抱病坚持科学研究和科技写作，笔耕不断，著作颇丰。他一生共发表了 80 多篇论文，出版了 20 多部著作，主要著作有《一个自然科学家在贝格尔舰上的环球旅行记》（1839）、《珊瑚礁的构造和分布》（1842）、《火山群岛的地质观察》（1844）、《物种起源概要》（1844）、《南美洲的地质考察》（1846）、《物种起源》（1859）、《兰花的传粉》（1862）、《动物和植物在家养下的变异》（1867）、《人类的由来及性选择》（1871）、《人类和动物的表情》（1872）、《食虫植物》（1875）、《植物界异花受精和自花受精的效果》（1876）、《同种植物的不同花型》（1877）、《植物的运动本领》（1880）、《植物壤土和蚯蚓》（1881）等。这些著作是人类科学宝库的珍贵库藏，也是达尔文留给人类的宝贵遗产，使达尔文逝世后仍能继续为人类进步和科学发展做贡献。这些杰出自然科学家所撰写的经典名著既是苦干的结晶，又是巧干的硕果；既是苦干的写照，又是巧干的证明。

勤奋的结果常常是收获，而懒惰的结果则往往是坎坷。在科学发现的成果中有智慧的珍珠闪耀，在科学成就的光辉里有辛勤的汗珠闪烁。苦干与巧干是对立统一的辩证关系，苦干与巧干不是彼此孤立的，而是密切联系、相互作用、相辅相成的：苦干是巧干的前提和基础，苦痛铸就坚韧，艰难培育精神，苦干为巧干积累经验，勤奋能发展智力，增长才干；巧干是苦干经验的科学总结，是从苦干中悟出的智慧与方法，巧干可以减少苦干的盲目性和无意义的消耗，从而提高苦干的效率和效益。脱离了苦干的巧干是不干、是空想，脱离了巧干的苦干是蛮干、是浪费。俗话说“勤能补拙”“熟能生巧”，其实，“勤”“熟”就是苦干的代名词，“巧”往往不能凭空产生，“巧”常常要从“勤”和“熟”中来、从苦干中来。宝剑锋从磨砺出，梅花香自苦寒来。正如近代自然科学的奠基者和集大成者牛顿所说：“世界上的事，只要肯做，就没有做不成的。”[①]路是走出来的，事业是干出来的，成功是拼搏出来的。苦干加巧干，万事都不难。让我们以杰出自然科学家为榜样，科海勤励，苦求至臻；既勤于动手，又善于动脑；既肯于苦干，又善于巧干。从苦干中得到历练，从巧干中得到提升，使苦干与巧干有机结合，互相促进，大力提高科学劳动的效率和效益，有效促进中国科技界人才辈出，硕果累累。

① 恭时中．牛顿传[M]．武汉：湖北辞书出版社，1998：20．

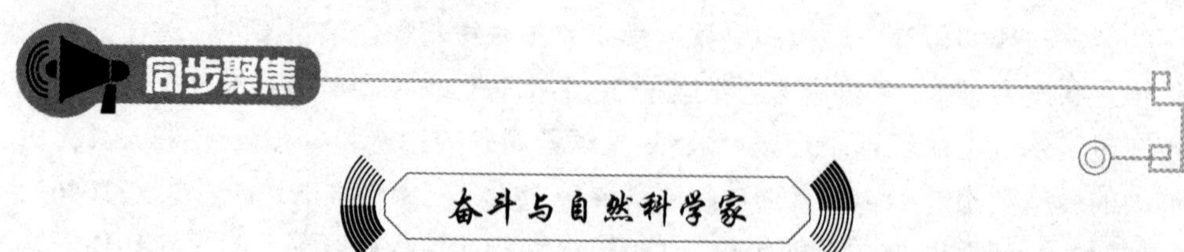

奋斗与自然科学家

通俗地说，奋斗就是为了达到一定目的而尽最大努力去做、竭尽全力去做。换言之，奋斗就是为了达到一定目的而殚精竭虑地去努力、超越寻常地去拼搏。奋斗是成功自然科学家的共同特点和共同经验，任何自然科学家的成功都离不开奋斗。虽然奋斗不是自然科学家成功的充分条件，但奋斗却是自然科学家成功的必要条件。虽然奋斗不一定会成功，但成功一定是奋斗的结果，不奋斗就肯定不会成功，因此，为了成功必须奋斗。奋斗就有可能，拼搏就有希望，攀登就有提高，超越就有奇迹。科学成果都是奋斗出来的，超常的奋斗才能取得非凡的成果。

科学探索的开拓性、曲折性、长期性，以及科学研究的创造性、复杂性、风险性共同决定了科学奋斗的持续性、高难性和艰巨性。科学竞争的激烈程度和科学奋斗的困难程度并不比战场上或体育赛场上的竞争和奋斗逊色。选择了科学研究就等于选择了奋斗，对于一个科学工作者来说，处处都是奋斗之所，天天都是奋斗之时，事事都是奋斗之举。科学道路靠奋斗去开辟，科学高峰靠奋斗去攀登，科学堡垒靠奋斗去攻克；知识靠奋斗去获取，能力靠奋斗去增强，素质靠奋斗去提高；条件靠奋斗去创造，机会靠奋斗去争取，成功靠奋斗去获得；经验靠奋斗去积累，困难靠奋斗去克服，竞争靠奋斗去取胜；任务靠奋斗去完成，目标靠奋斗去达到，理想靠奋斗去实现。对于一个自然科学家来说，奋斗就是工作，奋斗就是生活，奋斗就是生命。科学研究就是一场竞争，科学研究者每一天都在拼搏，每一步都在攀登，一生都在奋斗，同时善于在奋斗中学会奋斗，不断提高奋斗的质量、效率和效益。

一个人的价值取决于他在什么意义上和在什么程度上去奋斗。“在什么意义上去奋斗”，这是指奋斗的质的方面，即是指奋斗的目的和方向，它决定奋斗的目标、性质和价值；“在什么程度上去奋斗”，这是指奋斗的量的方面，即是指奋斗的状况和水平，它反映奋斗的状态、强度和持续时间，即反映奋斗的付出度。奋斗的这两个方面是相辅相成的：只有为了正确的目的——对人类有益的目的和沿着正确的方向——对人类可持续发展有利的方向去奋斗，才能为奋斗提供强大而持久的动力，从而才能持续不断地提高奋斗的效率和效益；只有提高奋斗的程度，才能更迅速、更全面、更彻底地实现奋斗的目标和价值。一般地说，在为了正确目的奋斗的前提下，一个人的价值与奋斗的程度成正比，奋斗的程度越高，价值也越大，即奋斗的付出度决定人生的贡献度。

马克思曾深有体会地说："在科学上没有平坦的大道，只有不畏劳苦沿着陡峭山路攀登的人，才有希望达到光辉的顶点。"①中国著名数学家华罗庚也颇有感触地说："勤能补拙是良训，一分辛苦一分才。"②经典物理学的集大成者牛顿曾发自肺腑地说："你若想获得知识，你该下苦功；你若想获得食物，你该下苦功；你若想得到快乐，你也该下苦功，因为辛苦是获得一切的定律。"③奋斗能将不可能变为可能，并将可能变为现实，即能将不可行变为可行，将不能做变为能够做。让我们以杰出自然科学家为榜样：拿出知难而进、迎难而上的勇劲儿，拿出逢山开路、遇水架桥的闯劲儿；拿出披荆斩棘、攻坚克难的拼劲儿，拿出废寝忘食、呕心沥血的干劲儿；拿出刨根问底、探赜索隐的钻劲儿，拿出独具匠心、奇思妙想的巧劲儿；拿出百折不挠、锲而不舍的韧劲儿，拿出创先争优、追求卓越的冲劲儿。为探索科学真理、攀登科学高峰而奋发进取，奋力实干，奋起超越，奋斗一生。

人生因梦想而绚丽，因奋斗而充实，因创新而精彩。奋斗是最好的度过，实实在在有收获；奋斗是最有意义的生活，切身体验劳动的价值和快乐。人生，奋斗才能有期待，奋斗过精彩依然在。奋斗过的人没有遗憾，追求过的人不会后悔。奋斗、追求过，方知追求奋斗。浪花因撞击而开放，人生因奋斗而出彩。生命的历程就是奋斗的过程，生命的价值和意义取决于奋斗的目的、效率和效益。奋斗决定命运，奋斗决定前途。只有奋斗，才会有收获；只有竭尽全力去努力奋斗，才能获得意想不到的巨大收获。奋斗贵在持之以恒，难在与时俱进。只要既持之以恒又与时俱进地去努力奋斗，一切皆有可能，什么人间奇迹都可以创造出来。这正是：拼搏者，路光明；奋斗者，事竟成。

勤劳就有好生活，奋斗就有好收获。奋斗的人总是在找办法和措施，不奋斗的人总是在找借口和理由。百舸争流，奋击者先。成功的诀窍就是要比规定的多做，比常人多付出。路靠人行，事在人为，人要奋斗。空谈误事，奋斗成事。奋斗者，难事变易；不奋斗者，易事变难。智慧的源泉靠奋斗去挖掘，成功的道路

---

① 马克思．资本论（第一卷上）[M]．中共中央马克思恩格斯列宁斯大林著作编译局，译．北京：人民出版社，1975：26．

② 顾迈南．华罗庚传[M]．上海：复旦大学出版社，1997：11．

③ 李政．与名人有约：影响人类文明的10位科学家[M]．北京：中国档案出版社，2004：105．

靠奋斗去开拓。世上无难事，只要肯奋斗。路再远，行则将至；事再难，做则能成；理想再远大，奋斗就能实现！我们既要愿奋斗、爱奋斗、极力奋斗，又要能奋斗、会奋斗、善于奋斗。在奋斗中成长，在奋斗中发展；在奋斗中成功，在奋斗中成才。越努力越进步，越奋斗越幸福。只要坚持奋斗，人人都能出彩。

奋斗是实干，奋斗是历练，奋斗是拼搏，奋斗是登攀；奋斗增长才干，奋斗积累经验，奋斗克服困难，奋斗战胜挑战；奋斗创造机遇，奋斗创造条件，奋斗创造奇迹，奋斗创造明天！天下之事，奋斗则易，不奋斗则难。俗话说“功到自然成”，实质上这句话中的“功”主要是指奋斗。由此可以得出推论：奋斗到了自然成。只要坚持奋斗，则一年一个样，十年大变样。的确，有奋斗才有收获，有拼搏才有超越；奋斗才能成长成才，奋斗才能成事成功；奋斗才能攻坚克难，奋斗才能柳暗花明；奋斗才能梦想成真，奋斗才能心想事成。世上万事历艰辛，人间成事靠奋斗。在历史上有多少奋斗广受人们青睐，在现实中有多少奋斗值得人们期待；有多少奋斗能让人生出彩，有多少奋斗能被人类文明史记载。奋斗贵在坚持，难在创新；奋斗功在当代，利在千秋。人生因理想而高瞻远瞩，因奋斗而成功成才，因奉献而超凡脱俗，因创新而出类拔萃。奋斗充实人生，奋斗成就人生，奋斗快乐人生，奋斗辉煌人生。奋斗方能胜，爱拼才会赢。让我们以杰出自然科学家为榜样，时时奋斗度现在，步步攀登向未来。生命不息，攀登不停，奋斗不止。奋斗并历练着，奋斗并收获着，奋斗并快乐着，奋斗并享受着。

第十三章　继承与创新辩证统一

对于创新与继承的关系，波兰天文学家哥白尼的切身体会是“在许多问题上我的说法跟前人大不相同，但是我的知识得归功于他们，也得归功于那些最先为这门学说开辟道路的人”[①]。无论是自然科学家成长的过程还是科学研究的过程，都是继承与创新对立统一的辩证过程。对立表现在继承与创新是两个不同的过程：继承是学习和积累的过程，创新是创造和突破的过程；继承是量变过程，创新是质变过程；继承是赶上前人的过程，创新是超过前人的过程。统一表现在继承与创新密切联系、息息相关、相辅相成：继承是创新的前提，创新是继承的发展；继承是创新的准备，创新是继承的升华；继承是创新的基础，创新是继承的超越；要想创新，必先继承；既要善于继承，又要善于创新。当然，不是为了继承而继承，而是为了创新而继承。我们一定要深入研究、科学认识、正确对待和妥善处理继承与创新的关系，在继承中创新，在创新中发展，努力使继承与创新有机结合、互相促进、相得益彰。

经典力学的集大成者、近代自然科学的奠基人、英国著名物理学家和数学家牛顿在 1676 年 2 月 5 日给英国物理学家、天文学家胡克的信中写道：“笛卡儿所完成的是一个良好的阶梯，你在若干方面增益甚多，特别是把薄片的颜色引入哲学思考。如果我看得更远一些，那是由于我站在巨人们的肩上。”[②]“站在巨人们的肩上”，这既是牛顿对自己取得科学成就原因的精辟分析和形象比喻，也是牛顿对继承与创新的切身体会及宝贵经验的科学总结和高度概括；既是牛顿谦虚、谨慎、求实的科学态度的生动写照，也是牛顿对继承与创新辩证关系的恰如其分的形象比喻、入木三分的透彻分析和鞭辟入里的深刻表达。深刻理解、完整把握和正确运用这句至理名言，对人们深入研究、科学认识、正确对待和妥善处理继承与创新的关系，对促进人们成长、成才、成功都具有非常重要的借鉴意义和特别有益的启迪。

---

① 李家善．哥白尼[M]．北京：商务印书馆，1979：31．

② 科恩．牛顿传[M]．葛显良，译．北京：科学出版社，1989：31．

科学探索过程和科学人才成长过程都是继承与创新对立统一的辩证过程，创新是高层次的继承，是对继承的本质超越。继承是量变、是积累，创新是质变、是突破。没有量变哪有质变？没有积累哪有突破？没有继承哪有创新？人类科学知识的发展具有连续性和历史的继承性，每一代人都必须继承人类已有的科学知识，在前人已达到的水平上继续前进。科学的生命在于创新，自然科学家的科学生命也在于创新，而要想创新就必先继承。应在理论上深入研究和科学认识并在实践中正确对待和妥善处理继承与创新的辩证关系，努力使继承与创新有机结合，互相促进，相得益彰。

牛顿就是科学史上善于把继承与创新有机结合、互相促进的典范。他在继承勒内·笛卡儿（René Descartes，1596—1650）、伽利略、克里斯蒂安·惠更斯（Christiaan Huygens，1629—1695）等自然科学家成果的基础上进行创新，从而总结概括出了机械运动三定律；他在继承胡克、开普勒、埃德蒙·哈雷（Edmond Halley，1656—1742）等自然科学家成果的基础上进行创新，从而发现了万有引力定律。更可贵的是，牛顿在继承自己已有成果的基础上继续创新，成功运用综合方法把地面力学与天体力学统一起来，进而建立起完整的经典力学体系，实现了物理学发展史上的第一次理论大综合，这也是人类认识自然的第一次理论大综合，对物理学乃至整个人类认识的发展都产生了重大而深远的影响。这一伟大成就使牛顿成为近代自然科学的奠基人，使力学成为第一个带头学科，其带头时间长达两个世纪。

事物是不断发展变化的，随着人类的不断进步和科学技术的飞快发展，新的科技成果层出不穷，继承和创新的内容、形式、机制、模式、手段、方法、条件、环境都是不断发展变化的，因而继承和创新都不是一成不变的静态行为，而是动态的发展过程，继承和创新都不仅要持之以恒，更要与时俱进。

学习的目的是创造，积累的目的是突破，继承的目的是创新，输入有用信息的目的是输出有用信息。从特定的意义上可以说，一个科技工作者的一生就是两个过程：一是赶上前人的继承过程——攀登前人已经达到的高峰；二是超过前人的创新过程——攀登前人未达到的新高峰。我们要敢于并善于在攀登这两个高峰过程中再创辉煌。

对于科学技术来说，没有创新就没有生命，没有创新就没有发展，没有创新就没有未来；对于科技工作者来说，没有创新就没有作为，没有创新就没有发展，没有创新就没有前途。可见，创新才能赢得未来。创意在脑中，创路在脚下，创劲在行动。我们要学习、继承和发扬自然科学家对探索的那份坚持和对创新的那份追求，坚定创新定力，增强创新勇气，把全部心思向创新聚焦，全部工作向创新用劲，在实践上勇于探索，在理论上勇于突破，使科学实践创新与科学理论创新互相促进。在继承中创新，在创新中发展；在创新路上不做跟随者，永做引领者。站在新高度，搭建新平台，开启新征程，创造新未来。在科学探索中，独辟蹊径，披荆斩棘；在科学研究中，独树一帜，攻坚克难；在科学创造中，独出心裁，敢想善为。在大有可为的创新中大有作为。

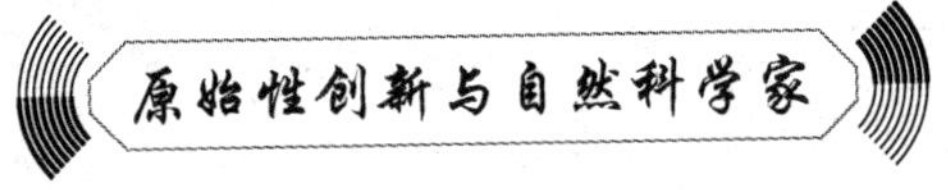

原始性创新与自然科学家

美国著名科学史家乔治·萨顿指出："科学活动是人类最主要的创造性活动，不只是在物质上，而且在精神上。"[①]纵观科学技术发展史可以发现，原始性创新是新科学知识和新技术的生长点，一切科学发展的实质都是原始性创新，没有原始性创新就没有科学的发展。科学发展的历史就是原始性创新的历史，科学研究的过程就是原始性创新的过程，科学认识的成果就是原始性创新的结晶。任何一门科学，要想成为独立的学科就必须取得大量的原始性创新成果；任何一个人，要想成为杰出自然科学家就必须具有很强的原始性创新能力并取得具有自主知识产权的原始性创新成果。科学技术的生命在于原始性创新，自然科学家的科学生命也在于原始性创新。古今中外，概莫能外。

科学竞赛与体育比赛不同，只取第一而不取第二、第三，只设金牌而不设银牌、铜牌。换言之，科学只承认原始性创新成果，重复就是无效劳动，重复就等于浪费。可见，科学竞争比体育比赛更激烈、更残酷，但也更具有意义和更富有魅力。透过科学竞争我们可以看到自然科学家超越自我的快乐和挑战极限的激情。对于自然科学工作者来说，如果没有原始性创新能力，研究课题选择得再恰当、科研方向把握得再准确、热点抓得再及时、经费投入得再充足也无济于事，反而会丧失一个个机遇；如果有了原始性创新能力，就会绝路逢生，后来居上，出奇制胜。在科学探索的征途上，如果没有原始性创新能力，就会山穷水尽，走投无路；只要有了原始性创新能力，就会柳暗花明，海阔天空。一言以蔽之，一位具有很强原始性创新能力的科技工作者只要双脚踏上原始性创新之路，则越走路越

① 萨顿．科学史和新人文主义[M]．陈恒六，等译．上海：上海交通大学出版社，2007：47．

宽，越创果越多。

科学研究是探索未知的过程，科学上的原始性创新就是把未知变为已知的过程，就是找到了把未知变为已知的新途径、新方法、新措施；技术上的原始性创新就是把不能做变为能够做的过程，就是找到了把不能做变为能够做的新途径、新方法、新措施。原始性创新强调原创和首创，从根本上说，原始性创新就是首次把不可能变为可能、把不可行变为可行、把未知变为已知、把不能做变为能够做。作为智慧之渊、思想之髓、精神之魂、文明之源的科学尤其要从持续的原始性创新中获得不竭的能量与价值，因为原始性创新不仅是科学的生命之源、活力之泉，更是科学的动力之本、魅力之魂。

原始性创新能力既不是空洞的，也不是虚幻的，更不是神秘的，而是可以通过创新实践培养和发展的实实在在的能力。原始性创新能力是一个自然科学家的研究能力、竞争能力和发展能力，是自然科学家适应环境及其变化的基本素质和核心能力，也是决定自然科学家能否可持续发展的关键。原始性创新能力不仅决定自然科学家科学研究成果的多少，而且决定科学研究的成败。可以毫不夸张地说，原始性创新能力是自然科学家发展的关键所在，前途所系。

继承是学习，创造是新生，创新驱动发展。创新是人类的自我超越。人类因创新而进步，科技因创新而发展，社会因创新而繁荣；文明因创新而璀璨，生命因创新而精彩，生活因创新而便利。在科学探索和科学研究中，创新才是硬道理，能创新谁都了不起。对于创新型人才来说，处处都是创造之地，天天都是创造之时，人人都是创造者。创意无限，创造常新。在原始性创新的路上，决不能当“随从”，既不能趋炎附势，也不能跟风、从众，而要努力做到不为世俗名利所驱，不为个人好恶所使；不为陈规旧律所束，不为习惯性思考所缚；不为客观条件所限，不为困难艰险所阻。在科学探索中要力求做到不局限传统观念，不囿于日常经验；不苟同世俗之见，不迎合时尚观点；不轻信书本所言，不迷信权威论断。无论是搞科研还是写论文都一定要独立思考，一定要有自己的观点和见解。既不能迷信盲从、随波逐流，形不成自己的思路；也不能赶时髦、追热点，形不成自己的特色。只有独辟蹊径，才能成为开拓者；只有独树一帜，才能成为创造者。冲破桎梏思路广，超越藩篱天地宽。控制论创立者维纳指出：“正确地说，艺术家、作家和科学家，应该被一种要求创造的不可抗拒的冲动所驱使，即使工作得不到报酬，也心甘情愿，在所不惜。”[①]中国著名物理学家严济慈（1901—1996）也强调说：

① 维纳．维纳著作选[M]．钟韧，译．上海：上海译文出版社，1978：122．

“我们说的研究工作，就是要创新的，研究的结果应该是从未有过，而又能被别人重复的，得到的看法应该是从来没有人提出过，而又能逐渐被别人接受的，完全是自己创造出来的。”[①]让我们以杰出自然科学家为榜样，自觉增强原始性创新意识，不断提高原始性创新能力，有力推动原始性创新实践，有效促进原始性创新人才不断涌现、原始性创新火花不断迸发，力争取得更多更大的具有自主知识产权的原始性创新成果。对于原始性创新，既要有勇气推进，又要有智慧把握。在科学研究中，科技工作者不仅要有勇于原始性创新的精神，更要有善于原始性创新的本领，要知别人所不知，想别人所不敢想，做别人所不能做。

创新不仅是一种途径、一种手段、一种方法，也是一种实践、一种状态、一种风尚，更是一种理念、一种精神、一种追求。特别是在科学技术日新月异发展的现代，创新越来越成为人们关注的焦点、研究的重点和争论的热点，创新浪潮风起云涌，创新成果层出不穷，创新已成为经济、社会发展的主要推动力和时代的主旋律。“创新者生存”、“创新者发展”正在成为新的竞争法则，原始性创新能力已经成为个人、企业、国家的核心竞争力，成功就在于找到了将精神力量和聪明才智转化为原始性创新能力和成果的途径。在科学探索和科学研究中，攀登拼搏是最崇高的行动，原始性创新是最美丽的风景。原始性创新者勇，原始性创新者智，原始性创新者优，原始性创新者强，原始性创新者进，原始性创新者胜。原始性创新是时代的呼唤、人民的期盼和广大科技工作者的心愿。新时代、新形势、新任务、新实践，提供了新问题、新机遇、新挑战、新需求，要潜心建设“尊重个性、鼓励首创、宽容失败”的创新文化，精心培育原始性创新基因，大力增强原始性创新意识，牢固确立原始性创新理念，着力优化原始性创新生态，特别是要着力开发、精心培育、多方激活、充分调动和高效发挥人的创造力。让我们用新理念提出新思路，用新举措开辟新途径，用新方法解决新问题，用新实践开辟新局面；把握新机遇，迎接新挑战，谋求新发展，实现新突破。对科学技术进行创造性理论研究和开拓性实践探索，争做理论创新的排头兵和实践创新的先行者。

创新是人类永恒的主题，创新具有永久的魅力。创新无定式，创新无定法，创新无止境。开拓者无畏，创新者无敌，进取者无终点。在实行“创新驱动发展”的中国，创新正当其时，圆梦适得其势。科技工作者要把使命担在肩上，把责任装在心上，把创新落实在行动上，保持锐意创新的勇气、敢为人先的锐气和蓬勃

① 孙其严，朱志良．中国当代科学家锦言[M]．北京：科学出版社，1990：138．

向上的朝气，努力做到有热心支持原始性创新，有勇气进行原始性创新，有智慧谋划原始性创新，有能力推进原始性创新，有毅力坚持原始性创新，有决心取得原始性创新成果。心中有创意，脚下有新路。让我们用原始性创新去打开希望之门，用原始性创新去开辟成功之路。让一切原始性创新的活力竞相迸发，让一切原始性创新的源泉充分涌流，让一切有利于原始性创新的要素不断汇聚。愿中国原始性创新生态日益优化，原始性创新能力与日俱增；原始性创新人才辈出，原始性创新硕果累累。用原始性创新去创造中国质量、中国速度、中国品牌，努力创造世界科技发展的中国奇迹和中国科技发展的世界魅力。

第十四章　科学与人文相得益彰

众所周知，人是一种具有精神的物质存在，人具有自然属性、社会属性和精神属性。人类不仅有物质需求，更有精神追求；人类的生存与发展不仅需要有充裕的物质世界，更需要有丰富的精神世界；人不仅要有居住和工作的场所，更要有精神的家园和心灵的归宿；人类不仅要提高物质生活水平，更要提高精神生活质量。从事科学工作的自然科学家更应该努力做到科学与人文有机结合，互相促进，相得益彰。的确，人文精神是人对生存意义的思考和对人生价值的关注，确立正确的人文精神能够使自然科学家科学认识、正确对待和妥善处理生活世界与价值世界的关系、物质生活与精神生活的关系、物质需求与精神追求的关系、改造客观世界与改造主观世界的关系，从而使自己能为了正确目的、沿着正确方向去学习、研究、使用、发展科学技术。从一个更容易为大家所接受的角度看，世界上不仅有物理、事理，而且有情理、伦理。一般地说，科学只讲物理、事理，是一种典型的工具理性；而人文则要讲情理、伦理，是一种典型的价值理性。作为人类既要懂物理、事理，又要讲情理、伦理。因此，必须把科学与人文有机结合起来，使两者相辅相成、相得益彰。

著名科学史家乔治·萨顿指出："科学不过是自然界以人为镜的反映。在某种意义上我们始终是在研究人，因为我们只能通过人的大脑才能理解自然。"[①]自然科学是在科学、人文两大背景下发生发展的，即是在科学、人文两方面因素的作用和影响下发生发展的。自然科学是主体与客体的统一、反映与创造的统一、物质与精神的统一、科学性与人性的统一，这说明自然科学本身就是科学与人文综合的产物，是科学与人文的统一体，具有科学、人文双重属性。"每一个科学思想，无论它多么神秘，从它的诞生到成熟都彻底地是人性的。由于它最终表现是无生命的抽象形式，因而否定它固有的人性，那就如同因为我们仅只是通过冷漠的印刷字体了解诗歌的人性，就因此否认诗歌具有人性一样愚蠢。科学像任何其他人类活动一样充满生机，正由于产生它的特殊活动是最高级的活动之一，它充满最

① 萨顿．科学史和新人文主义[M]．陈恒六，等译．上海：上海交通大学出版社，2007：25.

高级和最纯洁的生命力。”[①]“无论科学可能会变得多么抽象，它的起源和发展的本质却是人性的。每一个科学的结果都是人性的果实，都是对它的价值的一次证实。”[②]实质上，自然科学归根结底是人的科学，既是由人创造的，又是为人使用的，还是为人服务的。“无论科学活动的成果会是多么抽象，它本质上是人的活动，是人的满怀激情的活动。”[③]正因为自然科学活动的主体永远是人，因而自然科学深深地打上了主体的烙印。所以，自然科学从它诞生那天起一直到现在和未来，都永远是人为的和为人的事业，既具有鲜明的科学性，又充满了人性。

不仅自然科学具有科学、人文双重属性，自然科学活动的主体——自然科学家也具有科学、人文双重属性。一方面，自然科学家主要从事科学活动，以科学为专业，以科学为职业，对科学有浓厚的兴趣和不懈的追求，具有丰富的科学知识和很强的科学研究能力，把一生的时间主要都用在科学事业上，这反映和体现了自然科学家的科学性；另一方面，自然科学家是生活在社会中的活生生的人，既有理性又有感情，既有物质需要又有精神追求，既具有人的共性又富有个性，除了从事科学活动还要像常人一样参加其他社会活动（如文体活动、宗教活动、艺术活动、社区活动、交际活动等），在所有活动中都充满了激情，表现出人性。自然科学家的科学思想不能脱离科学经历和人生体验而凭空产生，而科学经历和人生体验又不能脱离其生活经历、文化传统和时代背景。实际上，自然科学家在继承（通过家庭教育、学校教育、社会教育和自我教育形成自己的文化背景、知识结构和素质结构）和创新（做出科学发现或技术发明）中都充满了人性，都既要受自然环境、社会环境和人文环境的影响和制约，又要受个人世界观、人生观、价值观、荣辱观的支配和制约，这些都决定了自然科学家必然具有人文性；而自然科学家所具有的非常深厚的文化底蕴、非常丰富的精神生活、非常充沛的精神动力等正是其人文性的充分体现和生动表现。自然科学家所具有的科学、人文双重属性还突出地表现在人生追求上，自然科学家在不断地追求真的同时也在不懈地追求着善和美，即执着地追求真、善、美的统一。总之，自然科学家是在自然环境、社会环境、人文环境这三大环境中生活、工作和成长的，具有自然属性、社会属性和精神属性。自然科学家的科学活动是在三大环境中进行的，自然科学家的科学认识也是在三大环境中形成的，这说明自然科学家本身就是科学与人文

---

① 萨顿．科学史和新人文主义[M]．陈恒六，等译．上海：上海交通大学出版社，2007：130.

② 萨顿．科学史和新人文主义[M]．陈恒六，等译．上海：上海交通大学出版社，2007：48.

③ 萨顿．科学史和新人文主义[M]．陈恒六，等译．上海：上海交通大学出版社，2007：35.

的结合物和统一体，具有科学、人文双重属性。自然科学家的言行、论文、著作不仅表达了科学见解、体现了科学精神，而且也表达了人文情怀、抒写了人性精彩、弘扬了人文精神。

“没有同人文学科对立的自然科学，科学或知识的每一个分支一旦形成都既是自然的也同样是人的。”①的确，自然科学成果一经做出，自然科学知识一旦形成，都既是自然的也同样是人的。一切科学成果都是在科学、人文综合作用下所取得的，也都具有科学、人文双重价值。可见，自然科学既是对客体的描述，也是主体的创造；既是对自然的反映，也是人性的体现。“因为许多科学家同时也是优秀的作家（想想伽利略、笛卡儿、帕斯卡、歌德、达尔文），许多科学著作的形式是美的，此外，他们的内容也常具有很高的美学价值。科学家们，他们是鉴赏家，很容易从其他理论中识别那些优美雅致的科学理论。”②在科学史上，许多杰出自然科学家（如哥白尼、伽利略、法拉第、居里夫人、爱因斯坦等）同时也是著名的科技作家，他们不仅做出了重大科学发现，还撰写、出版了经典科学著作，这些科学发现和科学名著不仅发射出智慧的光芒，而且闪耀着人性的光辉。还有许多自然科学家同时也是哲学家，如笛卡儿、牛顿、爱因斯坦等，这些人作为自然科学家是伟大的，作为哲学家也并不渺小。还有许多自然科学家同时也是艺术家，如张衡（78—139）、沈括（1031—1095）、哥白尼、巴斯德都是画家，开普勒、詹姆斯·克拉克·麦克斯韦（James Clerk Maxwell，1831—1879）、罗蒙诺索夫、诺贝尔等都是诗人，伽利略、亨德里克·安东·洛伦兹（Hendrik Antoon Lorentz，1853—1928）、普朗克等都擅长弹钢琴，爱因斯坦擅长拉小提琴等。这些杰出自然科学家用自己的一生诠释着生命的意义，弘扬着科学精神和人文精神，创造着道德价值和审美价值，彰显着对人类自觉的责任感和使命感。自然科学家高深的科学造诣和人文智慧为引领高尚的时代风尚率先垂范，发射着智慧的光芒，闪烁着人性的光辉。为什么有这么多在自然科学中做出突出贡献的杰出自然科学家都显现出绘画、诗歌、音乐、文学方面的特殊才能、天赋和爱好？这给人们提供了哪些有益的启迪？这既是一个应当引起人们高度重视和特别关注的充满魅力的问题，又是一个非常值得人们去认真思考和深入研究的自然科学史现象，它不仅说明不同思维方式的有机结合和综合运用对于科学研究和科学创造有着特别重要的作用，而且说明科学、技术与人文、艺术并不是彼此孤立的，而是相辅相成的、

① 萨顿．科学史和新人文主义[M]．陈恒六，等译．上海：上海交通大学出版社，2007：48．
② 萨顿．科学的生命[M]．刘珺珺，译．上海：上海交通大学出版社，2007：42．

相通相融的、互补的，科学、技术与人文、艺术的有机结合和互相促进对于科学研究和科学创造都具有极其重要的意义。在自然科学上做出重大发现不仅需要科学精神、科学知识和科学方法，而且需要人文精神、人文智慧和人文方法；不仅需要严密的逻辑思维，而且需要丰富的形象思维。正如俄罗斯女数学家索菲娅·柯瓦列夫斯卡娅（Sofia Vasilyevna Kovalevskaya，1850—1891）所说："不能在心灵上作为一个诗人，就不能成为一位数学家。"①

美籍华裔物理学家李政道指出："科学、技术与人文、艺术都是不可分离的，他们所追求的目标都是真理的普遍性，其共同基础是人类的创造力，或者说是人的创造力的本能，在教育上，实现科学、技术与人文、艺术的完美结合，充分发掘青年学生的这种潜在本能，是现代大学的重要任务，是大学成功的重要标志，是培养能领导新世纪发展需要之人才的重要方面。"②综上所述，科学是人文的基础，人文是科学的向导；科学为人文奠基，人文为科学导航；脱离了科学的人文将失去根基，脱离了人文的科学将迷失方向。没有科学的人文和没有人文的科学都同样是不完整的、不完善的、不完美的。科学技术的发展，需要人文理念的支撑；人文理念的变化，需要科学技术的滋养。人文精神不仅直接决定和制约着自然科学家的非智力因素，而且作用和影响着自然科学家的智力因素。一个自然科学家取得科学成果的多少、大小，不仅与科学知识结构、实验能力、思维能力等科学因素有关，而且与人生观、价值观、荣辱观等人文因素有关。例如，科研方向的确定、科研课题的选择、科研经费的投入、科研成果的应用等都要受到与人文关怀相联系的价值观念的影响和制约。因此，作为一个自然科学工作者一定要大力增强科学和人文两方面的意识，刻苦学习科学和人文两方面的知识，熟练掌握科学和人文两方面的方法，努力提高科学和人文两方面的素质。科学与人文是相辅相成的：科学精神与人文精神是互通的，科学知识与人文知识是互融的，科学方法与人文方法是互用的，科学功能与人文功能是互补的。人文因科学而丰富，科学缘人文而精彩。让我们以杰出自然科学家为榜样，既要有科学素养，又要有人文情怀；从科学和人文两个维度，综合运用科学和人文两种方法进行科学研究，从而使科学与人文有机结合、相互促进、相互补充、相互成就、共生共荣、相得益彰。

我们有理由确信：当科学精神成为人类共同珍视的财富，当人文精神成为人类共同奋斗的动力，当科学与人文有机结合和互相促进成为人类共同践行的追求，

---

① 杨建邺．物理学之美[M]．北京：北京大学出版社，2011：82．

② 李政道．实现科学、技术与人文、艺术的完美结合是现代大学的重要任务[J]．中国高教研究，2002，10：4．

科学的发展、人类的进步和社会的文明必将面临一个光辉灿烂的未来！

人文精神和科学精神是现代人类精神的两大支柱，两者相辅相成、相得益彰。人文精神为时代铸魂，科学精神为事业固本。科学的发展离不开人文，人文的繁荣也离不开科学。要努力使科学与人文融合，智慧与人性对接，实现事业与时代同步腾飞，谋求科学与人文共同进步。愿科学与人文比翼齐飞，自然科学家与人文科学家协同创新。

江河以流动而行远，山岳以人文而流芳；自然科学家以科学精神而行远，以人文精神而流芳。

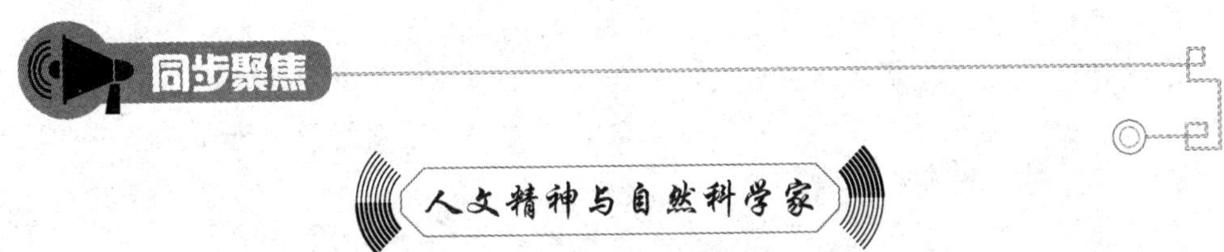

人文精神与自然科学家

自然科学家是从事科学工作的、有血有肉有情感的活生生的人，而不是神。自然科学家是科学与人文有机结合的统一体，不仅具有科学精神，而且具有人文精神。科学精神使自然科学家在复杂多变的自然现象中明辨是非，在激烈争鸣的各种观点中去伪存真；人文精神使自然科学家在跌宕起伏的时代潮流中不迷失人生方向，在名利的诱惑中潜心科学研究。社会因人而建构，人因精神而卓越。自然科学家因科学精神而伟大，因人文精神而崇高。科学精神因人文精神而辉煌，人文精神缘科学精神而璀璨。人文精神是自然科学家的统帅，是自然科学家的灵魂，是自然科学家一切科学工作的生命线。人文精神决定自然科学家的世界观、人生观、价值观、幸福观、荣辱观，反映自然科学家心理的变迁、思想的成长和精神的升华。不仅科学精神和科学道德是由人文精神直接决定的，自然科学家的性格、心态、情绪、意志、毅力、气质、兴趣、风格、情感等也是受人文精神直接影响的，就是自然科学家科研目的的确立、科研方向的确定、科研课题的选择、科研成果的应用等也要受人文精神的支配和制约。自然科学家所取得的科学成果不仅发射出智慧的光芒，而且闪耀着人性的光辉，这人性光辉就是从人文精神发源的。如果说自然科学家的高贵品质是自然科学家的闪光点，那么自然科学家的人文精神就是这些闪光点的发光源。人文精神是自然科学家的人性之根、人性之本、人性之魂。不管自然科学家是否意识到、自觉不自觉，也不管自然科学家愿意不愿意、喜欢不喜欢，人文精神时时处处都对自然科学家发生作用、产生影响。

可见，每一个自然科学家都是科学精神与人文精神同在，科学性与人性共存。人文精神哺育着科学精神，滋养着科学的生命力，激发着自然科学家的创造力。

自然科学家生活、工作、成长在自然环境、社会环境、精神环境这三大环境之中。自然环境和社会环境是客观环境，不是完全能由自然科学家个人所左右的；精神环境是主观环境，是完全能由自然科学家个人所决定的。人文精神不仅能净化和优化主观环境——精神环境，而且能决定自然科学家对客观环境——自然环境和社会环境的态度。虽然客观环境不由己，但态度可选择。如何选择？这就要靠人文精神。科学研究是个体性很强的创造性劳动，自然科学家是个性很强的人，主观环境对自然科学家至关重要，对客观环境的态度也很重要，而这两者都是由人文精神所支配和决定的。换言之，人文精神不仅能为自然科学家营造一个良好的主观环境，而且能使自然科学家以正确的态度对待客观环境，进而能促进自然科学家有效地利用客观环境。

从特定意义上可以说，自然技术是如何做事，社会技术是如何处世，人文技术是如何做人，如何做人决定和制约着如何做事和如何处世，这从一个侧面也反映了人文精神的重要作用。自然科学工作者应深入研究、熟练掌握和有效运用这 3 种技术，学会做人，学会处世，学会做事。人文精神是自然科学家立身之本和修身之要，对自然科学家的作用不仅最为直接，而且最为持久。脱离人文精神的自然科学家是不存在的，任何自然科学家都离不开人文精神的作用和影响。人文精神可以使自然科学家有一个快乐的精神家园和理想的心灵归宿，它决定自然科学家具有什么样的人生态度、心路历程和人文情怀。人文精神能为自然科学家提供“取之不尽，用之不竭”的精神动力和强有力的精神支撑，为科学活动把关定向，为自然科学家的成功提供精神保障。人文精神为自然科学家提供一种不可或缺的寄托和一种正确的人生观、价值观、幸福观、荣辱观，不仅使自然科学家不会在日常生活的潮流中堕入精神空虚的深渊，而且使自然科学家也不会在人生征途中对人生的价值和意义持悲观态度，从而使自然科学家在精神上具有实实在在的充实感、依托感、自豪感、成就感、幸福感。人文精神还能指导人们科学认识、正确对待和妥善处理人与自然的关系、人与社会的关系、人与自身的关系和人与科技的关系，从而能有效促进自然、社会、人的全面发展、协调发展和可持续发展。

第十五章　身体与心理同步锻炼

科学是人为的和为人的学问，科学以人为本，人以健康为本，健康以养生为本，养生以养心为本。所谓健康，一般是指人能适应自然和社会的身体和精神上的完好状态。一个人的健康包括身体健康和心理健康，养生包括养身和养心。要健康必须坚持身体与心理同步锻炼，要养生必须既要养身，更要养心。养身在动，勤动而健身；养心在静，心静而神安。善动者，锻炼必成习惯；善静者，心灵超然物外。预防是最好的治疗，锻炼是最优的保健，顺其自然是最佳的养生。身体健康和心理健康都需要持之以恒地修炼：练心，则静；练眼，则明；练身，则键；练脑，则灵。俗话说：勤劳是健康之源，锻炼是健康之法。当然，这里的勤劳既指要勤于体力劳动又指要勤于脑力劳动，既指要勤于动手又指要勤于动脑；这里的锻炼既指身体锻炼又指心理锻炼，锻炼一是要采取适合自己的形式，二是要量力而行，三是要持之以恒。很多自然科学家都既重视身体健康又重视心理健康，采取灵活多样的有效措施坚持锻炼身体和锻炼心理。例如，达尔文喜欢骑马，居里夫妇经常骑自行车郊游，奥地利物理学家路德维希·玻尔兹曼（Ludwing Eduard Boltzmann，1844—1906）和德国物理学家普朗克都擅长弹钢琴，爱因斯坦则擅长拉小提琴……这些文体活动既能锻炼身体，又能锻炼心理；既是一种放松和消遣，又是一种艺术和精神享受；不仅可以陶冶情操、积极休息，而且可以激活思想、开阔思路，一举多得，何不乐而为之？

自然科学家不仅有物质需求，而且有精神追求。与一般人相比，自然科学家往往更注重精神健康。杰出自然科学家都有高尚的精神追求，都树立了崇高的理想，都大力提高精神生活的质量，都高度重视精神财富的积累和精神家园的建设，既把科学精神、科学道德内化为科学意识、科学理念，又把科学精神、科学道德外化为科学实践、科学行为。杰出自然科学家都是精神上的富翁，都有美好的精神家园和理想的心灵归宿，因此，精神健康状况良好，精神健康又促进了身体健康。自然科学家的成长史证明：健康与乐观相伴，疾病与忧愁相随。积极心态能常乐，健康长寿有把握。只要你拥有快乐的心态，快乐就无处不在。只要你拥有健康的心理，就会帮你拥有健康的身体。

科学研究不仅是创造性的、复杂的脑力劳动，而且是艰辛、繁重的体力劳动，所以必须有强健的体魄，健康的身体是科学活动的重要物质基础，比科研活动所需要的其他物质条件都重要得多。居里夫人曾语重心长地说：“科学的基础是健康的身体。”①中国工程院院士、杂交水稻专家袁隆平（1930—　）也深有体会地说：“要成才，第一要素，也是最基本的要素，是身体要好。身体不健康，心有余力不足，无论你搞什么研究都支撑不下来。”②的确，强身健体方能抵御疾病，才能保证科研工作正常有效地进行。纵观科学技术发展史可以发现因体弱多病而壮志未酬的科技人才不在少数，如挪威青年数学家阿贝尔于1824年在数学史上首次提出“五次方程的数学解法不可能存在”的数学证明，论文送到当时的数学权威、德国数学家卡尔·弗里德里希·高斯（Carl Friedrich Gauss，1777—1855）的手里后未被理睬。不久后，阿贝尔的第二篇论文又被数学权威、法国数学家奥古斯丁·路易·柯西（Augustin Louis Cauchy，1789—1857）所否定。几年后，阿贝尔的研究成果终于得到社会承认。柏林大学决定聘任他为数学教授。遗憾的是当柏林大学把聘书送到阿贝尔家里，他已经因病去世3天了，年仅27岁。我国非常有发展前途的光学专家蒋筑英（1938—1982）刚刚44岁就被疾病夺去了生命。纵观科学技术发展史还可以发现古今中外的许多杰出自然科学家都是通过积极参加体育活动、坚持体育锻炼而延年益寿的：美国电学家富兰克林每天坚持做操，经常去游泳，活到84岁；“发明大王”爱迪生喜欢钓鱼、打台球、短途旅行，活到84岁；俄罗斯生理学家巴甫洛夫喜欢骑自行车、游泳、滑雪，活到87岁；中国气象学家、地理学家竺可桢从青年到老年一直坚持体育锻炼，体育爱好十分广泛，他喜欢做广播操、打太极拳、散步、跑步、爬山、骑马、打乒乓球、滑冰、游泳等多种活动，活到84岁。历史的经验值得借鉴，现实的教训应当汲取。科技工作者应当高度重视身体健康和心理健康，持之以恒地坚持身体与心理同步锻炼，努力使身体与心理共同健康。

众所周知，健康是每个人幸福生活、快乐工作和茁壮成长的基础。身体是资本，健康是财富，身体健康是自然科学家从事工作的本钱。自然科学家坚持身体与心理同步锻炼、力求身体与心理共同健康，这也是自然科学家追求真、善、美的必然要求和集中体现。美的本质是健康，人锻炼身体和锻炼心理的过程既是健

① 王涵，等．名人名言录[M]．上海：上海人民出版社，1983：213．

② 袁隆平．隆平语录[N]．光明日报，2011-10-31（13）．

身、强身的过程，更是修身、美育的过程。身体健康是自然之美、原生态之美，精神健康是追求之美、高尚之美；身体健康是福，精神健康是乐。健康是幸福，快乐是享受。自然科学家再忙也不能把健康变成被遗忘的字眼。愚蠢的人损害健康，糊涂的人忽视健康，聪明的人增进健康，智慧的人创造健康。有健康才会有力量，有健康才会有幸福，有健康才会有快乐！

尽人皆知，每个人的生命只有一次，世上最宝贵的就是生命，而生命与健康是紧密联系在一起的、不可分割的，生命的长短和生命的质量都是由健康状况决定的。要珍爱生命、珍惜生命、珍重生命，就要珍爱健康、珍惜健康、珍重健康。对于一个人来说，健康就是资本，健康就是财富，健康就是幸福，健康就是快乐，健康就是生命。换言之，健康是一个人所拥有的最重要的资本和最宝贵的财富，是一个人所享受的最大幸福和最大快乐。珍惜健康就是珍爱生命，忽视健康就是忽视生命，损害健康就是损害生命，增进健康就是延长生命，提高健康水平就是提高生命质量、增大生命价值和提升生命意义。健康是生命的重要基础、核心内容和可靠保证，健康地度过一生是有意义地度过一生的重要基础、核心内容和可靠保证。

人体有三宝：精、气、神。所谓健康，就是要通过科学养生、保健和锻炼而达到精充、气足、神旺。人是物质与精神的统一体，是身体与精神的有机结合，是生理与心理的综合统一。身体是精神的载体，是精神赖以存在的物质基础；精神是人脑的属性和机能，对身体具有能动的反作用。身体与精神的密切关系决定了身体健康与心理健康的密切关系：身体健康是心理健康的物质基础，心理健康是身体健康的精神支撑；身体健康是心理健康的物质保障，心理健康是身体健康的精神保障；身体健康为人提供充足的体力，精神健康为人提供充沛的精力；身体健康能激活生命的活力，心理健康能创造生命的奇迹。实质上，幸福就是健康（包括身体健康和心理健康）的最佳状态。让我们以杰出自然科学家为榜样，身心并举，德行兼修，使乐观成自然，锻炼成习惯，运动成爱好，尽快树立正确的健康观和健美观，用科学的方法达到健康的目的，身体与心理同步锻炼，身体健康与心理健康互相促进，名副其实地做到健脑、健心、健身、健美。科学健身，贵在科学，难在坚持。让我们不断增强健康意识，既持之以恒又与时俱进地科学进行身心锻炼。当然，锻炼要尽力而为，活动要量力而行，有益于身心健康的事多做，无益于身心健康的事莫为，真正做到科学养生保健，持续不断充电，幸福地生活，快乐地工作，健康地成长。俗话说“适者有寿”。长寿的秘诀就是要运用适合自身的养生方法并持之以恒。健康的钥匙就掌握在自己手中。正确地、创造性地运用自己手中的健康钥匙去打开人类健康未知领域的各种奥秘之锁。享受健康生活，增强生命活力，创造生命奇迹，提高生命质量，提升生命的价值和意义。健康地、有意义地度过自己的一生，有益于时代，造福于人类。

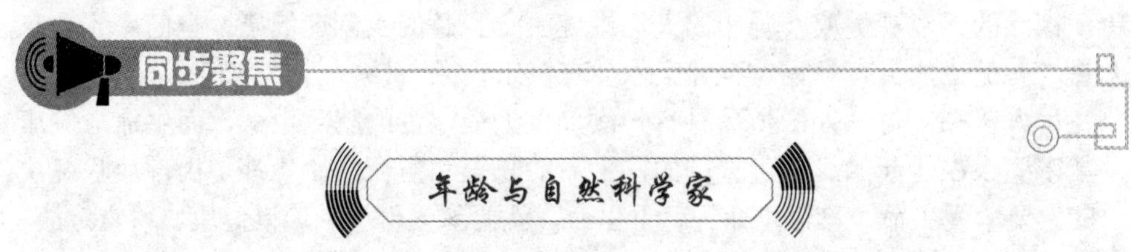

年龄与自然科学家

正像人的健康可以分为身体健康和心理健康一样，人的年龄也可以分为生理年龄和心理年龄。一般地说，生理年龄以时间为指标反映和体现人在体质方面的变化与发展，从自然属性角度反映和体现出人的身体发育和健康状况；心理年龄则反映和体现人在精神方面的变化与发展，从精神属性角度反映和体现出人的心理发育和健康状况。生理年龄可用时间来准确计量，是不容改变的客观事实；心理年龄则无法定量计算，只能定性描述，是可以改变的主观状态。可见，年龄是人生量变的一个重要指标。这样，生理年龄和心理年龄就从物质和精神两个方面反映出和标志着人生的变化和发展历程，记录着人生的烙印和表现，显示出人生的过程性和阶段性，反映着人生的状况和质量。科学技术人才的成长史和人类成长史都表明：生理年龄不由己，但心理年龄主要由自己决定；改变不了生理年龄，但可以改变心理年龄。一个人是否年轻不仅与身体健康状况有关，而且与心理健康状况有关。决定一个人是否年轻的关键因素是心态而不是时间：有理想就会年轻，无追求就会衰老；有自信就会年轻，自卑就会衰老；有激情就会年轻，冷漠就会衰老；乐观就会年轻，悲伤就会衰老……这就是年龄的“相对论”吧。这启发人们认识到，人不只是随时间的流逝而变老，还常常是因心理不健康而变老；人生不是因为年轻而精彩，而是因为精彩变年轻。

年龄是生命的一个坐标、记录和标志，也是人生的度量衡、显示器和晴雨表。已度过的年龄是人生的一座座里程碑，未度过的年龄是人生的一个个目的地。如果把人生看成是一个函数，那么年龄就是这个函数的一个自变量。年龄的变化，从一个角度反映和折射出人生的变化。不仅生命的长短要用年龄来衡量，而且生命的质量、价值和意义也要通过对年龄的利用效率和效益去评价。

人的生命是由不同年龄组合而成的一个年龄谱。珍惜年龄就是珍爱生命，虚度年龄就等于浪费生命，延长年龄就等于延长生命，提高年龄的利用效率和效益就等于提高了生命的质量、价值和意义。换言之，珍惜年龄就是珍爱人生，虚度年龄就是虚度人生，既充分又高效地利用年龄就是有意义地度过人生。

年龄是生命的组成部分，是生命的具体化，是生命的一个阶段、一个环节。有意义地度过每一个年龄才能有意义地度过人生。因而，给每一个年龄着色，就可为人生添彩。生理年龄也反映出生命的可贵，每个生理年龄只有一次，生命也只有一次。时间的不可逆性决定了生理年龄和生命都具有不可逆性，一去不复返，它给予人只有一次，机不可失，时不再来，必须格外珍惜和有效利用。

生理年龄不由己，但态度可选择，行为可控制，人生可设计。问题的实质和关键不在于生理年龄本身，而在于以什么样的态度对待生理年龄和以什么样的实际行动度过生理年龄。以正确的态度对待生理年龄和以积极的行动度过生理年龄，生理年龄就是成长、成才、成功的条件、动力、机遇；反之，生理年龄就会成为虚度年华的理由和无所作为的借口。

纵观自然科学史可以发现，有的自然科学家少年时就初露锋芒，有的自然科学家中年时大有作为，而有的自然科学家则大器晚成；有的人天真年少时就是发现者，有的人风华正茂时已是奠基者，有的人老骥伏枥时仍是开拓者。可见，对于杰出自然科学家来说，每个年龄都是科学激情燃烧的岁月，每个年龄都是科学播种和辛勤耕耘的适宜季节，每个年龄都可以在科学上大有作为和颇有收获。正如居里夫人所说：“我以为人们在每一个时期都可以过有趣而且有用的生活。”[①]也就是说，人在每个年龄都可以过有趣而且有用的生活，真正做到无一日懈怠，无一事敷衍。

每个年龄都是不可重复的一个条件，看你如何去珍惜和利用；
每个年龄都是人生难得的一次机遇，看你如何去争取和把握；
每个年龄都是蕴藏丰富的宝贵资源，看你如何去开发和妙用；
每个年龄都是价值巨大的无形资产，看你如何去保值和增值；
每个年龄都是潜力巨大的稀有资本，看你如何去投入和产出；
每个年龄都具有特定的长处和优势，看你如何去发挥和优化；
每个年龄都有其成长的任务和使命，看你如何去完成和履行；
每个年龄都会遇到一些困难和问题，看你如何去克服和解决；
每个年龄都是空前绝后的严峻挑战，看你如何去应对和战胜，
每个年龄都是大显身手的广阔天地，看你如何去大有作为！

① 艾芙·居里. 居里夫人传[M]. 左明彻，译. 北京：商务印书馆，1984：265.

每个年龄都是独一无二的奇特风景，看你如何去营造和美化；
每个年龄都是千载难逢的人生舞台，看你如何去发挥和出彩！

年龄是时光的烙印，是岁月的刻痕；
年龄是生命的周期，是人生的年轮。
年龄是人生的时钟，是计岁的标准；
年龄是生命的年谱，是阶段的区分。
年龄是人生的脚印，是生命的延伸；
年龄是人生的征程，是生命的渐进。
年龄是生存的轨迹，是记忆的储存；
年龄是人生的坐标，是履历的写真。

年龄录成长的音像，呈四季的缤纷；
年龄记身心的变化，展生活的更新。
年龄储人生的信息，载事业的浮沉；
年龄集人生的经历，悟经验和教训。
年龄筑人生长征路，育生命精气神；
年龄树人生里程碑，铸人生胆魄魂。
年龄谱生命的乐章，奏生命的强音；
年龄绘人生的画卷，写人生的剧本。

年龄是人生的自变量，人生是年龄的函数；年龄是人生的分解，人生是年龄的集成。一切人生成就都是在一定的年龄取得的。要珍爱生命就要珍爱生命的每一个过程，即要珍爱人生的每一个年龄；要有意义地度过人生，就必须有意义地度过每一个年龄。人生的每一个年龄都不能重复，亲历的每个年龄段的生活都无法再现。一个年龄恰如人生的一个季节，不同年龄像不同季节一样具有不同景色。换言之，每个年龄都是人生不可重复、不可替代的独特风景，每个年龄都在塑造更好的自己。只有每个年龄都出新、每个年龄都出彩，人生才能色彩斑斓、璀璨夺目、光彩照人。不仅要千方百计地尽量延长年龄，更要想方设法提高年龄的利用效率和效益，努力使年龄成为大显身手的人生舞台和大有作为的广阔天地。让每一个年龄都成为人生的一座丰碑，愿每一个人都努力登上人生的高峰。

第十六章　富于想象，大胆猜测

富于想象，大胆猜测，这是许多杰出自然科学家都具有的突出优点，也是许多自然科学家取得科学成果的宝贵经验。经典力学体系的建立者牛顿曾深有体会地说：“没有大胆的猜测就作不出伟大的发现。”①英国物理学家约翰·丁铎尔（John Tyndall，1820—1893）曾形象地比喻说：“有了精确的实验和观测作为研究的依据，想象力便成为自然科学理论的设计师。”②狭义相对论和广义相对论的创立者爱因斯坦也颇有感触地说：“想象力比知识更重要，因为知识是有限的，而想象力概括着世界上的一切，推动着进步，并且是知识进化的源泉。严格地说，想象力是科学研究中的实在因素。”③

创立量子论的德国物理学家普朗克在自传中指出：创造性的自然科学家必须具备“对新观点的一种活跃的直觉想象力，这些新观点不是演绎得出的，而是通过艺术家一般的创造性想象而得出的”④。例如，德国气象学家、地球物理学家魏格纳在1910年阅读世界地图时，被大西洋两岸的相似性所吸引，感到南美东海岸与非洲西海岸一凹一凸互相对应，似乎可以拼合到一起。根据大西洋两岸轮廓相吻合这一现象，经过紧张的思考和丰富的想象，他提出了一个大胆的假设：大西洋两岸的大陆原来是连在一起的。于是他便进行实地考察和资料研究，从大地测量、地球物理、地质、古生物、古气候等多方面寻求证据，发展了大陆漂移思想，于1912年提出了大陆漂移说。1914年，他应征参加第一次世界大战，但仍用心思考大陆漂移问题。魏格纳受重伤后，获准请长假，他就利用这个机会，广泛搜集材料，全面系统地进行了论证和深入研究，于1915年出版了地质学史上划时代的名著《海陆的起源》。再如，1928年，年仅26岁的英国物理学家、数学家保罗·阿德里·莫里斯·狄拉克（Paul Adrien Maurice Dirac，1902—1984）大胆地

① 贝弗里奇．科学研究的艺术[M]．陈捷，译．北京：科学出版社，1979：153．

② 贝弗里奇．科学研究的艺术[M]．陈捷，译．北京：科学出版社，1979：56．

③ 爱因斯坦．爱因斯坦文集（增补本）第一卷[M]．许良英，李宝恒，赵中立，等编译．北京：商务印书馆，2009：409．

④ 布莱克斯利．右脑的奥秘与人的创造力[M]．董奇，杨滨，译．北京：国际文化出版公司，1988：39．

把量子力学和相对论结合起来，创造性地建立了一个描述单个电子运动的相对论性的量子力学方程——狄拉克方程。利用此方程来研究氢原子能级分布时，能给出氢原子能级的精细结构，并与实验很好地符合。由此方程还可自动导出电子自旋为1/2……总之，利用此方程讨论高速运动电子的许多性质，都与实验符合得很好。这些成就使人们相信狄拉克方程是一个正确地描述电子运动的相对论性的量子力学方程。但是，该方程的解具有异常性，发生了负能态的困难。别人都认为这是狄拉克方程的致命缺陷，可是狄拉克却认为这正是此方程的优点和价值所在。为了克服狄拉克方程中的负能态的困难，狄拉克于1930年出人意料地提出了一个大胆的假设：认为物理上的真空态并非空无一物，实际上是所有的负能态全部为电子所占据，形成了负能态的电子海，同时所有正能态却是没有粒子占有的状态。这些无穷多个负能电子的电荷、惯性，以及与电磁场的作用将不造成任何可观察的效应。如果负能态电子海中的某一电子吸收至少两倍于电子静止能量的电磁辐射能而跃迁到正能态上去，成为正常电子，那么同时在负能态电子海中就出现一个“空穴”，负能态电子海中的“空穴”将与正能态的电子同时产生。反之，一个正能态的电子也可以放出能量而跃迁到负能态电子海中的“空穴”上，电子与“空穴”就会同时湮灭。因此，按照电荷守恒和能量守恒的要求，负能态的“空穴”应表现为带电荷＋e，相应于带正电荷的电子。这一假设可简称为“空穴”理论，据此理论狄拉克大胆地预言在自然界中存在一种与电子性质相同、电荷相反的粒子——正电子。1931年，狄拉克又预言了反粒子的存在，还预言了正、负电子对湮灭产生光子和光子湮灭产生正、负电子对的现象。狄拉克的假说一出，物理学界无不为之惊诧，许多著名物理学家都表示不能理解，被人们认为是“最疯狂的想法”。但是，狄拉克的预言很快就被实验所证实：1932年，美国物理学家安德森在宇宙射线实验中发现了正电子；1933年，英国物理学家帕特里克·梅纳德·斯图尔特·布莱克特（Patrick Magnard Stuart Blackett，1897—1974）在用威尔逊云室研究宇宙射线时发现了负电子与正电子成对产生和湮灭的现象。狄拉克这一假说对现代物理学的发展有极其深远的影响和极其重大的意义。狄拉克这一假说的提出既是富于想象的典型案例，又是大胆猜测的丰硕成果！

英国物理学家、化学家法拉第指出：“一旦科学插上幻想的翅膀，它就能赢得胜利。”[①]丰富的想象力和大胆的猜测能力是自然科学家创造活力的体现和科学生命旺盛的象征，既是自然科学家创造才能的重要标志，也是自然科学家进行科学

① 李政．与名人有约：影响人类文明的10位科学家[M]．北京：中国档案出版社，2004：143．

研究并能取得成果的基本能力之一。想象、猜测有奇效，奇思妙想结硕果。只有冲破桎梏、打破框框、拆除藩篱，勇于创新、富于想象、大胆猜测，才能不被已有知识的狭隘状况所局限，才能摆脱传统观念的束缚和克服习惯性思考的惯性，才能超越常规、超越经验、超越逻辑、超越已知，才能超凡脱俗地开辟出科学创造的崭新通道和奇特途径，才能出人意料地在未知与已知之间架起一座桥梁，在不能做与能够做之间打开一条通道，从而导致科学发现和技术发明。

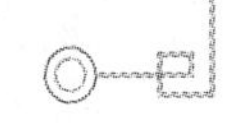

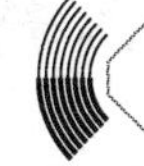

科学假说能力与自然科学家

顾名思义，所谓科学假说，就是对所要解决的科学问题提出的一种可能性的推测和假定性的说明。恩格斯指出："只要自然科学在思维着，它的发展形式就是假说。一个新的事实被观察到了，它使得过去用来说明和它同类的事实的方式不中用了。从这一瞬间起，就需要新的说明方式了——它最初仅仅以有限数量的事实和观察为基础。进一步的观察材料会使这些假说纯化，取消一些，修正一些，直到最后纯粹地构成定律。如果要等待构成定律的材料纯粹化起来，那末这就是在此以前要把运用思维的研究停下来，而定律也就永远不会出现。"①这是对科学假说形成、发展过程和作用的科学阐释和绝妙说明。

科学假说往往是新科学理论的雏形、新科学实验的设想、新科学现象的预言、新科学规律的猜测、新科学问题解决的推测；科学假说为科学理论的发展开拓新道路，为科学实验的设计提出新方案，为科学现象的解释作出新设想，为科学规律的发现开辟新途径，为科学问题的解决提出新思路，为科学的发展作出新预言。可见，科学假说能力是自然科学家从事科学研究的一种重要能力，它不仅决定科学研究成果的多少，还决定科学研究工作的成败。

科学假说能力包括 3 个方面：一是提出科学假说的能力；二是选择科学假说的能力；三是证实科学假说的能力。一般地说，从科学假说这一特定角度看，科学研究的第一步是大胆提出尽量多的科学假说，第二步是对已提出的科学假说进行选择，第三步是对所选择的科学假说进行证实；第一步要求所提出的科学假说尽量多、尽量全，第二步要求所选择的科学假说尽量准、尽量正确，第三步要求

① 恩格斯. 自然辩证法[M]. 中共中央马克思恩格斯列宁斯大林著作编译局，译. 北京：人民出版社，1971：218.

对所选择的科学假说的证实尽量快、尽量有力；第一步要求自然科学家具有丰富的想象力和非凡的发散思维能力；第二步要求自然科学家具有敏锐的判断力和超群的会聚思维能力；第三步要求自然科学家具有高超的科学实验能力（特别是设计科学实验的能力）和顽强的实践探索能力。法拉第曾颇有感慨地说：“世人何尝知道：在那些通过科学研究工作者头脑的思想和理论当中，有多少被他自己严格的批判，非难的考察，而默默地、隐蔽地扼杀了。就是最有成就的科学家，他们得以实现的建议、希望、愿望以及初步结论，也只不到十分之一。”[①]从这段肺腑之言中可看出，虽然法拉第已经公布的科学假说很多，但还不到他脑中实际存在的科学假说的 1/10，由此可想到，萦绕在法拉第脑中的科学假说是何等丰富，法拉第对科学假说的选择又是多么严格，这说明法拉第提出科学假说的能力、选择科学假说的能力和证实科学假说的能力都很强。

科学假说的提出既应当以已有科学理论为指导，但又不为传统观念所束缚；既应当以经验事实为依据，但又不被已有事实材料所局限。可以形象地说，科学假说是从经验事实土壤上生长出来的理论思维之树上结出的一个硕果。科学假说既是出类拔萃的高瞻远瞩，又是超凡脱俗的远见卓识；既是大胆的想象和猜测，又是英明的预见和创新。科学假说的形成是一个十分复杂的过程，它要求自然科学家具有很强的创造性、前瞻性和预见性。

科学假说只提供了导致科学发现的可能性，即科学假说只具有转变为科学理论的可能性，这一特点既体现了科学假说的作用和价值，又体现了科学假说的缺陷和局限性。对科学假说的作用既不能夸大，也不能贬低。确实，科学假说的优点和缺点都非常突出、非常明显：科学假说既有一定的根据，又有一些待检验的内容；既有可能是伟大的科学预见，又有可能是片面的，甚至是错误的大胆猜测；既有可能被证实，也有可能被部分修正，甚至被完全推翻。因而，科学假说的发展道路曲折坎坷，科学假说的命运变化莫测。必须以正确的态度对待科学假说，既敢于坚持被事实证明是正确的科学假说，也勇于放弃被事实证明是错误的科学假说，还善于修正、完善部分正确的科学假说。英国生物学家达尔文曾说：“我一贯力求保持思想不受拘束，这样，一旦某一假说为事实证明错误时，不论我自己对该假说如何偏爱（在每一题目上我都禁不住要形成一个假说），我都放弃它。我想不起有哪一个最初形成的假说不是在一段时间过后就被放弃，或被大加修改的。”[①]

① 贝弗里奇．科学研究的艺术[M]．陈捷，译．北京：科学出版社，1979：62．

从特定意义上可以说，科学理论就是被证实的科学假说，科学发展的过程就是科学假说和科学理论互相转化的过程：科学假说→科学理论→新科学假说→新科学理论……这种形式循环往复以至无穷，而每一次循环都使科学进到了高一级的程度。

科学假说的突出优点是不被同时代科学知识的狭隘状况所局限，也不为已有的逻辑通道所束缚，而是勇于越过鸿沟，大胆超越逻辑，凭借想象力和大胆猜测在未知与已知之间架起一座桥梁，使天堑变通途，为科学的发展寻找新出路，开辟新途径。这正是科学假说的价值和意义所在，也正是科学假说的优势和魅力所在。正如贝弗里奇所指出："假说是研究工作中的最重要的智力活动手段。其作用是指出新实验和新观测，因而有时导致新发现，甚至在假说本身并不正确时亦如此。"①

既然是假说，就不一定都是正确的。但无论是正确的假说还是错误的假说，都具有价值和意义，都对科学的发展有促进作用。因而，对错误的假说不要一概否定，有时错误的假说往往是正确假说或理论的先导，能促进科学发现和推动科学发展。例如，地心说虽然是错误的，却是日心说的先导，对天文学的发展起到了促进和推动作用。因此，要客观评价和正确对待科学假说（尤其是错误的科学假说）。

可见，科学假说的作用是促进新的科学发现或导致新的科学发现。因此，每一个科学研究者都应该不断提高自己提出科学假说的能力、对科学假说的选择能力和证实能力，勇于并善于运用科学假说方法去取得科学研究成果。大胆提出科学假说，正确选择科学假说，有效证实科学假说，大力促进和推动科学假说与科学理论相互转化，使两者互相促进、相得益彰。

① 贝弗里奇．科学研究的艺术[M]．陈捷，译．北京：科学出版社，1979：55．

第十七章　坚持真理，修正错误

自然科学研究是求真的，是要揭示自然现象的本质和规律。但本质和规律不是直接呈现在研究者的面前，而是隐藏在错综复杂、千变万化的现象之中，因而科学认识不是一条直线，而是一条曲线，在科学研究和科学认识中犯错误是不可避免的、经常的。正如英国动物病理学家贝弗里奇所指出："犯错误是无可非议的，只要能及时觉察并纠正就好。谨小慎微的科学家既犯不了错误，也不会有所发现。"[①] 英国剑桥大学心理学教授弗雷德里克·查尔斯·巴特利特（Frederic Charles Bartlett，1886—1969）提出："测定智力技能的唯一最佳标准可能是检测并摒弃谬误的速度。"[①]英国外科医生约瑟夫·李斯特（Joseph Lister，1827—1912）曾说："我能想象到的人的最高尚行为，除了传播真理外，就是公开放弃错误。"[①]

杰出自然科学家不但在发现和坚持真理方面是我们学习的榜样，而且在公开放弃和大胆纠正错误方面也是我们效仿的楷模。例如，法拉第在1821年夏天撰写《电磁研究的历史概况》一文时还赞成超距作用。这篇文章直到1822年2月才发表，这期间法拉第的观点发生了质的变化，因为他在1821年9月3日成功进行了电磁转动实验，发现磁力不是中心力，而是旋转力，据此他便放弃超距作用观点。就在1822年2月发表法拉第撰写的《电磁研究的历史概况》一文的这期杂志上，编辑写了一篇按语，说明法拉第已经背离了原来的观点。法拉第及时地公开放弃和大胆纠正了自己的错误，他尊重事实而不迷信权威，从大量的实验事实出发，大胆地对安德烈·马利·安培（André Marie Ampère，1775—1836）等名人主张的超距作用提出了怀疑。经过十几年的酝酿，法拉第终于在1837年提出了场和力线的概念，成功解释了各种电磁现象，彻底否定了超距作用，建立了一种崭新的物理模型——近距作用，实现了物理学观念的一次重大突破。又如，英国地质学家查尔斯·赖尔（Charles Lyell，1797—1875）对珊瑚礁的形成提出了"火山口上升"理论，并用这一理论解释过许多地质现象。后来英国生物学家达尔文指出珊

---

① 贝弗里奇．科学研究的艺术[M]．陈捷，译．北京：科学出版社，1979：63．

瑚礁是由海底下降把珊瑚虫带到海洋深处形成的；赖尔原来一直坚持物种不变的观点，与达尔文的生物进化论存在严重的分歧，他们的争论常常是十分激烈的。经过长期认真地思考，赖尔终于修正了自己的错误观念，并公开表示自己是一个达尔文主义者，并对《地质学原理》第 10 版做了大规模修改。再如，1896 年年初，法国物理学家亨利·庞加莱（Henri Poincaré，1854—1912）收到了德国物理学家伦琴寄来的 X 射线第一篇论文的预印本和有关照片。在 1896 年 1 月 20 日法国科学院的每周例会上，他展示了这些照片。当时在场的法国物理学家安东尼·亨利·贝克勒耳（Antoine Henri Becquerel，1852—1908）对此产生了极大的兴趣，并启发他想到 X 射线可能与他长期研究的荧光有关，第二天就开始进行系统的实验研究。贝克勒耳选用硫酸钾铀酰作为实验材料，先把它放在日光下暴晒，使它发荧光，然后把它放在用黑纸包严的照相底片上，结果发现密封的照相底片感光了。1896 年 2 月 24 日，贝克勒耳在法国科学院的每周例会上报告了这一结果，认为 X 射线与荧光有关。2 月 26 日，当他准备进一步实验时，恰遇一连几个阴天，无法进行实验，只得把铀盐和底片一起放进了抽屉。3 月 1 日天气晴朗，贝克勒耳准备继续做实验。一向细心严谨的贝克勒耳取出底片，想预先检查一下，便冲洗了其中一张底片，结果却意外地发现底片已经曝光，上面有明显的铀盐的像。这使他认识到日晒和荧光都与底片感光无关。他由此推断，感光是由于铀盐自身发出的一种射线所致。第二天他就在法国科学院的每周例会上公布了这一重大发现，并郑重声明他原先的推断和结论是错误的。贝克勒耳不仅因这一重大发现而荣获了 1903 年诺贝尔物理学奖，而且因为他公开承认、大胆纠正和坚决放弃错误的科学精神而受到人们的尊敬和赞扬。再如，爱因斯坦在 1905 年提出光量子假说后，美国科学家密立根是激烈反对者之一，为了推翻爱因斯坦的结论，他潜心进行了长达 10 年的实验，但实验结果却最终证实了光量子理论的正确性。面对科学事实，密立根毅然放弃原来的观点，公开宣布实验结果证实了爱因斯坦提出的光量子理论，公开承认自己原先反对爱因斯坦光量子理论是错误的。这种求真求实的科学精神是值得大力提倡的。

近代实验物理学的开拓者和奠基者伽利略不迷信书本、不迷信权威，曾开诚布公地说：“那些反对改革的人抓住我的哪怕最微不足道的错误攻击我，仿佛我犯了弥天大错。看起来与大家一起坚持错误比一个人独立思考要好得多。但我要说，我情愿落在大家后面坚持正确思想，而不愿站在别人前面不假思索地出尔反尔，自食其言。”[①]曾和杨振宁一起荣获1957年诺贝尔物理学奖的美籍华裔理论物理学家李政道曾深有体会地说：“在很短的时间内改正错误，试走更多的不同的路，可以更快地得到正确的结果。”[②]英国动物病理学家贝弗里奇指出：“在科学的发展上，对严重谬误论见的揭露，其价值不亚于创造性的发现。”[③]在科学探索、科学研究、科学创造中，不仅要有态度上的主动、自觉，方法上的灵活、巧妙，而且要有筚路蓝缕的理论勇气和探本溯源的执着精神，更要有开阔的视野和博大的胸怀，高瞻远瞩，虚怀若谷；不仅有智慧辨别真理与错误，而且有勇气坚持真理，更有胸怀纠正错误。

科学精神与自然科学家

我国杰出气象学家、地理学家、教育家竺可桢曾深刻指出：“培养科学的空气是什么？就是‘科学精神’。科学精神是什么？科学精神就是‘只问是非，不计利害’。这就是说只求真理，不管个人的利害。有了这种科学的精神，然后才能够有科学的存在。”[④]（注意：不计利害是指不计个人的利害，但对人类的利害是必须考虑的！）竺可桢这段名言深刻揭示了科学精神的内涵，精辟阐述了科学精神的作用，较好地回答了“什么是科学精神”这一古老而常新的问题。

所谓科学精神，是指人类世代相继地在科学活动中积淀、凝聚、升华而形成的，通过历代杰出自然科学家所体现出来的精神追求、精神气质和精神风貌。科学精神是在社会上有广泛影响并得到公认的科学共同体的理性价值追求、共同行为规范和高尚道德情操。换言之，科学精神是历代杰出自然科学家所取得的精神成果的总和，是科学工作者为之奋斗并力求实现的精神理想，是人类最宝贵的精神财富。从根本上说，科学精神的本质要求是在科学活动中追求真、善、美的统一。可以概括地说：科学精神的核心是追求真理，本质是开拓创新，精髓是追求真、善、美的统一。从系统论的观点看，可以把科学精神定义和理解为一个特殊

---

① 德雷克．伽利略[M]．唐云江，译．北京：中国社会科学出版社，1987：50-51.

② 李政道．物理学及其它[J]．自然辩证法通讯，1979，4：2-4.

③ 贝弗里奇．科学研究的艺术[M]．陈捷，译．北京：科学出版社，1979：54

④ 樊洪业，段异兵．竺可桢文录[M]．杭州：浙江文艺出版社，1999：34.

的系统，可称为科学精神系统。所谓科学精神系统，就是指由既相互联系和相互作用又相互区别的求真精神、求善精神、求美精神共同组合而成的具有特定结构和功能的有机整体。

一般地说，科学精神应包括3个方面的内容：一是由理性精神、实证精神和创新精神所支撑的求真精神；二是由和平友爱精神、团结协作精神和可持续发展精神所支撑的求善精神；三是由全面协调发展精神、精益求精精神和最优化精神所支撑的求美精神。实质上，这是从3个不同角度来研究、认识和弘扬科学精神：求真精神是从探索、研究、发现科学真理过程中所总结概括出来的科学精神，即在科学探索、科学研究、科学创造中应遵循、提倡和弘扬的科学精神，如理性质疑精神、批判精神、实事求是精神、实证精神、创新精神、开拓进取精神、冒险精神等；求善精神是从为着正确目的、沿着正确方向和以正确态度研究、应用、发展科学中所总结概括出来的科学精神，即在科学推广、应用、发展中应遵循、提倡和弘扬的科学精神，如和平友爱精神、谦虚宽容精神、团结协作精神、无私奉献精神、可持续发展精神等；求美精神是在发展、完善、提升科学和科学工作者中所总结概括出来的科学精神，即在科学和科学工作者升华过程中应遵循、提倡和弘扬的科学精神，如精益求精精神、创先争优精神、追求卓越精神、追求最优化精神等。科学精神是人的精神的科学化和现代化，科学精神既是人类精神的重要组成部分，又是时代精神的集中体现；既是人类精神的精髓，又是时代精神的精华；既具有强烈的时代意识，又具有深厚的人文底蕴。科学精神不仅反映、体现、构成人类精神和时代精神，更重要的是塑造、引导、升华人类精神和时代精神。

科学的生命在于创造，科学精神的核心是开拓进取的革命精神——创新精神。正如美国科学史家乔治•萨顿所指出："科学的精神从来不是安静的。它从不盲目地满足于已经存在的事物，只要可能它就想改善它，或者用更美好的某些事物来取代它。它时刻准备着把新的实验引入未知领域；它本质上就是冒险的。"[①]科学精神使科学具有勃勃生机和旺盛活力，从而有效促进和大力推动科学的自我优化、自我发展和自我超越。

科学精神源于科学实践，又高于科学实践。科学精神既是高度的抽象又是丰富的具体，既是一种精神支柱又是一种精神动力，既是一种精神追求又是一种精神境界。

---

① 萨顿．科学史和新人文主义[M]．陈恒六，等译．上海：上海交通大学出版社，2007：40．

科学精神的产生（总结概括）是由具体上升到抽象的过程，而科学精神的应用（贯彻落实）是由抽象上升到具体的过程。这是科学精神的两次飞跃，两次飞跃同样重要，同样艰巨，同样具有意义，同样富有魅力。每一个科学工作者都应努力实现这两次飞跃。

科学精神是科学工作者的灵魂，它决定科学工作者的思想，支配科学工作者的行动，是做好一切科学工作的生命线。在科学精神的指引下，科学工作者不仅可以沿着正确方向去探索、研究和发现科学真理，而且可以为着正确目的去推广、应用、发展科学技术，还可以不断发展完善和持续提升科学。可见，科学精神不仅能为科学工作者铸魂励志，从而为科学探索、科学研究、科学创造提供动力，而且能对科学活动起到把关定向的作用，使人类的科学活动能沿着对人类有益的正确方向进行。唯有以积极、乐观、热情的态度，自觉、主动、积极、创造性地投身于科学探索、科学研究和科学创造中，在科学研究中获得具有自主知识产权的原始性创新成果，才能使自然科学家在精神上获得充实感、满意感、成就感、自豪感、愉悦感、幸福感，从而获得一种精神上的慰藉和享受。

追求真、善、美是科学精神的精髓，既是科学精神的出发点又是科学精神的落脚点，既是科学精神的起点又是科学精神的归宿。正因为科学不仅包括科学知识、科学方法、科学技能，更重要的是包括科学思维、科学态度、科学精神、科学道德，所以科学不仅是人类认识、改造客观世界和发展生产力的巨大物质力量，而且是人类认识、改造主观世界和提升完善自我的一项独特的精神活动。科学精神不仅是科学的灵魂，而且是人的灵魂；科学精神不仅是科学的生命，而且是科学工作者做好科学工作的生命线；科学精神不仅能促进和深化科学革命，而且能促进和深化人的革命。这正是科学精神的功能和价值所在，也是研究和弘扬科学精神的意义和魅力所在。

科学事业需要科学精神，自然科学家应具有科学精神。科学精神源于人类探索、研究、认识、利用、改造、优化自然的实践，但科学精神的作用和影响却不局限于这些实践，而是影响整个社会和人类的各种活动。不仅自然科学家在从事科学探索、科学研究、科学创造中必须具有科学精神，而且任何人在做任何事情时都应具有科学精神，这样才能少走弯路。现实生活中，人们最缺少的也是最需要的就是科学精神，因此应高度重视和大力弘扬科学精神。提高中华民族的科学素质不仅仅要增加每个人的科学文化知识，更重要的是要增强每个人的科学意识和弘扬科学精神；学习自然科学家不仅仅要学习自然科学家的科学思想、科学方法、科学成果，更重要的是要学习自然科学家的科学精神；普及科学不仅仅要普及科学知识、推广科学方法，更重要的是要普及科学精神。

历代杰出自然科学家以思想和行动铸就了科学精神，以智慧和汗水诠释了科学精神，以创新和奉献光大了科学精神。科学精神是自然科学家的精神支柱，是自然科学家保持蓬勃科学生命和旺盛创造活力的源泉和动力。科学精神是自然科学家的发光源，自然科学家的许多光彩夺目的光芒都是从科学精神发源的。传承和弘扬科学精神既是对为科学而拼搏的前辈科学家的最好纪念和安慰，又是医治当下普遍存在的“科学精神衰弱症”的妙方和良药，还是促进科学人才成长和推动科学发展的根本途径和治本措施，更是提升全民科学素质的当务之急和长远之计。

传承和弘扬科学精神是强基固本的铸魂工程，既要持之以恒，又要与时俱进。所谓持之以恒，就是要可持续地进行，就是要坚持，要落实，要践行；所谓与时俱进，就是要创新，要发展，要发扬光大。科学精神是科学之精髓，也是自然科学家之灵魂，是决定科技工作者能否行稳致远的关键。专业成才，精神成人，科学精神境界决定科学人生高度。让我们以杰出自然科学家为榜样，把培育和弘扬科学精神作为凝心聚力、强基固本的基础工程，深扎科学精神之根，牢铸科学精神之魂，勇于探索科学真理，善于探索科学真理，乐于探索科学真理，在科学探索、科学研究和科学创造中，只问是非，不计个人利害。

第十八章　百折不挠，锲而不舍

学习没有止境，研究没有结束，探索没有终点，攀登没有尽头，创新没有极限。科学研究是探索未知的复杂曲折的漫长过程，科学征途上往往荆棘丛生，困难重重，充满了各种各样的障碍。就像每一次日出都要经历黎明前的黑暗一样，科学人才在成长过程中常常遭受多种多样的磨难，许多自然科学家都有一段曲折复杂的蒙难历史和坎坷悲壮的蒙难历程。能取得成功的自然科学家是一批具有百折不挠、锲而不舍精神的坚韧不拔的科学探索者，他们凭着自己超群的智力因素和惊人的非智力因素奇迹般地排除了前进道路上的一道道障碍，从而为科学创造工作铺下了一块块基石，终于靠自己的努力，在荆棘最多的地方开辟出了一条坚实的攀登之路、辉煌的成功之路、非凡的成才之路、闪光的人生之路，在科学技术史上谱写了可歌可泣的英雄篇章。

例如，16—18 世纪，社会上长期流行着一种传染快、死亡率高、后遗症严重的烈性传染病——天花。人们对于这种病极端恐惧，但又束手无策。英国医生爱德华·詹纳（Edward Jenner，1749—1823）经过 20 多年的潜心研究和大胆实践，成功地创造了牛痘接种法，并在英国牧区的一个县医学会上报告了这一新的研究成果，希望能得到推广和应用，以便尽快消除天花给人们带来的危害。但事与愿违，詹纳得到的不是欢迎、赞扬和鼓励，而是反对、污蔑、攻击，以及学术权威的压制和围攻。有人污蔑他神志不正常；有人别有用心地说，种了牛痘会使人头上长出牛角，声音会变得如同牛叫；有人说，往人身上种牛痘是把人也当作下贱的牲口，是亵渎神明；有人主张将他开除县医学会，吊销他的外科医生开业执照，等等。面对这些挫折和打击，詹纳没有灰心，他宁愿被开除出医学会，也绝不停止研究工作。这种矢志不渝的精神把守旧势力派吓坏了，为了达到不让詹纳继续研究的目的，一些保守分子煽动一些不明真相或无知的人，每天围着詹纳的家门口，大吵大嚷、扔石子、砸玻璃，弄得他整天不得安宁，身心受到极大伤害。与此同时，詹纳治好的病人自发地聚集到他的住宅周围，高喊着他的名字，表示对他的信任和支持，击退了守旧势力的进攻，这又使詹纳增添了无穷的勇气和力量。

1797 年，詹纳为进一步宣传自己的新成果，根据 23 个患过牛痘而不得天花的实例和自己多年苦心钻研的结果及认识，撰写了一篇题为《牛痘症病因的探讨及其效果》的论文，并投给英国皇家学会。然而，由于詹纳是一个没有高级学历的乡村医生、无名小辈，当时英国皇家学会的一些权威对其根本不予理睬，拒绝发表。但詹纳并没有就此止步不前，他克服重重困难，于 1798 年自筹资金把论文印发给医学界。正当牛痘接种法逐步得到推广，受到广大人民群众热情欢迎时，伦敦报纸上发表了一条新闻，说伦敦天花病院院长伍德维尔（Woodville）博士采用了詹纳的牛痘接种法以后，一些患者病情转重，还有一人死亡。有些人借机发表演说或写文章，竭力反对接种牛痘。为弄清事实真相，詹纳不得不赶到伦敦天花病院进行调查，结果发现造成事故的原因是伍德维尔博士及其助手在接种牛痘的过程中使用的刀具未经消毒，引起病人感染。这本来是很容易弄清楚的问题，但反对派却不分青红皂白大煽阴风，詹纳便写了许多文章对守旧势力的错误观点进行了有力的批驳，并宣传新方法的优越性。不仅如此，他连续给幼儿们接种牛痘，以实际的疗效给保守势力以有力的回击。直到 1799 年，有近 30 位著名学者发表文章，赞扬詹纳及其牛痘接种法，于是牛痘接种法开始得到学术界的公认，很快被世界各国所接受，百折不挠、锲而不舍的詹纳也终于成为伟大的发明家和人类生命的拯救者。

再如，由英国著名物理学家威廉·汤姆逊主持的人类通信史上第一条永久性的大西洋海底电缆的铺设，用了整整 10 年的漫长时间，经历了首次失败、初步成功、再失败、再成功的艰辛历程，是自然科学家“百折不挠、锲而不舍”最终获得成功的典型案例。这项史无前例的巨大工程开始于 1856 年，1857 年电缆制造完工，开始进行第一次沉放，当 2400 英里长的电缆沉放到 330 海里时竟意外地挣断了，又因为信号微弱而无法接收，第一次沉放失败了。威廉·汤姆孙认真分析了第一次沉放失败的原因：一是电缆外层机械强度不够；二是电报机灵敏度不高，不能接收到终端的弱信号。经过了整整一年的潜心研究和反复试验，发明了灵敏度能满足需求的镜式电流计电报机。1858 年春夏之交，大西洋海底电缆第二次沉放工程开始。亚加墨娜号船载着 200 多吨重的电缆从北美出发。同风暴搏斗了一个多月，冒着沉船的危险，终于在当年的 8 月 3 日到达爱尔兰，5 日上午电缆着陆，15 时 55 分威廉·汤姆孙拍发出从欧洲到美洲的第一份电报，5 分钟后美洲一端就收到了信号，初战告捷。但这条海底电缆使用一个月后陆续出现各种严重故障，信号模糊不清，电缆严重损坏，一个半月后通信竟然中断。公司耗资 10 万英镑，未得到任何利润，主要股东纷纷要求撤股，公众舆论压力也与日俱增，各种批评指责接踵而来。但威廉·汤姆孙没有被第二次失败所吓倒，坚信一定会成功。他同总经理力排众议，顶着巨大的压力，克服经费等各种困难，决定再建造第三条海底电缆。经过7年的不懈努力，改造后的新电缆于1865年年初制造出来，同年6月开始铺设。威廉·汤姆孙虽在5年前不慎左腿骨折，仍亲自参加远航，主持沉放施工。遗憾的是，正当航行到大西洋中部时，电缆又意外折断，坠入3650多米深的海沟。公司当年就停业了。这种连续的失败使威廉·汤姆孙受到空前的打击，但他仍坚信大西洋挡不住人类的进步，总经理被他知难勇进的精神感动了，公司决定再造第四条电缆。1866年4月，威廉·汤姆孙又主持了第四次沉放施工，6月终于获得成功，通报后效果十分理想。直到百年后的今天，此电缆仍是国际通信的重要工具之一，威廉·汤姆孙也因这一业绩享誉全球，被授予开尔文勋爵。威廉·汤姆孙在铺设大西洋海底电缆中所付出的艰辛和所取得的荣誉同样是沉甸甸的。在科学探索、科学研究、科学创造中，最困难的时候往往也是最接近成功的时候，我们要以威廉·汤姆孙等杰出自然科学家为榜样，关键时刻要顶得上去，危险关头要冲得上去，困难关口要闯得过去。

法国著名生物学家巴斯德曾开诚布公地说："告诉你使我达到目标的奥秘吧。我唯一的力量就是我的坚持精神。"[①]英国化学家、物理学家道尔顿也深有体会地说："如果我比我周围的人获得更多的成就的话，那主要——不，我可以说，几乎纯粹是由于不懈的努力。"[②]的确，百折不挠，锲而不舍，坚持不懈，这是杰出自然科学家的共同特点和成功的共同经验，做成任何事情都需要坚持，否则就会前功尽弃、半途而废。坚持虽然不是成功的充分条件，却是必要条件。换言之，虽然坚持不一定能成功，但成功一定是坚持的结果，不坚持就肯定不会成功。因此，为了成功必须坚持。坚持就有可能，坚持就有希望，坚持就有期待，坚持就有机遇，坚持就有积淀，坚持就有收获。科学探索和科学研究重在行动、贵在创新、成在坚持，许多自然科学家的成功往往就产生于"再坚持一下"的努力之中。我们做任何对人类有益的事情都要坚持，坚持，再坚持。坚持是一个人素质的综合反映和能力的集中体现，是意志和品质的主要标志，是否坚持和如何坚持将决定能否成功。没有人一开始就知道自己一定会成功，坚持才是成功的关键。坚持一年、两年效果不一定明显，但坚持10年、20年就会与众不同。当然，坚持是要付出代价的，有时代价还是相当大的。因而，要坚持就必须确立坚持到底的信心、

① 贝弗里奇. 科学研究的艺术[M]. 陈捷，译. 北京：科学出版社，1979：144.

② 廖正衡. 中外著名化学家传略[M]. 长春：吉林教育出版社，1994：130.

决心、耐心和恒心，并努力做到不因困难而胆怯，不因风险而退缩；不因挫折而动摇，不因打击而悲伤；不因顺境而颓废，不因逆境而气馁；不因失败而灰心，不因成功而自满。坚持对一个人成长、成功、成才关系密切、作用极大：知识往往是在坚持中得到丰富，能力常常是在坚持中得到增强；素质经常是在坚持中得到提高，精神时常是在坚持中得到升华；优势多在坚持中形成，差距常在坚持中产生；经验多是在坚持中积累，创新逐渐在坚持中实现。“坚持什么”和“怎样坚持”将决定你“追求什么”和“怎样追求”，进而决定你成为什么样的人和具有什么样的人生。让我们在坚持中成长，在坚持中成熟，在坚持中成功，在坚持中成才。在艰险坎坷的科学探索中，在起伏跌宕的科学生涯中，坚持的收获不仅仅在于成功的喜悦，更在于不断地迎接新的挑战和不断地超越自我。杰出自然科学家在科学探索、科学研究、科学创造中，只有继续，没有放弃；只有奉献，没有索取；披荆斩棘，奋力开拓科学道路；筚路蓝缕，执着探索科学奥秘；栉风沐雨，刻苦攀登科学高峰。杰出自然科学家在百折不挠中彰显的是坚定的信念和大无畏的科学精神，在锲而不舍中凸现的是坚强的意志和将科学探索进行到底的恒心，在坚持不懈中表现的是坚韧不拔的顽强毅力和不达目的誓不罢休的豪情壮志。

科学劳动是创造性劳动，科学研究是原始性创新过程，科学探索是开拓性的实践试探和开创性的理论探究，肯定要承担风险，必然要面临考验。自古自然科学家多磨难，每一个科学工作者都要做好充分准备：喜、怒、哀、乐，你得亲身体会；酸、甜、苦、辣，你得用心品味；艰、难、险、阻，你得设法战胜；成、败、得、失，你得正确面对。科学探索百般滋味，选择了就要从容笑对；科学研究曲曲折折，选择了就要锲而不舍；科学创造坎坎坷坷，选择了就要执着求索；科学人生起起落落，选择了就要顽强拼搏。我们必须认识到：在科学探索、科学研究、科学创造中遇到困难和遭受挫折是常态，科学道路不会一帆风顺，科学成果不会唾手可得。但困难和挫折并不可怕，可怕的是以不正确的态度去对待。困难和挫折像弹簧，看你强不强；你强它就弱，你弱它就强。困难和挫折既是严峻的挑战和考验，又是难得的机遇和历练；困难和挫折越多，挑战和考验也越多，机遇和历练也越多；一个人承受并战胜困难和挫折的能力越强，成功的概率也越大。实质上，困难被克服了就是成长，挫折被战胜了就是转折，险阻被排除了就是进步。困难和艰辛是胜利的前奏，挫折和失败是成功的序曲。实际上，有多少坎坷就有多少难得，有多少挫折就有多少振作；有多少困难就有多少成长，有多少失败就有多少收获。人生总是要经历煎熬与打磨，只要经得住磨炼，则磨去的是软弱，磨出的是坚强；磨掉的是幼稚，磨得的是成熟。只有经历苦与难，人生才能有经验；只有战胜艰与险，做人才能更勇敢；只有直面挫折、正视失败，越是挑战越迎难而上，越是艰险越向前，才能登上科学的高峰一览胜景。破茧才能成蝶，拨云方可见日。不经历风雨怎能见到彩虹，不攻坚克难怎能获得成功。成功来自奋斗，辉煌来自坚守，荣耀来自创新。苦难锤炼品格，挫折锻炼意志，艰险培育精神；在苦难中成长，在挫折中成熟，在艰险中进取。让我们以杰出自然科学家为榜样，苦难中得到历练，挫折中受到教育，打击后更加奋发。努力做到风险大吓不倒，条件差难不倒，担子重压不倒；逢辱而不惊，受屈而不乱，遇险而不惧；历经苦难而不退，屡遭挫折而不衰，备受打击而不倒。在失望中能看到希望，在挑战中能发现机遇，在困难中能找到克服困难的方法，在失败中能找到通向成功的路标。高山出俊鸟，寒屋出英才，陋室出华章。我们要久经风雨志弥坚，百折不挠劲更添，锲而不舍永登攀。

百折不挠、锲而不舍可浓缩成两个字——坚持。“坚持”二字说起来好像很容易，因为只要你愿意就可以做，但做起来却很困难，真正能坚持到底的人只是极少数。杰出自然科学家都是坚持的典范，他们寂寞中的坚守，清贫中的奉献，挫折中的奋起，失败后的振作，苦难中的执着，成功后的清醒等，都给我们留下了深刻的印象，都为我们树立了光辉的榜样。我们要虚心向杰出自然科学家学习，在科学探索、科学研究、科学创造中矢志不渝、坚持不懈，排除万难、执着探索。百折不挠、锲而不舍的科学人生最精彩，披荆斩棘、开拓创新的科学事业最壮丽。让我们以杰出自然科学家为榜样，努力做到：

守得住心灵的纯洁，保得住攀登的执着；
耐得住积累的寂寞，忍得住世俗的轻蔑；
顶得住功利的诱惑，受得住苦难的折磨；
经得住人生的坎坷，抵得住失败的挫折！[①]

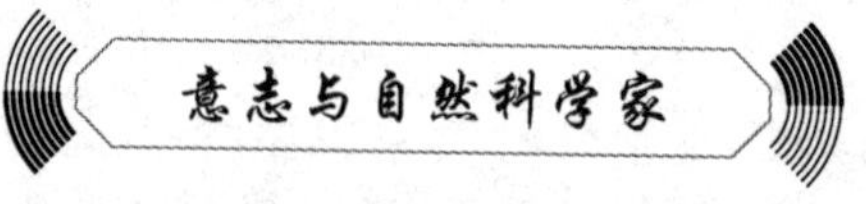

意志与自然科学家

意志是自然科学家为了达到既定的目的而自觉地顽强努力的心理状态和精神品质，是意识对行为的调节能力，也是一种自制能力，是自然科学家最重要的非

① 朱浩东．二十一世纪名人诗词格言经典[M]．北京：中国文化传媒出版社，2010：189.

智力因素之一。意志是自然科学家实现科研目标的品质支撑，是自然科学家把科研工作进行到底的力量源泉，也是自然科学家获得成功的可靠保证，还是自然科学家超凡脱俗、出类拔萃的重要原因。

有了坚强的意志，才能有“勇探未知路，敢为天下先”的开拓创新意识；有了坚强的意志，才能有“化挑战为机遇，变压力为动力”的良好心态；有了坚强的意志，才能有“明知征途有艰险，越是艰险越向前”的大无畏精神；有了坚强的意志，才能有“知难而进，迎难而上，战难而胜”的英雄气概；有了坚强的意志，才能有“下定决心，不怕牺牲，排除万难，去争取胜利”的必胜信心；有了坚强的意志，才能有“逢山开路，遇水架桥，不达目的誓不罢休”的豪情壮志；有了坚强的意志，才能有“不屈不挠，百折不回”的锲而不舍精神；有了坚强的意志，才能有“坚持不懈，坚韧不拔”的顽强拼搏！

科学征途上崎岖坎坷，荆棘丛生，具有坚强的意志，才能踏平坎坷成大道，披荆斩棘勇攀登；科学探索中险情不断，困难重重，具有坚强的意志，才能排险除障，攻坚克难；科学研究中失败多于成功，具有坚强的意志，才能战胜失败而获得成功；科学攀登中气候多变，风雨多发，具有坚强的意志，才能经历风雨后见到彩虹。鲜花和荣誉潜藏着危机，困难和挫折孕育着生机，信心和意志创造着转机。

科学研究是创造性活动，也是复杂的意志活动。在创造性活动中，意志的作用更加重要，也更加凸显。科学研究就是一场竞争，自然科学家每天都在攀登。意志坚强的程度影响甚至决定事业的成败与竞争的胜负，影响甚至决定自然科学家攀登的速度和高度。在科学上能否创造奇迹不仅在于你的能力有多大，更在于你的意志有多强。意志愈坚强，办法就愈多，成功的可能性也就愈大。选择科学道路难，循着自己所选择的科学道路走到底就更难，自然科学家只有具有顽强的意志，才能历经磨难而不丢对科学真理的追求，饱经沧桑而不弃对科学事业的奋斗，屡遭挫折而不失对科学探索的信心，备受打击而不减对科学研究的热忱。

“发明大王”爱迪生指出：“伟大人物的最明显的标志，就是他坚强的意志，不管环境变换到何种地步，他的初衷与希望仍不会有丝毫的改变，而终于克服障碍，以达到期望的目的。”[①]意志上的一步之差，常常会造成结果上的天壤之别。意志是否坚强往往决定着事情的成败，人生中的许多事情往往都是：争取就有可能，坚持就有希望，奋斗就有期待，耕耘就有收获。的确，没有人一开始就知道

① 傅明伟，等. 世界名人名言精选[M]. 上海：上海交通大学出版社，2004：277.

自己一定会成功，坚持才是达到成功的关键，而要坚持就必须具有顽强的意志。成功只偏爱那些永不放弃的人，而只有意志坚强的人才能成为永不放弃的人。因此，可以说：成功只偏爱那些意志坚强的人。意志的强弱往往成为成功与失败的分水岭、伟人与庸人的分界线。

科学技术史乃至整个人类文明史都已经证明并将继续证明：意志坚者事竟成，意志弱者万事空。科学选择意志坚强的人，机遇偏爱意志坚强的人，成功青睐意志坚强的人。有了坚强的意志，就能获得意想不到的成功；没有坚强的意志，本来能取得的成功也会中途夭折、半途而废。梅花香自苦寒来，宝剑锋从磨砺出，意志坚由历练成。越是困难的时候越能锻炼意志，特别是在逆境中更是对意志的严峻考验和严酷磨炼。有了坚强的意志，科学探索就能开拓，科学研究就能执着，科学创造就能突破！让我们以杰出自然科学家为榜样，大力培养自己的坚强意志和顽强毅力，在科学征途上矢志不渝、坚持不懈、坚韧不拔，不屈不挠、百折不回、万难不弃，锲而不舍、驰而不息、攀而不停，化挑战为机遇，变压力为动力，将危机转变为生机，将失败转化为成功。

第十九章　谦虚谨慎，淡泊名利

“天之大因无欲而浩，地之博因有容而广，山之高因不语而恒伟，江之永因处低而久长。”[①]杰出自然科学家因谦虚谨慎而被千古传诵，因淡泊名利而万世流芳。英国动物病理学家贝弗里奇指出：“大多数的科学家，对于最高级的形容词和夸张手法都是深恶痛绝的，伟大的人物一般都是谦虚谨慎的。”[②]确实，杰出自然科学家都是谦虚谨慎的楷模。中国当代哲学家张岱年（1909—2004）说：“哲学家因爱智，故决不以有知自炫，而常以无知自警。”[③]杰出自然科学家也是如此，这一点从杰出自然科学家的名言中就可充分地体现出来。近代实验物理学的开拓者和奠基者，意大利物理学家、天文学家、力学家伽利略曾发自内心地说：“而当我历数了人类在艺术上和文学上所发明的那许多神妙的创造，然后再回顾一下我的知识，我觉得自己简直是浅陋之极。”[④]经典力学的集大成者、英国物理学家牛顿曾意味深长地说：“如果我看得更远一些，那是由于我站在巨人们的肩上。”[⑤]他在晚年又深有体会地说：“我不知道世人对我是怎样看法，但是在我看来，我不过像一个在海滨玩耍的孩子，为时而发现了一块光滑的石子或一个美丽的贝壳而感到高兴；但是那浩瀚的真理的海洋，却还在我的前面未曾被我发现呢！”[⑥]法国天文学家、数学家、物理学家拉普拉斯在弥留之际的最后一句话是：“吾人所知者甚少，吾人所不知者甚多。”[⑦]英国物理学家、化学家法拉第成名后仍经常说：“我父亲是个铁匠的助手，兄弟是个手艺人，曾几何时，为了学会读书，我当了书店的学徒。我

---

① 陈盛仪．文博园序[N]．光明日报，2012-11-01（5）．

② 贝弗里奇．科学研究的艺术[M]．陈捷，译．北京：科学出版社，1979：139．

③ 张岱年．求真集[M]．长沙：湖南人民出版社，1983：102．

④ 伽利略．关于托勒密和哥白尼两大世界体系的对话[M]．上海外国自然科学哲学著作编译组，译．上海：上海人民出版社，1974：136．

⑤ 科恩．牛顿传[M]．葛显良，译．北京：科学出版社，1989：31．

⑥ 申先甲，张锡鑫，祁有龙．物理学史简编[M]．济南：山东教育出版社，1985：331．

⑦ 丹弟斯，米歇尔，叶梯尔．科学家传记百科全书[M]．刘劲生，张益龙，等译．成都：四川辞书出版社，1992：564．

的名字叫迈克尔·法拉第，将来，刻在我的墓碑上的也唯有这一名字而已！”[①]著名物理学家爱因斯坦在评价自己时说：“用一个大圆圈代表我们学到的知识，但是圆圈之外是那么多的空白，对我来说就意味着无知。而且圆圈越大，它的圆周就越大，它与外界空白的接触面也就越大。由此可见，我感到不懂的地方还大得很呢。”[②]俄罗斯生理学家、心理学家巴甫洛夫谆谆教导人们：“无论在什么时候，永远不要以为自己知道了一切。不管人们把你们评价得多么高，但你们要有勇气对自己说：我是个毫无所知的人。切勿让骄傲支配了你们。由于骄傲，你们会在应该同意的场合固执起来；由于骄傲，你们会拒绝有益的劝告和友好的帮助；而且由于骄傲，你们会失掉了客观的标准。”[③]当然，对于杰出自然科学家来说，谦虚谨慎绝不是停留在口头上的客套话，也不是装装样子给别人看的临时性的虚伪之举，而是要用一生的实际行动去严格兑现的行为准则，一定要时时刻刻体现在自己言行的每一个细节中。他们不以权威或名人自居，也不为已经获得的荣誉所陶醉，从不把追求荣誉作为工作的目的。例如，英国物理学家法拉第曾坦诚地说：“我不能说我不珍惜荣誉，并且我承认它很有价值，不过我却从来未为追求这些荣誉而工作。”[④]即使在誉满全球之后，杰出自然科学家仍能以一个普通人的身份、从一个普通人的角度去考虑和处理问题。又如，爱因斯坦就曾深情地说：“我每天上百次地提醒自己：我的精神生活和物质生活都依靠着别人（包括生者和死者）的劳动，我必须尽力以同样的分量来报偿我所领受了的和至今还在领受着的东西。我强烈地向往着俭朴的生活。并且时常为发觉自己占用了同胞的过多劳动而难以忍受。”[⑤]的确，发现、发明、获奖只是当下，学习、研究、创造才是永远。荣誉只能说明过去，不能代表现在，更不能代表未来。杰出自然科学家给我们留下的宝贵经验是：从不把荣誉作为追求的目标和工作的目的，从不看已经做了什么，而只看还应该做什么。

杰出自然科学家不仅是谦虚谨慎的楷模，而且是淡泊名利的典范。杰出自然科学家淡泊名利的高尚行为被世世代代人们传为佳话，淡泊名利的感人事例在科学技术史上不胜枚举。例如，美国电学家富兰克林在公布他的发明之后，却拒绝

① 博列梓．四十一位著名的物理学家[M]．北京：北京出版社，1983：268．

② 王极盛．科学心理学[M]．杭州：浙江教育出版社，1987：83．

③ 巴甫洛夫．巴甫洛夫选集[M]．中国科学院心理研究室，编译．北京：科学出版社，1955：31-32．

④ 李政．与名人有约：影响人类文明的10位科学家[M]．北京：中国档案出版社，2004：143．

⑤ 爱因斯坦．爱因斯坦文集（增补本）第三卷[M]．许良英，赵中立，张宣三，编译．北京：商务印书馆，2009：55．

申请专利，并发自内心地说："这些想法……粗糙而仓促，我如果单纯想在科学上博取声名，我就应该固守着这些发明，经过时间与经验的修正，改进之后再行发表。不过，不论在哪一门科学里，即使是简短的提示与有瑕疵的实验，发表之后都能够引起才智之士对该项题目的注意而导致更精确的探讨，以及更完整的发现。有鉴于此，你们可任意散播这篇论文，因为重要的是知识的精进，而不是你们的朋友能够被人认为是个见解精辟的科学家。"[①]英国物理学家法拉第为了潜心研究多年来始终萦绕在他心头的转磁为电问题，主动谢绝了有丰厚报酬的商业性技术工作，终于发现了电磁感应现象，他还多次谢绝英国皇家学会会长的桂冠并拒绝英国政府封他为爵士；英国生物学家达尔文在获得柯普雷奖章后发人深省地说："我知道，为各门学科设置并且向全世界开放的柯普雷奖章是一种巨大的荣誉。向我颁发奖章，这说明自然选择理论正在英国取得一些进展，而且在国外也脱离了险境，这真让我高兴。至于那个奖章，那只不过是个圆形的小金牌，对我来说是无所谓的。"[②]因发明炸药而闻名的瑞典发明家诺贝尔在逝世前亲笔写下遗嘱，用自己拥有的 920 万美元的巨额资产设立了诺贝尔自然科学奖（包括物理学奖、化学奖和生理医学奖）、文学奖、和平奖。居里夫人用第一次科研收入主动偿还 600 卢布的"亚历山大奖学金"，主动放弃能使她成为富翁的提取纯镭技术的专利权，并把自己和丈夫经过千辛万苦亲手炼制而得到的镭和美国妇女捐赠的 1 克镭都赠送给了巴黎镭学院居里实验室。1910 年，法国政府拟授予居里夫人以骑士勋章，但居里夫人拒绝接受。爱因斯坦有一次谢绝了一分钟 1000 美元的广播讲话，1952 年还谢绝了以色列政府和公众要求他出任以色列总统的建议。杰出自然科学家淡泊名利又不忘责任担当，执着科学又不忘道德修养。杰出自然科学家的出色表现让人们看到了精神的力量和道德的光芒。

杰出自然科学家以德铸魂，以善为人，永葆蓬勃朝气、昂扬锐气、浩然正气；求实不求名，重事不重人；看科学重如山，视名利淡如水；不为名易志，不为利变节；不因名累，不为利疲；不为私心所干扰，不为物欲所驱使；不为荣誉所腐蚀，不为金钱所诱惑。他们既不把自己的学识作为骄傲的资本和炫耀的理由，也不把自己的学识作为沽名钓誉的诱饵，而是竭尽全力去用自己的学识为人类服务。只要对科学有益的事他们就做，只要对科学无益的事他们就一概谢绝。这是特别

① 霍姆斯，巴杰．富兰克林的智慧[M]．陈霞，译．华夏出版社，2003：167.

② 孙观清，刘丽群．达尔文传[M]．长春：长春出版社，2003：242.

值得我们学习、继承和发扬的。

杰出自然科学家心地光明尘不染，品质优良灿无瑕，襟怀旷达如云中鹤，品德高尚如崖上松。杰出自然科学家的高贵品质令人敬仰，杰出自然科学家的成功人生令人向往。杰出自然科学家的崇高精神与天地共久长，同日月齐辉煌。

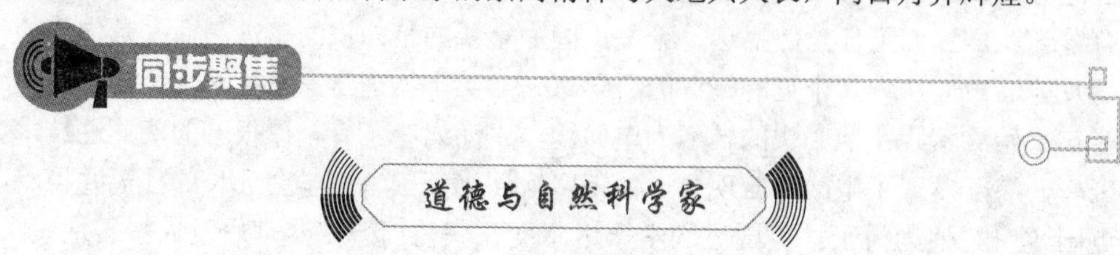

道德与自然科学家

人们对自然科学家的赞扬是对科学的崇尚，是对崇高的敬仰。著名物理学家爱因斯坦于 1935 年 11 月 23 日在纽约罗里奇（Roerich）博物馆举行的居里夫人悼念会上的演讲中曾很有见地地指出："在像居里夫人这样一位崇高人物结束她的一生的时候，我们不要仅仅满足于回忆她的工作成果对人类已经作出的贡献。第一流人物对于时代和历史进程的意义，在其道德品质方面，也许比单纯的才智成就方面还要大。即使是后者，它们取决于品格的程度，也远超过通常所认为的那样。"[①]这是对道德品质重要作用的深刻阐释和绝妙说明，不仅充分肯定了自然科学家的道德对才智的决定作用，而且明确指出了自然科学家的才智对道德的依赖关系，同时还客观地指出了人们对道德作用认识不足的事实，强调自然科学家才智取决于品格的程度比人们通常认为的要大得多。可见，杰出自然科学家对人类的贡献不仅表现在才智方面，更表现在道德方面；人们对自然科学家贡献的研究、认识与评价不仅应注重才智方面，更要重视道德方面。自然科学史的大量事实证明：德是才的统帅，是自然科学家的立身之本。道德体现自然科学家的品格，品正乃格高，德高乃望重。道德的魅力在于能释放出伟大的人性光辉，富有感化人心的力量，从而能使一个人纯洁心灵、优化素质、升华境界。道德修养如何不仅影响自然科学家名声的好坏、威信的高低，而且关系到他才能的大小、科学研究的成败和科学成果的多少。

众所周知，科学的征途漫长而艰辛，成才的道路坎坷而曲折。要战胜科学征途上的困难、险阻，要扫清成才道路上的障碍，单靠聪明才智是不能奏效的，还

① 爱因斯坦．爱因斯坦文集（增补本）第一卷[M]．许良英，李宝恒，赵中立，等编译．北京：商务印书馆，2009：475.

必须依靠高尚的道德情操。因此，道德是成才的重要内在因素之一。同时，道德还对才智起着把关定向的作用，道德决定才智沿着什么方向发展、往哪些方面使用等重大问题。杰出的才智与高尚的道德相结合，就会使才智沿着正确的方向发展，给人类造福，也给自然科学家个人带来幸福；反之，有才无德，就会使才智沿着错误的方向发展，就会给人类和自然科学家个人造成许多危害。此外，道德水平的高低还影响自然科学家才智的发挥，高尚的道德不仅可以使自然科学家已有的才智充分发挥出来，甚至超常发挥出来，而且可以把潜在的才智也发挥出来，还可以使自然科学家不断增长新的才智。每一位科技工作者都要认真思考、科学认识、正确对待和妥善处理道德、能力、知识、素质之间的关系，以道德为先，以能力为重，以知识为基，以素质为本。可见，道德品质是一个人的重要素质之一，不但人尽善尽美需要加强道德修养，而且提高才智、促进成才、促进成功也需要加强道德修养。科学上最高层次的较量往往不是科学知识、科学技能本身，而是道德、是人格。对于一个科学工作者来说，道德修养好了是一件“了不得”的事情，而道德修养不好则是一件“不得了”的事情。英国物理学家法拉第曾颇有感慨地说：“许多人之失败，是因为他们但求获得名誉，而不重视探求真实之知识……。我可断言，我知道有许多人可以成为优良而成功之科学研究者，可以获得甚高之名望，但他们一心重视于名望和报酬——世界赞美之报酬。在如此情况下，他们之心灵即有一忌妒与悔恨之暗影，我不能想象在如此情绪下，有人尚可在科学上能有所发现。”①

科学技术的发展离不开科学道德的促进，自然科学家的成长离不开科学道德的滋养；人类的进步离不开高尚道德的引领，社会的前进离不开道德力量的推动。关于德与才的关系，中国古代思想家司马光（1019—1086）在《资治通鉴》中曾精辟地论述道：“才者，德之资也；德者，才之帅也。”德为才帅，才为德充，德与才既有区别又有联系：德是人的非智力因素，才是人的智力因素；德是才的统帅，才是德的凭借；德是才的灵魂，才是德的充实。德不仅能统率才、用好才，而且能激活才、优化才、增长才；才不仅能体现德、彰显德，而且能丰富德、深化德、升华德。可见，德与才是既有区别又有联系的，二者不可分割、相辅相成，既相互作用、相互影响，又相互依赖、相互制约。国无德不兴，人无德不立。我们要以杰出自然科学家为榜样，不为物欲所惑、不为权势所屈，不为世俗所困，不为名利所扰，努力使德与才有机结合，相互促进，相互成就，相得益彰；做到

① 曾晓萱．伟大的足迹：世界科学家传记[M]．北京：清华大学出版社，1992：48．

以德为先，以才为重；以德养才，以才修德；德才相长，德才兼备。

自然科学家的科学道德与科学贡献是相辅相成的，高尚的科学道德能为杰出的科学贡献提供品质支撑，卓越的科学建树也不断提升道德境界。立业先立德，做事先做人。德是自然科学家安身立命之根，才是自然科学家成就事业之本。德是崇高的，才是宝贵的，德才兼备是伟大的；德是人们所敬重的，才是人们所爱慕的，德才兼备是人们所执着追求的。人的一生就是一场个人道德的修行，活到老，修行到老，永无止境。人由德美，名由实美；名不可虚成，誉不可巧立；不采华名，不做伪事。道德修养的程度决定人生境界的高度，让我们以科学精神为魂，以科学道德为骨，以德立学、以德立业、以德立人、以德育人，努力做一名德才兼备的人，既成为人们所敬重的人，又成为人们所爱慕的人。

第二十章　团结合作，竞争协同

翻开自然科学史可以发现，很多自然科学发现不是由一位自然科学家独立完成的，而是由两位或两位以上的自然科学家密切合作所共同完成的。例如，“基本粒子在弱相互作用下宇称不守恒原理”是由理论物理学家杨振宁和李政道密切合作而共同发现的。又如，超导微观理论是由美国物理学家约翰·巴丁（John Bardeen，1908—1991）、利昂·库珀（Leon North Cooper，1930—　）、约翰·罗伯特·施里弗（John Robert Schrieffer，1931—　）三人密切合作而共同创立的。可见，团结合作既是科学研究的一种常见模式，又是促进科学发现的一条有效途径。因此，自然科学家应不断增强团结合作意识，不断提高团结合作能力，善于通过团结合作去提高科学探索、科学研究、科学创造的效率和效益。

特别是20世纪以来，现代科学技术的发展既高度分化又高度综合，各门学科之间密切联系、相互渗透、相互结合，出现了许多交叉学科、边缘学科、综合科学，使科学出现了综合化、整体化趋势。学科交叉、技术集成、知识融合、方法互用、功能互补已成为现代科学技术研究的显著特点。许多人都从思想上越来越明确地认识到并且从科研实践中越来越深刻地体会到“交叉出成果，综合出效益”。的确，现代科学研究的对象越来越复杂，现代科学研究活动的规模日益扩大，必须综合运用多门学科的知识和方法才能更快地和较好地解决一个具体实际问题，只有组织多人联合攻关才能更快地和较好地完成一个具体科研项目。为适应现代科学技术发展的特点和现代科学技术研究的需要，科学研究已由以个体研究为主转变为以合作研究（尤其是集体研究）为主。作者对1901—2000年这100年中诺贝尔自然科学奖获得者的情况进行了认真的统计，结果也证明了这一点。①物理学奖：因两次世界大战和其他原因有6年（1916年，1931年，1934年，1940—1942年）未颁奖，共颁发物理学奖94次，一共有161位物理学家获奖（其中巴丁于1956年、1972年两次荣获物理学奖），即有162人次获物理学奖。其中，合作项目获奖共有36次，占38.3%；因合作成果而获奖的科学家有83位，占51.2%。②化学奖：因两次世界大战和其他原因有8年（1916—1917年，1919年，1924

年，1933 年，1940—1942 年）未颁奖，共颁发化学奖 92 次，一共有 134 位化学家获奖［其中弗雷德里克·桑格（Frederick Sanger，1918—2013）于 1958 年、1972 年两次荣获化学奖］，即有 135 人次获化学奖。其中，合作项目获奖共有 21 次，占 22.8%；因合作成果而获奖的科学家有 49 位，占 36.3%。③生理医学奖：因两次世界大战和其他原因有 9 年（1915—1918 年，1921 年，1925 年，1940—1942 年）未颁奖，共颁发生理医学奖 91 次，一共有 172 位生理学和医学科学家获奖。其中，合作项目获奖共有 41 次，占 45.1%；因合作成果而获奖的生理学和医学科学家有 96 位，占 55.8%。

在科学研究中，团结合作之所以必要，是因为团结合作能提高科学研究的效率和效益。就像协作可以产生新的生产力一样，团结合作可以产生新的科研能力。如果要进一步追问“团结合作为什么能提高科学研究的效率和效益”，除了资源共享、智能互补、条件互补等，一个很重要的原因是由于群体思维优于个体思维。群体思维的基本规律和显著特点是思维互动，思维互动是群体思维发生、进行和变化的真正原因和基本方式，通过思维互动可以激活群体中的个体思维，从而提高思维的效率和效果。思维互动的基本方式有两种——争鸣和共鸣。群体思维既能促进不同观点（尤其是对立观点）的争鸣，又能促进相近观点（尤其是相同观点）的共鸣。换言之，群体思维既能促进不同观点（尤其是对立观点）的竞争，又能促进相近观点（尤其是相同观点）的协同。

随着科学技术的发展，特别是随着科学技术的综合化、整体化、现代化，自然科学家越来越明确地认识到团结合作的必要性、重要性和紧迫性。意大利物理学家、天文学家伽利略曾明确指出：“科学不可能是一个人的事业。”[①]法国天文学家、数学家和物理学家拉普拉斯曾很有感触地说：“大自然所表现出来的智慧，真是形形色色，变化万端。为了了解它，我们必须联合我们大家的知识和努力才行。”[②]英国物理学家卢瑟福也深有体会地说：“科学家不是依赖单独一个人的思想，而是结合了几千人的智慧，所有的人想一个问题，做部分的工作添加到正在建立的知识大厦之上。”[③]从特定意义上可以说，创新在今天是各展所长的团队合作。

力生于团结，事成于协作。人类从思想上越来越明确地认识到并且从实践中越来越深刻地体会到“团结合作，协同创新”既是科学技术发展的迫切需要，也

① 杨栩．外国名人名言录[M]．北京：新华出版社，1983：142．

② 傅明伟，等．世界名人名言精选[M]．上海：上海交通大学出版社，2004：105．

③ 阎康年．卡文迪什实验室：现代科学革命的圣地[M]．保定：河北大学出版社，1999：212．

是人类社会发展的必然要求。从现代科学技术自身发展来看，既高度分化又高度综合，各学科领域日益交叉融合，基础研究、应用研究、产业创新界限日益模糊，跨学科、跨领域、跨行业、跨部门的“合作研究、协同创新”已成为科学技术发展新的增长点和突破口；从人类社会发展来看，环境污染、能源危机、气候变化、自然灾害、传染病防治等重大问题的解决，迫切要求世界各国家和地区自然科学家大力加强合作研究和协同创新来共同有效应对人类面临的挑战。在世界各国联系日益密切和交往日益频繁的当代，人类已成为利益共同体、发展共同体、命运共同体。为了更好更快地适应现代科学技术发展的特点和需要，为了更好更快地解决人类所面临的迫切问题，为了进一步提高科学技术研究的效率和效益，自然科学家应该在更大范围、更广领域、更深层次和更高水平上实现卓有成效的合作，努力使合作者信息互通、知识互融、方法互用、智能互补、资源共享，力争达到合作团队整体效应最优化。

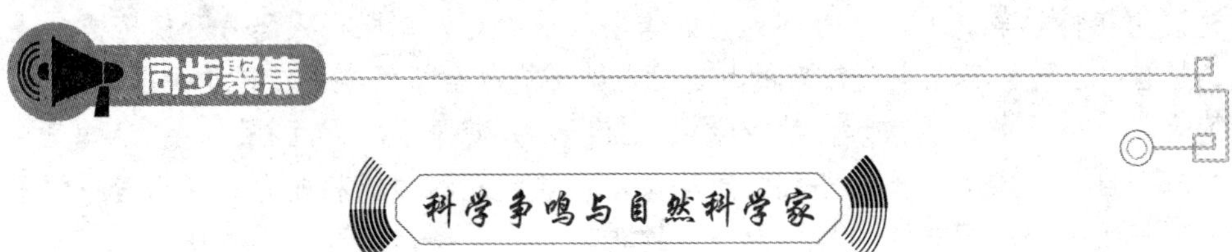

科学争鸣与自然科学家

所谓科学争鸣，就是指在两个或两个以上的自然科学家之间发生的关于科学问题的公开争论。科学争鸣是自然科学家之间的思维交锋、观念碰撞和见解争辩。科学争鸣存在于一切科学的发展过程中，每一科学的发展过程中都存在着此起彼伏的科学争鸣。

纵观自然科学发展的历史，从古代、近代到现代，自始至终都充满着复杂多样的科学争鸣。自然科学固然要随着社会实践的发展而发展，但就其自然科学发展的内在机制来说，自然科学也通过科学争鸣的不断产生和争鸣问题的不断解决而向前发展。从这个特定意义上可以说，一部自然科学发展史也是一部科学争鸣史。

横看自然科学的各个学科和各个领域，无一不充满着各种不同学派、各种不同观点的科学争鸣。因为在各学科、各领域中都充满着矛盾，而科学争鸣既是自然科学中矛盾存在的主要表现方式，又是自然科学中解决矛盾的重要途径。所以，科学争鸣是推动自然科学发展的动力之一。

科学争鸣对自然科学家具有激励功能，它能够激发热情，振奋精神，鼓舞斗志，激励拼搏，从而可以培养和提高创造性思维能力，导致重大的科学发现和创造。通过科学争鸣可以挖掘争鸣双方的潜力，释放争鸣双方的潜能，从而把争鸣双方积累的常态的和潜在的全部智慧和才能都充分调动起来，使自然科学家由常态跃迁到激发态，这样就可以使争论双方的智能得到超常发挥，常常能解决在通常状态下无法解决的问题，往往能诱发灵感，从而导致重大科学发现和创造。例如，在19世纪末20世纪初，关于黑体辐射实验解释的争鸣导致了普朗克量子论的诞生，关于光电效应实验规律解释的争鸣导致了爱因斯坦光量子论的提出，关于氢原子光谱实验规律解释的争鸣导致了玻尔氢原子模型的建立。

科学争鸣可以促进你追我赶，是促进自然科学家成长和推动自然科学发展的一种常见动力。通过科学争鸣，可以开阔视野，活跃思想，有利于克服思考的惰性。因为在科学争鸣中为了驳倒对方需要经常改变思考方法和迅速调换思路，这就会迫使自然科学家摆脱个人已经形成的、但事实证明是无效的习惯性思考和受条件限制的思考，冲破个人的各种局限和束缚，尽快地采用最佳思路和最优方法。这说明在科学争鸣中由于受到外力的作用，从而可以克服个人思考和研究方法上的惯性，在科学研究中获得新的加速度，进而能以全新的姿态在科学大道上飞驰。换言之，科学争鸣能激活自然科学家的思维，并使争鸣各方互补。也许参加争鸣的每个自然科学家都不具备独立解决某个科学问题的知识和能力，但通过科学争鸣能把大家的知识和能力集中起来，博采众长，做到知识互补、方法互补、能力互补和条件互补，就可能使所研究的问题得到解决。控制论的诞生就是一个典型的实例：自20世纪30年代起，维纳就与许多不同专业的科学家一起参加了一个由生理学家罗森勃吕特领导的科学方法讨论会，该会每月举行一次，不同专业的科学家对共同感兴趣的问题进行研究和探讨。正是通过这种多学科知识的相互交流和激烈的思想碰撞，促使维纳运用类比的方法，发现智能活动和神经系统同技术装置之间存在着一定的相似性，即都具有控制行为，从而确定了一个崭新的科学研究方向，进而创立了控制论。

科学争鸣可以把自然科学家个人思考到一定程度的科学问题迅速地移植到社会上，使这一问题深入人心，扩大影响，从而能吸引和调动更多的人来思考和研究同一个科学问题，这样就可以集当代自然科学家之精华，用社会的智力场来弥补个人智力的不足，从而促进科学问题的解决。实质上，科学争鸣是把竞争机制引入科学研究的重要途径之一，有利于科学研究突破个体模式而发展成为集体模式、学派模式，这样就使科学研究由静态变为动态，从而使科学研究呈现出勃勃生机和旺盛活力。科学争鸣能促进你追我赶的科学竞赛，既能促进科学成果的产生，又能促进科学人才的成长。科学争鸣不仅能促进科学学派的形成，而且能推动科学学派的发展。科学争鸣已经成为并将继续成为学派多样性的标识和科学氛围的表征，还是凸显科学精神的必要环境和特殊标志。因而成为促进自然科学家成长和推动科学发展的一种常见动力。例如，法裔美国生理学家罗杰·吉尔曼（Roger Guillemin，1924—　）和波兰裔美国内分泌学家安德鲁·维克托·沙利（Andrew Victor Schally，1926—　）各自领导一个研究脑激素的小组，经过长达20多年的竞争，使他们各自都获得了重大成果。不仅使他们成为脑激素研究的第一流学者，而且培养了一批出色的生理学家和生物学家，他们俩人和美国女医学物理学家罗莎琳·萨斯曼·耶洛（Rosalyn Sussman Yalow，1921—2011）一起共同荣获了1977年诺贝尔生理医学奖。

自然科学的发展道路崎岖坎坷，自然科学家不仅要进行执着的探索、大胆的实践，还要进行激烈的争鸣和广泛的传播，更要矢志不渝地坚守科学理性和批判反科学思潮。科学争鸣把竞争机制引入科学研究，使科学研究公开竞争、平等竞争、优胜劣汰，既促进了对真理的证实和传播，又加速了对谬误的揭露和抛弃。在自然科学发展史上，许多正确学说（如日心说、生物进化论等）都是通过激烈的科学争鸣而被加速证实和传播的，许多错误学说（如地心说、燃素说等）都是通过科学争鸣而被加速推翻和抛弃的。自然科学因争鸣而革故鼎新，自然科学家因争鸣而互学互鉴。

科学争鸣在科学发展中是普遍存在的，只要科学存在和发展着，科学争鸣就会伴随着。科学发展永远不会完结，科学争鸣也就永远不会消失。由于科学争鸣是解决科学矛盾的一种基本方法和有效途径，是提高自然科学家智能的放大器，是促进科学人才成长和推动科学发展的加速器，因此，学术观点的争鸣不仅是正常的现象，而且是经常的现象、可喜的现象，因为这正是科学研究发展的环节和兴旺的表征。激烈的科学争鸣可以促进思维互动，既可以促进不同观点（尤其是对立观点）的竞争，又能促进相近观点（尤其是相同观点）的协同，这恰是促进科学发展和催生科学理论的两条途径。科学争鸣在思想交流和观点争论中激发出许多新思想和新观点，从而推动创新人才不断涌现，促进智慧的火花竞相迸发，进而促进科学成果诞生。观点不争不清，真理不辩不明。自然科学家在争鸣中甄别是非、去伪存真，自然科学在争鸣中优胜劣汰、发展繁荣。自然科学家在共鸣中求同，在争鸣中存异；在探索中互学，在交流中互鉴；在沟通中互补，在合作中共享。因此，我们不仅要科学认识和正确对待科学争鸣，而且要多方鼓励和大力提倡科学争鸣，尊重差异，包容多样，努力为科学争鸣的开展创造有利条件，尽量减少或消除不利于科学争鸣开展的各种因素，尽快形成在国内外都有重大影响的科学学派，努力开创科学发展“百花齐放，百家争鸣”的新局面。特别是中国科技界有集中力量办大事的制度优势和团结协作、联合攻关的优良传统，中国科技工作者更应大力增强科学探索、科学研究、科学创造的自觉自信，在更大范围、更广领域、更深层次、更高水平上主动积极地开展卓有成效的科技合作，在开创性理论研究上下功夫，在开拓性实践应用上求成效，尽快形成具有中国智慧、中国风格、中国气派，体现中国精神、中国创造、中国优势的自然科学学派，促使我国科技领域快出人才，多出人才，出大人才；促进我国科技人才快出成果，多出成果，出大成果。

第二十一章　正确对待机遇与灵感

纵观科学技术史可以发现，在科学技术研究和科技写作中确实存在着机遇和灵感，但机遇和灵感并不神秘。从辩证唯物主义的观点看，所谓机遇和灵感，实质上是量变引起的质变，偶然表现的必然，外因通过内因而起作用。这样，用3句话就把机遇和灵感解释明白并认识清楚了，既高度概括又异常深刻：从表面上看，机遇是外在的，但实际上机遇并不是纯粹外在的，而是由外在因素和内在因素共同决定的；从表面上看，机遇是客观的，但实际上机遇并不是纯粹客观的，而是由客观因素和主观因素共同决定的；从表面上看，机遇是外因，但实际上机遇并不是纯粹的外因，而是由外因和内因共同决定的。

正如法国著名生物学家巴斯德所说："在观察的领域中，机遇只偏爱那种有准备的头脑。"[①]换言之，"有准备的头脑"将会获得更多的机遇。这里所谓"有准备的头脑"就是指内在因素、主观因素、内因。可见，机遇不能脱离内在因素、主观因素、内因而孤立地发生作用。机遇正是外在因素通过内在因素而起作用，客观因素通过主观因素而起作用，外因通过内因而起作用。例如，自然科学史上曾有牛顿看到苹果落地而发现万有引力定律的传说。众所周知，苹果落地这是一种司空见惯的现象，在牛顿之前有很多人看到了苹果落地，但他们或捡起来吃了，或捡起来拿走，不仅没有发现万有引力定律，根本就没有想到万有引力定律。为什么？没有内在因素、主观因素、内因。对于这些人来说，看到了苹果落地只是捡苹果的机遇或是吃苹果的机遇，而根本不可能是发现万有引力定律的机遇。而牛顿则对万有引力定律已经研究和思考了很长时间，即牛顿对万有引力定律这一问题的研究和思考已经经历了长期的、艰苦的量变，且已量变到再稍有量变就会引起质变的关键节点上。这时，牛顿看到苹果落地便导致了发现万有引力定律。我们要向牛顿等杰出自然科学家学习，在机遇未来临时，养精蓄锐，充分准备；在机遇来临时，积极争取，大胆尝试，紧紧抓住，切实用好。

机遇往往与风险相伴、与困难相随、与挑战同在，如果见风险就躲，见困难

---

① 贝弗里奇. 科学研究的艺术[M]. 陈捷，译. 北京：科学出版社，1979：35.

就绕，见挑战就退，那样就会失去许多机遇。对于机遇，既不能消极地等待，也不能靠别人的恩赐，而必须通过自己的主观努力去积极争取。即使暂时没有机遇，仍然要做充分准备。只要善于发现，则机遇无处不在；抓住机遇，潜力无限。许多杰出自然科学家的经历证明：条件在于创造，机遇在于争取，前途在于奋斗，关键在于自己。一个人内在素质越高、主观条件越好、内因越优，则识别机遇的能力就越强，选择机遇的时空范围就越大，从而获得机遇的概率就越大。所谓创造机遇，就是指通过提高自身素质、优化主观条件和充实内因去提高识别机遇的能力、扩大选择机遇的范围和增大获得机遇的概率，从而把原本并不属于自己的机遇也变成了自己极好的机遇。的确，机遇永远不会是等来的，人生中的许多机遇都是创造出来的。因此，机遇不是无端的巧合或意外的获得，不能被动消极地坐等机遇的到来，而应主动积极地去努力创造机遇和全力争取机遇，特别是要在提高内在素质上花大力气，在优化主观条件上下苦功夫，在充实内因上多做努力。

在机遇问题上，人们存在的常见问题有 3 种：一是不能敏锐识别和发现机遇；二是不能及时捕捉机遇；三是不能充分有效地利用机遇。要解决这 3 种问题就必须具有 3 种能力：一是正确识别和敏锐发现机遇的能力；二是及时捕捉机遇的能力；三是充分有效利用机遇的能力。如何充分有效地利用机遇？法国生物学家巴斯德的回答是“机遇只偏爱那种有准备的头脑”，即应在具有“有准备的头脑”上狠下功夫。请注意，这里“有准备的头脑”具有非常丰富的含义，不仅是指勤奋的头脑、积累的头脑，而且是指聪明的头脑、智慧的头脑，更是指能高瞻远瞩、有远见卓识的头脑。换言之，“有准备的头脑”就是指具有敏锐识别和发现机遇能力、及时捕捉机遇能力和充分有效利用机遇能力的头脑。机遇固然必要和需要，但“有准备的头脑”则更为根本、更加重要。有心，方有机遇。只有做科学的有心人，才更容易成为机遇的获得者，特别是长期执着于自己感兴趣的研究就更容易获得机遇。

正因为机遇是外因通过内因而起作用的结果，所以机遇不能脱离内因而孤立地发生作用。内因是产生机遇的根据，外因是产生机遇的条件。没有内因就没有获得机遇的可能，就根本不会有机遇。有了内因就有了获得机遇的可能，当然，要把这种可能变为现实还要受到外因的影响和制约。既不能否认获得机遇的可能性，又不能否认把这种可能性变为现实的复杂性和艰巨性。不言而喻，在具有了内因之后，还要善于正确识别机遇、敏锐发现机遇、及时捕捉机遇和充分利用机遇。识别、发现、捕捉、利用机遇的能力是一个人固有能力的外部表现，它归根结底是由人的素质决定的。看不见机遇是愚人，抓不住机遇是笨人，不能充分有效利用机遇是庸人，错过了机遇是蠢人。抓住一次机遇往往就会改变一生，错过一次机遇常常就会遗憾一生。能力正是在识别、发现、捕捉和利用机遇中增强，素质正是在识别、发现、捕捉和利用机遇中提高。杰出自然科学家从不抱怨自己缺乏机遇，他们深信执着一件有意义的事情足够久一定会有机遇。的确，人的一生中实际面临的机遇远远多于已经利用的机遇，这说明人生中并不缺少机遇，但缺少对机遇的正确识别与及时捕捉，更缺少对机遇的科学把握和高效利用。俗话说："机不可失，时不再来。"时间不停步，机遇不等人。机遇稍纵即逝，当机遇来临时千万不能放弃。我们一定要抓住机遇，发展自己。学习创造机遇，奋斗赢得机遇。可以形象地说，机遇是赐予有志者的报酬，是赐予思想者的待遇，是赐予创造者的奖励，是赐予奋斗者的红利。愚蠢者等待机遇，聪明者抢抓机遇，智慧者创造机遇。挑战与机遇同在，风险与风光并存，所有的挑战都蕴藏着机遇，所有的机遇都意味着挑战；挑战是一种机遇，机遇更是一种挑战。我们要抓住并充分有效地利用每一次机遇，迎接并战胜每一次挑战，不失时机地做好科学研究工作和其他一切对人类有益的工作。

第一个对电和磁现象进行系统研究的英国物理学家吉尔伯特曾说："灵感是知识之泉涌动的浪花，是激情之火喷射的火焰。"[①]

纵观科学技术史可以发现，在科学技术研究、创造、写作中确实存在着灵感。由于科学灵感在产生时间上具有突然性、瞬间性，在产生方式上具有随意性、多样性，在产生路径上具有不确定性、超常性，使科学灵感具有不可预料性和难于解释性。但灵感并不神秘，从辩证唯物主义哲学观点看，灵感同机遇一样，也是量变引起的质变、偶然表现的必然、外因通过内因而起作用。的确，科学认识是一个由量变到质变的过程，只有量变积累到一定程度——再发生量变就引起质变时，才能产生科学灵感。可见，科学灵感只不过是科学认识中的一种特殊的飞跃现象，是科技工作者辛勤劳动所得到的一种特殊的奖赏，是科学研究需要苦干和巧干的一种特殊而有趣的证明。灵感是科技工作者在创造过程达到高潮时所出现的一种最富创造性的心理状态。灵感不会凭空产生，更不能不劳而获。不可能拣到别人现成的灵感，灵感只能自己产生。要产生灵感，必须不断提高自己的素质和进行长期的、艰苦的量变，不能幻想灵感的产生或坐等灵感的出现。为了产生灵感，只有积累着，时刻积累着；量变着，时刻量变着；研究着，时刻研究着；思考着，时刻思考着；实践着，时刻实践着。对于科学灵感，无论在别人看来是

① 文二甲．名人与你同生日丛书（第二辑）[M]．太原：山西人民出版社，2000：97．

多么离奇、神秘和不可思议，而对于产生灵感的科技工作者本人来说，却像瓜熟蒂落、水到渠成一样自然而然。既不能否认科学灵感的存在，又不能把科学灵感神秘化；既不能有意制造灵感，也不能不进行艰苦探索而把成功寄托在灵感的到来上。空等灵感无非是守株待兔、刻舟求剑。要产生科学灵感，只能在提高素质上下苦功夫，在长期积累、艰苦量变上做充分准备。只要持之以恒地苦心钻研，锲而不舍，总有一天会功到自然成，科学灵感油然而生，做出科学上的重大发现或技术上的重大发明。

机遇稍纵即逝，灵感一触即发。我们要抓住并有效利用每一次机遇，珍惜并捕捉每一个灵感，为科学的发展做出自己的贡献。机遇不是偶然的巧合，而是长期积累的结果；灵感不是意外的所得，而是长期积累的收获。可见，机遇不会唾手可得，灵感不会凭空产生。从特定意义上可以说，机遇和灵感都是厚积薄发的过程，唯有厚积，方能薄发，积累越是雄厚，薄发越有力度。正因为机遇和灵感都只偏爱那些有准备的人，即都只偏爱那些有积累的人，所以积累对科技工作者来说是至关重要的，要正确对待机遇和灵感，就必须高度重视积累。

科学创造是量变与质变、积累与突破、继承与创新对立统一的辩证过程，量变是质变的准备、积累是突破的基础、继承是创新的前提。自然科学家成长的史实证明：只有经历才能逐渐成熟，长期积累才能不断丰富，通过坎坷才能深刻领悟。的确，没有量变哪有质变？没有积累哪有突破？没有继承哪有创新？可见，积累对于科技工作者是不可缺少的和非常重要的，因为积累既是提高自身素质的过程，也是产生灵感和创造机遇的内因。中国核物理学家钱三强（1913—1992）指出：“科学需要积累。科学需要合作。所谓积累，一方面是历史的积累。每一项新的研究，都要在前人工作的基础上进行。不彻底了解本领域内已经弄清楚和尚未弄清楚的问题，就像盲人骑瞎马一样，是不行的。另一方面是个人的积累。从一个科学上的新手成长为成熟的、有经验的研究工作者，不但要有知识的积累，更重要的是要有多方面实践的锻炼。我自己深有体会，有没有后面这一种积累是大不一样的。”①对于科技工作者来说，积累包括客观条件积累和主观条件积累。一般地说，客观条件积累主要包括研究对象客观过程发展及其表现程度积累（客观过程及其本质已经充分暴露）、社会需求积累、科学技术积累、实验条件积累等；主观条件积累主要包括资料积累或称信息积累、素质积累（包括智力因素的积累和非智力因素的积累，如知识积累、方法积累、能力积累、学术思想积累、思维

① 钱三强．重原子核三分裂与四分裂的发现[M]．北京：科学技术文献出版社，1989：91．

品质积累、道德品质积累等）和实践积累（亦可称经历积累，如体验积累、经验积累、教训积累等），这些积累都是人生最重要的无形资产和最宝贵的精神财富，都是促进成才的条件、通向成功的路基和攀登科学高峰的阶梯。知识的积累固然需要和必要，但实践的积累则更为需要和重要。

中国春秋末年的哲学家、先秦道家学派的创始人老子说：“图难于其易，为大于其细。天下难事，必作于易，天下大事，必作于细。”①同理，科学研究始于积累，科学成果源于积累，自然科学家的成长基于积累。著名英国科学家、科学学创始人之一贝尔纳认为科学“是一种积累的知识传统”②。自然科学史上的大量事实证明：科学创造始于科学问题，孕于科学积累。丹麦天文学家第谷一生持之以恒地进行天文观测，一共积累了 777 颗星的详细而准确的资料，为德国天文学家开普勒发现行星运动三定律奠定了基础。日常工作孕育伟大，平凡岗位诠释崇高。积累不仅能促进量的增加，而且孕育着质的飞跃；积累不仅是充实的过程，而且是提升的过程；积累不仅是学习的过程，而且是创造的过程。有经历就有成长，有积累就有提高。自学成才的数学家华罗庚曾深有体会地说：“科学上的发现都是日积月累长期辛勤思考的结果，都是每一步看来不难，但却是步步积累的结果。我们在平时是否经常思考问题，在解决科学研究的重大问题时，是会明显地见出高低的。解决任何一个科学上的重大问题，都必须突破重重困难，而对于一个平常注意思考问题的人来说，由于有些问题他早已想过，很可能只剩下少数几个大关口需要突破。这样的人搞起研究来，就可以比别人少用时间，而且他也有可能比别人看得更远，想得更深更透。”③“科学成就是由一点一滴积累起来的。唯有长时期的积聚才能由点滴汇成大海。科学本身在经常不断地考验自己，在经常考验中把人类的经验积累起来，这样，才会解决更大的问题，才会更完整地解决问题。”④华罗庚还把自己的感受概括成一句至理名言：“聪明在于学习，天才由于积累。”⑤这些都是华罗庚的切身体会、肺腑之言和经验之谈，既是对积累必要性、重要性的精辟论述，也是对成功、成才奥秘的深刻揭示。

科学探索的长期性、复杂性、艰巨性决定了积累的长期性、复杂性、艰巨性。

---

① 老子．老子[M]．卫广来，译注．太原：山西古籍出版社，2006：109.

② 贝尔纳．历史上的科学[M]．伍况甫，等译．北京：科学出版社，1981：6.

③ 华罗庚．华罗庚科普著作选集[M]．上海：上海教育出版社，1984：292.

④ 华罗庚．华罗庚科普著作选集[M]．上海：上海教育出版社，1984：257.

⑤ 华罗庚．华罗庚科普著作选集[M]．上海：上海教育出版社，1984：282.

确实，积累是一个异常艰苦的漫长过程，贵在持之以恒，难在与时俱进，但坚持数年必有收获。俗话说，积小成大，积少成多，积土成山，积水成渊，聚沙成塔，水滴石穿。正如中国古代著名哲学家老子所说："合抱之木，生于毫末；九层之台，起于累土；千里之行，始于足下。"①一个人的成长需要漫长时间的积累，积累才能提高，积累才能进步，积累才能成长。人生就是个积累过程，每个人的现在都是过去的积累，从这个意义上可以说经历就是财富，无论是经验还是教训，都是沉甸甸的收获。经历得越多，体验就越多，积淀就越厚重，底蕴就越深厚。处处留心皆学问，时时积累均有益。积累才能丰富，积累才能充实，积累才能睿智，积累才能成才；积累才有经验，积累才有机遇，积累才有财富，积累才有底蕴。从特定意义上说，成长比成功更重要。经历过风雨，就是人生的积累；学会了面对，就是人生的成长。人生路上有雨有风，经历才会让人变得从容；科学研究有得有失，积累才能使人变得聪明。持续的积累充分体现了平常之中的坚强意志、平静之中的满怀激情、平凡之中的伟大追求和普通之中的崇高精神。积累就有收获，奋斗就有期待，坚持就有机遇。积累不仅可以提高人生财富（包括物质财富和精神财富）的增量，而且可以增加人生财富的总储量。要善于积小成为大成：细节虽小，积之必巨；每日提升虽小，累之必高；每日学习虽少，积之成宝。我们要以华罗庚等杰出自然科学家为榜样，不断增强积累意识，随时随地搜集一切有用信息，博观而约取，厚积而薄发，夯基垒台，厚积成势；肯于在长期积累上花大力气，善于在艰苦量变上做充分准备，乐于在提高素质上下苦功夫。汇细流而成沧海，积跬步以至千里；蓄文化而厚底蕴，储经验而凝智慧。在科学研究上也是按劳取酬的，耕耘总有收获，付出总有回报。只要我们积累着、时刻积累着，持之以恒，锲而不舍，总有一天会瓜熟蒂落、水到渠成、苦尽甘来，实现由量变向质变的飞跃、积累向突破的飞跃、继承向创新的飞跃、平凡向伟大的飞跃！

我们要牢记并践行华罗庚的名言："积久见力聚，压重出能耐。"②日日行不怕千里远，时时做不怕万事难。只要既持之以恒又与时俱进地坚持积累，就一定能做到厚积薄发，行稳致远。

在日常中注重积累，在积累中寻求突破，在突破中实现飞跃！

---

① 老子．老子[M]．卫广来，译注．太原：山西古籍出版社，2006：111．

② 孙其严，朱志良．中国当代科学家锦言[M]．北京：科学出版社，1990：225

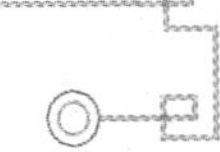

态度与自然科学家

众所周知，态度是指人的举止神情，反映人的心理状态，表现为对人、物、事的看法和所采取的行动，如生活态度、工作态度、人生态度等。心理学家认为态度是刺激与反应之间的中介因素，由认知、情感、意向或行为三要素所共同组成，即态度是认知、情感、意向或行为的统一体，认知是态度的基础，情感是态度的核心，意向或行为是态度的表现。可见，人的态度是内在与外在的统一，理智与情感的统一，认知与行动的统一。态度是人内在心理状态的外在表现，它归根结底是由人的素质决定的，是人固有素质的外在表现。

人总是生活在自然环境、社会环境、精神环境之中，要接触各种各样的人、物、事，有许多需要科学认识、正确对待和妥善处理的事情。从纵向看，我们要正确对待过去、现在和未来；从横向看，我们要正确对待自己、他人和社会。我们还要正确对待机遇与灵感、客观条件与主观条件、逆境与顺境、失败与成功、事业与家庭……要正确认识和妥善处理这一切，关键在于以什么样的心境和眼光去看待和对待这一切，即都需要有正确的、积极的态度。态度既是决定心理健康的重要条件和关键因素，又是反映心理健康的重要表征和关键指标，要增进心理健康，也必须确立正确的、积极的态度。

顾名思义，态度就是指一个人存在和表现的状态。态度是时间的函数，对应于每一个时间，都存在一个态度。不管自己是否意识到，一个人的态度总是客观存在的，并时时刻刻对自己和环境发生作用、产生影响。不同的态度表现为不同的言行，产生不同的结果。一般地说，积极的态度表现为积极的言行，产生积极的结果；消极的态度表现为消极的言行，产生消极的结果。

态度是一个人精神状态的集中体现、素质的综合反映和境界的主要标志。人与人最关键的差别是态度上的差别，其他许多差别会通过这一差别表现出来。在态度中最重要的是人生态度和对待自己的态度。

人生态度是世界观、人生观、价值观、幸福观、荣辱观的综合反映和集中体现，世界观、人生观、价值观、幸福观、荣辱观往往是通过人生态度来支配言行的。观念决定态度，态度决定行为，行为决定质量，质量决定价值。可见，态度是很关键的，从特定意义上可以说，正是态度决定着质量和价值：生活态度决定生活质量和价值，工作态度决定工作质量和价值，人生态度决定人生质量和价值。人生态度决定和制约着生活态度和工作态度，生活态度和工作态度反映和体现人生态度。人生有悲有喜，有聚有散；有苦有甜，有愁有乐；有失有得，有沉有浮；有爱有恨，有生有死……这一切都需要靠正确的态度去理性对待。可见，人生态度是至关重要的。

对待自己的态度也很重要。每个人都应该清醒地意识到和明确地认识到：自己怎么做表现自己的品质，别人怎么做表现别人的品质，千万不能把别人的不良行为作为自己不良行为的理由和借口。因为对待自己的态度决定和制约对待工作、他人和社会的态度，而对待工作、他人和社会的态度反映和体现对待自己的态度。可见，对待自己的态度非常关键。从根本上说，只有正确对待自己才能正确对待工作、他人和社会。千万不要把对待工作、他人和社会的态度与对待自己的态度割裂开来、孤立起来，甚至对立起来，而要确立“对待工作、他人和社会的态度就是对待自己的态度”的新理念，站在对自己负责的高度去看待、认识和端正对待工作、他人和社会的态度。态度既是衡量一个人素质高低的刻度尺，也是检验一个人境界高低的试金石。态度总是由自己控制和决定的，正确的态度能展现自己，发挥自己，发展自己，实现自己，成就自己；不正确的态度则能扭曲自己，束缚自己，浪费自己，埋没自己，毁灭自己。要以责人之心责己，以恕己之心恕人。只要有了正确的态度，无论身处顺境还是逆境，都能荣辱不惊地以平和的心态去积极应对，任何问题都会有解决的办法。例如，改变不了环境，但可以改变自己；改变不了过去，但可以改变现在；改变不了事实，但可以改变态度；改变不了别人，但可以设法努力做好自己……可见，态度的作用不可低估。对于一个人来说，不在于他具有什么样的客观条件和主观条件，关键在于他以什么样的态度对待条件；不在于他处于顺境还是逆境，关键在于他以什么样的态度对待环境；不在于他是获得了成功还是遭到了失败，关键在于他以什么样的态度对待成功和失败。同理，生活的好与坏不只在于生活本身，关键在于对生活的态度；工作的苦与乐不只在于工作本身，关键在于对工作的态度；人生是否幸福不只在于人生经历本身，关键在于对人生的态度；一个人是否年轻不只在于年龄本身，关键在于心态。岁数年轻只是短暂的、阶段性的年轻，心态年轻才是长久的、可持续的年轻。可以毫不夸张地说：态度可以反映一切，态度可以改变一切，态度可以决定一切。态度反映素质的优劣和境界的高低，态度决定成败，态度决定命运，态度决定人生高度。实质上，生活、工作、人生都是一种态度，态度决定怎样生活，态度决定怎样工作，态度决定怎样度过人生。因此，再忙，也要保持轻松的心态；

再累，也要保持舒畅的心态；再苦，也要保持乐观的心态；再难，也要保持进取的心态。有了正确的心态，就可以快乐学习，乐观工作，幸福生活。

积极乐观的态度既是一种状态、一种心情、一种言行，也是一种素质、一种品格、一种美德，更是一种精神、一种层次、一种境界。成功的诀窍就是要具有积极乐观的态度和开拓进取的精神。因为，只要具有积极乐观的态度，就能找到幸福、快乐的理由，就能产生奋斗、进取的力量，从而做到急而不燥，忙而不乱，难而不倒，苦而不衰，险而不惧，辱而不惊，阻而不退。只有彻底地从自我中解放出来才能树立正确的态度，只有树立了正确的态度才能具有超越自我的勇气和挑战极限的激情，从而才能更好地适应环境及其变化，也才能真正体验到超越自我的快乐和超越极限的兴奋。一句话，有了正确的态度，一切皆有可能，所有的问题都可迎刃而解，什么样的奇迹都会出现。生活、工作、人生的关键都在于态度，一言以蔽之，有正确态度者事竟成。特别是确立积极乐观的心态至关重要，是一个人最为根本、最为深厚和最为重要的修行。

快乐在于心态而不在于物况，幸福不在于拥有什么物质，而在于具有什么精神。人生有百般滋味，智慧人选择从容笑对。鲜花因开放而精彩，心情因开朗而快乐。快乐创造精彩：快乐学习，创造精彩素质；快乐工作，创造精彩事业；快乐研究，创造精彩成果；快乐生活，创造精彩人生。

开心乾坤大，放眼天地宽，快乐福寿长。心理健康，才能身体健康；优化心境，才能走出困境。心静则思远，心明则眼亮，心平则气和，心旷则神怡，心舒则情畅，心正则人正；心静则无扰，心明则无惑，心平则无怒，心阔则无忧，心悦则无烦，心公则无畏。心正路自正，心偏路自偏，心宽路自宽，心窄路自窄。心态正，则作风正，步伐稳，干劲足，能行稳致远；心态好，则状态好，精神焕发，斗志昂扬，能捷报频传。为了确立积极乐观的健康心态，每个人都不仅要努力做到心正、心明、心宽，而且要努力做到心静、心平、心安，更要努力做到心舒、心怡、心悦。只要心中有阳光，人生处处是风景，心情时时都舒畅，工作事事都开心，生活天天都快乐。

只要拥有积极的心态，信心就无处不在、无时不在！
只要拥有进取的心态，干劲就无处不在、无时不在！
只要拥有谦虚的心态，学习就无处不在、无时不在！
只要拥有乐观的心态，快乐就无处不在、无时不在！
只要拥有健康的心态，幸福就无处不在、无时不在！

第二十二章　正确对待客观条件与主观条件

做任何事情都必须具备一定的条件，搞科学研究也不例外。根据自然科学家与环境的区分，可以把自然科学家的条件分为主观条件和客观条件两类。所谓主观条件，就是指自然科学家自身具备的条件，是内在因素，是主观因素，是内因；所谓客观条件，就是指自然科学家具备的外界条件，即自然科学家所处的环境，是外在因素，是客观因素，是外因。正像外因通过内因而起作用一样，客观条件通过主观条件而起作用。客观条件是自然科学家取得成功的必要条件而非充分条件，即客观条件是自然科学家取得成功不可缺少的必要因素，但不是决定因素，主观条件才是自然科学家取得成功的决定因素。任何自然科学家的成功都是主观条件和客观条件共同综合起作用的结果。我们研究自然科学家成功的条件，既要研究客观条件，又要研究主观条件。在一般人看来，科学技术史上有许多自然科学家（如法拉第、爱迪生、居里夫人等）根本不具备从事科学研究的条件，但他们却在科学研究上取得了巨大的成功和辉煌的成就。其实，这是一种误解，或说是一种片面认识。一般人只注意到了这些自然科学家的客观条件，而忽视了起决定作用的主观条件。这些自然科学家虽然客观条件很差，但主观条件却非常好，他们所具有的非凡的智力因素和超群的非智力因素是他们同时代和现代的很多人所不具备的。这些自然科学家正是凭借超常的主观条件，充分发挥了主观能动性和创造力，才战胜了客观环境中的重重困难，在科学上取得了辉煌的成就。同理，在很多人看来，我们现在从事科学研究的条件比科学技术史上的自然科学家好很多，这同样是一种误解或说是一种片面认识。因为我们现在的许多人虽然客观条件很好，但主观条件却远远不如科学技术史上的自然科学家，这一点必须引起人们的高度重视和特别注意。这正是我们研究自然科学家条件的重点和关键所在，也是学习自然科学家的必要性和重要性所在。可见，不能不加分析地简单笼统地说这些自然科学家搞科学研究的条件差，而只能说这些自然科学家的客观条件差，如果这些自然科学家的主观条件和客观条件都差，他们就不会在科学研究上获得成功。我们在与这些自然科学家进行比较时要尽可能全面，既要比较客观条件，又要比较主观条件。我们既要因客观条件比这些自然科学家优越而增强信心，又要因主观条件比这些自然科学家差而加倍努力。自然科学家能做到的，我们也应该而且能够做到。客观条件好不应成为骄傲自满的理由和满足现状的借口，客观条件差更不应成为虚度年华的理由和无所作为的借口，不要只在优化客观条件上做文章，而要在优化主观条件上下功夫，这样才更容易在事业上获得成功。

对于一个人来说，长处和短处都是主观条件，都是内因。如何科学认识和正确对待自己的长处和短处，是如何科学认识和正确对待主观条件的一个重要方面。不管自己是否已经意识到，一个人的长处和短处总是客观存在的，并对自己发生作用和产生影响。如何科学认识和正确对待自己的长处和短处？自然科学家用一生的言行所做出的回答也为我们提供了有益的启迪。例如，英国著名物理学家、化学家法拉第就是用科学的态度和方法正确认识和对待自己的长处和短处的典范。一方面，法拉第特别善于通过扬长避短去充分发挥自己的才能和优势：由于家境贫寒，他 7 岁上学，9 岁退学，13 岁就到里波书店当学徒。因为没有条件进学校受系统的正规教育，数学基础很差，他就充分利用自己惊人的想象力，发挥形象思维的特长，提出了场和力线的概念及近距作用的观点，还发挥非凡的实验才能，发现了电磁感应现象和电磁感应定律、电解定律等，成为科学史上罕见的多产科学家，使自己的科学成果远远超过了数学比他好的人，并形成了独特的研究风格。另一方面，法拉第还非常重视扬长补短，不断提高自己的素质和水平：他终身坚持勤奋自学，在里波书店当学徒相当于上了小学和中学，作为实验助手、文书、仆人随戴维夫妇到欧洲做了为期两年半的科学研究旅行相当于上了大学，在英国皇家学院当实验室助手相当于读了研究生，成为自然科学史上自学成才的光辉榜样。能够科学认识和正确对待自己的长处和短处也是法拉第成功的主要原因之一。实际上，一个人的长处和短处是相比较而言的，是相对应而存在的，并在一定条件下相互转化。在科学研究中，成功往往是长处的发挥，失败则常常是短处的积累。一般地说，在发挥已有才能时要扬长避短，在提高自身素质时要扬长补短；换言之，在战术上要扬长避短，在战略上要扬长补短。一个人既要善于通过扬长避短去充分发挥自己已有的才能和特长，又要善于通过扬长补短去着力提高自己的素质和水平。扬长补短的基本途径有两条：一是学习，二是实践。我们要虚心向别人（尤其是杰出自然科学家）学习，取人之长补己之短。的确，一个人如果短太多，光靠避是避不过来的，而必须通过扬长补短来减少短和增加长，最好能把短变为长，从而消灭短，这样才有长可扬并且无短需避！

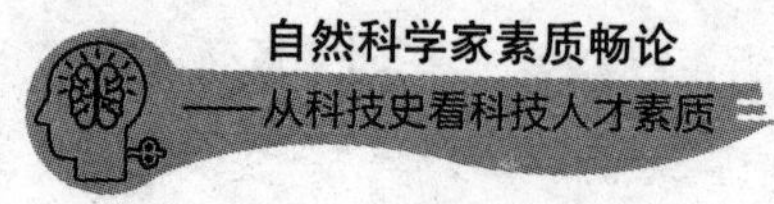

科学史的大量事实证明：科学成就与客观条件虽有一定关系但并不成正比，即并不是客观条件越好科学成就就越大。值得注意的是，往往不是客观条件最好的自然科学家优先取得成功，而常常是一些客观条件极差的人出人意料地取得了巨大的成功。尤其是开拓性的重大科学发现，往往是由一些不知名的小人物在极端困难的条件下做出的。居里夫妇关于放射性元素钋和镭的发现就是小人物用最简陋的实验室做出重大科学发现的典型。与居里夫妇处于同时代的有许多人是专门从事科学研究工作的科学院中的著名科学家或名牌大学中的权威教授，他们的科研经费非常充足，实验条件特别先进，其中有不少人在研究贝克勒耳射线，但他们并没有做出重大科学发现。刚刚开始科学研究生涯的居里夫人与丈夫密切合作，在一个极其简陋的棚屋中利用一口大锅艰难地进行着从沥青铀矿残渣中提炼镭的工作，经过 45 个月的忘我工作，终于从 8 吨沥青铀矿残渣中提炼出了 0.12 克氯化镭。镭的发现轰动了全世界。这充分说明，在科学研究过程中，起决定作用的是主观条件而不是客观条件。

让我们以杰出自然科学家为榜样，不仅要从理论上深入研究和科学认识，而且要在实践中正确对待和妥善处理主观条件与客观条件的关系。客观条件固然必要和需要，但主观条件则更为根本和更为重要。因为如何科学认识、正确对待和有效利用客观条件是由主观条件决定的。我们不仅要在优化客观条件上多努力，更要在优化主观条件上下功夫；不仅要充分有效地利用客观条件，更要充分高效地发挥主观条件，努力使主观条件与客观条件相互促进、相得益彰。

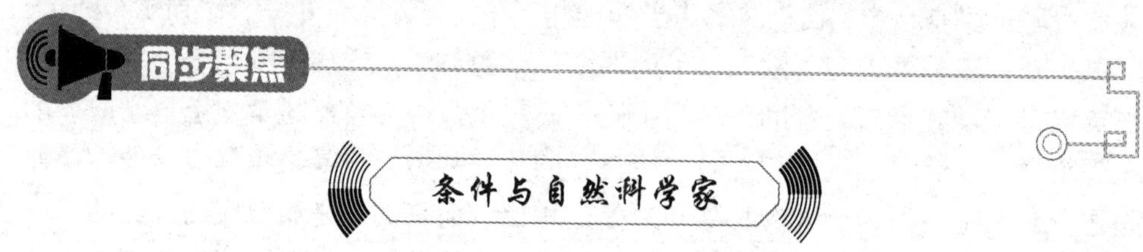

条件与自然科学家

众所周知，条件是指构成或影响事物发生、存在、发展的因素。所谓自然科学家的条件，就是指决定或影响自然科学家生存、发展的因素，通常是指决定或影响自然科学家生活、工作的因素，即决定或影响自然科学家成长、成功、成才的因素。所谓科学研究的条件，就是指决定或影响科学研究的因素。做成功任何事情都必须具备一定的条件，科学探索、科学研究、科学创造也不例外。

从不同角度出发、按照不同的标准可以把条件划分成不同的类型，如生活条件与工作条件、主观条件与客观条件、有利条件与不利条件、必要条件与充分条件等。条件是资源，看你如何去开发利用；从特定意义上也可以说，条件是可能性，看你如何把它变成现实。所谓创造条件，就是指利用超常的主观条件去优化、利用客观条件，使原来不可行的事情变为可行——使原来的不可能变为可能并把可能变为现实。自然科学家的经历告诉我们：一个人在事业上能否成功不仅在于他具备什么条件，更在于他以什么样的态度对待条件和用什么样的行动去有效利用条件；他不仅要充分有效地利用有利条件，也要克服、战胜不利条件，并尽最大可能将不利条件转化为有利条件。

在现实世界中，没有条件的人总在梦想着有条件，而有条件的人却往往不懂得珍惜、不能充分有效地利用，这是人间的一大憾事。没有条件的人无所作为虽不应该，却情有可原；有条件的人无所作为则更为可惜，更令人遗憾。因而，我们在强调“没有条件的人不要悲观失望，而要开发、创造条件”的同时，更要强调“已有条件的人要知珍识贵，要充分有效地利用”，从而使没有条件的人和已有条件的人都能大有作为！

一切以时间、地点、条件为转移。一个人的条件是不断发展变化的，要与时俱进地主动适应条件及其变化，因时制宜，因地制宜，因条件制宜。例如，科研方向的确定、科研课题的选择、科研方案的制订与实施等都应具体情况具体分析，因人而异，因条件而异。当然，我们既要承认条件的作用，又不能唯条件论。在科学研究中同样需要做到有条件要上，没有条件创造条件也要上。在科学研究中同样是条件在于创造，机会在于争取，前途在于奋斗，关键在于自己。

关于条件这一问题，在科学史上还有一个特别需要关注和非常值得认真研究的现象——有些残疾人成为自然科学家（如霍金、高士奇等）。为什么这些身体有欠缺的残疾人在科学研究上所取得的成就比许多身体健康的正常人还要大？是这些残疾人的条件比正常人好吗？显然不是，而是这些残疾人比正常人付出了更为艰辛的努力，克服了更多和更大的困难。试想，如果正常人也能像残疾人那样努力、那样有毅力，那该取得多大的成就呢？事情往往就是这样，残疾人特别羡慕正常人，总盼着能成为一个正常人，而正常人却往往不懂得珍惜和不能像残疾人那样奋发努力。这些身残志坚的自然科学家是“没有条件、创造条件也要上的典范”，他们不仅展现了攀登科学高峰的坚强意志、拼搏精神和非凡智慧，同时也诠释了生命的伟大、生命的顽强和生命的美好，格外令人钦佩、称颂和敬仰。我们要虚心向他们学习，珍惜自己已有的条件，既充分又高效地利用自己已有的条件，并努力开发、创造自己未有的条件，奋力拼搏，超常发挥。

无数成功自然科学家的事迹证明：事在人为，路靠人开。已有的条件在于发挥、利用，未有的条件在于开发、创造。条件好不应成为虚度年华和骄傲自满的理由，条件差不应成为悲观失望和无所作为的借口。一个人既要立足于自己已有的条件而起步，又要超越自己已有条件的束缚而驰骋。我们应该科学认识、正确对待和高效利用自己已有的条件并积极开发和努力创造未有的条件，主动积极地优化主观条件，充分高效地利用客观条件，努力使自己的一生硕果累累、精彩纷呈。

第二十三章　正确对待逆境与顺境

自然科学家总是生长在一定的环境之中，时时刻刻都要受到环境的作用、影响和制约，脱离环境的自然科学家是不存在的。环境包括主观环境和客观环境，每个自然科学家的生活、工作、成长都既受主观环境的作用和影响，又受客观环境的作用和影响，因此，如何主动创造、不断优化和高效利用自己的主观环境和科学认识，正确对待、有效利用客观环境是至关重要的。从对成长、成才、成功和科研工作是否有利的角度，可以把自然科学家所处的环境划分为两大类——逆境和顺境。由于环境又分为主观环境和客观环境，因而主观环境和客观环境都可以进一步分为逆境和顺境。不仅要科学认识和正确对待主观环境的逆境与顺境，而且要科学认识和正确对待客观环境的逆境与顺境。

所谓主观环境的逆境，就是指对自然科学家成长、成才、成功和科学研究特别不利的主观条件，如身体残疾或多病、不健康的心理、不良的情绪、不正确的心态等；所谓主观环境的顺境，就是指对自然科学家成长、成才、成功和科学研究特别有益的主观条件，如健康的身体和心理、坚强的意志和毅力、积极向上的心态和乐观进取的精神等。同理，所谓客观环境的逆境，就是指对自然科学家成长、成才、成功和科学研究特别不利的客观条件，如反动势力的扼杀、习惯势力的阻挠、学术权威的压制、社会舆论的伤害等；所谓客观环境的顺境，就是指对自然科学家成长、成才、成功和科学研究特别有利的客观条件，如充足的经费、先进的实验设备、社会舆论的支持、有效的激励政策、良好的社会环境等。由上述定义可以看出，主观环境的逆境和顺境与客观环境的逆境和顺境是有明显区别的：客观环境的顺境不一定有益，客观环境的逆境不一定有害，关键在于以什么样的态度对待。以正确的态度对待都是有益的，以错误的态度对待都是有害的；而主观环境的顺境则绝对是有益的，主观环境的逆境则绝对是有害的（当然也有如何对待的态度问题）。因此，对于主观环境来说，主要是如何主动创造和长期保持顺境，以及如何尽量减少和避免逆境的问题；而对于客观环境来说，主要是如何科学认识和正确对待逆境与顺境的问题。主观环境如何不仅关系到主观环境的质量、层次和水平，而且对如何认识和对待客观环境起着决定性作用。换言之，主观环境不仅关系到主观环境本身的状况，而且决定能否科学认识和正确对待客观环境。可见，客观环境固然必要，但主观环境则更为根本。

主观环境中最重要的是要高度重视和大力加强对主观世界的改造，特别是要高度重视和大力加强精神家园建设。人的精神家园是相对于人的物质家园而言的，是一个形象的比喻。所谓人的精神家园，从字面上讲，就是指一个人的精神之家，即一个人家中的精神庭院；从含义上看，就是指一个人精神生活的主观环境，即对一个人精神世界的通俗化、形象化表达，是指一个人建立在理想信念基础之上的精神认同、精神追求和精神寄托，是一个人心灵的归宿、情感的寄托和精神的支撑。精神家园是心理、情感、精神的统一，是世界观、人生观、价值观、幸福观、荣辱观的综合反映和集中体现。如果说物质家园是“放身”的地方，那么精神家园就是“放心”的地方；从功能上看，精神家园就是培育、滋养人的精神及抚慰、安顿人的心灵的场所，是一个人灵魂的家园和心灵的港湾，是一个人的精神支柱、精神期盼和精神归宿，是一个人精神营养的源泉和精神动力的能源。可见，家不仅是物质生活资源的供应者，而且是精神营养的提供地；不仅是认知的启蒙学校和养成良好习惯的场所，更是铸造文明举止和道德境界的熔炉。

人们对传统“家”的概念应有新的理解和认识。就像人的健康包括身体健康和心理健康一样，每个人的“家”都包括既相互联系和相互区别，又相互作用和相互制约的两个部分——物质家园和精神家园。人的生存不仅需要一个充裕的物质家园，而且更需要一个丰富的精神家园。没有精神家园的家是不完整的和不完美的，也得不到真正的幸福和快乐。精神家园与物质家园是既有区别又有联系的：物质家园是有形的，精神家园是无形的；物质家园是客观存在的，精神家园是主观存在的；物质家园是一种物质存在，精神家园是一种精神存在；物质家园是显在的，精神家园是潜在的。物质家园是精神家园的物质基础，精神家园是物质家园的精神升华；如果说物质家园是家的经济基础，那么精神家园就是家的上层建筑；物质家园为人生活提供物质条件和物质保障，精神家园则为人生活提供精神动力和精神支撑；物质家园建设状况反映人物质生活的状况、质量和水平，精神家园建设状况反映人精神生活的状况、质量和水平；物质家园建设好了可以使人安身，精神家园建设好了可以使人安心。人们从思想上越来越明确地认识到并且从实践中越来越深刻地体会到物质家园建设固然需要和必要，但精神家园建设则更为重要、更为根本和更为紧迫。杰出自然科学家在精神家园建设上为我们树立了光辉的榜样，我们要虚心向杰出自然科学家学习，不仅要在理论上深入研究和科学认识，而且要在实践中正确对待和妥善处理物质家园建设与精神家园建设的关系，使两者有机结合、互相促进、协调发展和可持续发展；我们要以杰出自然科学家为榜样，对自己的精神家园潜心研究、精心设计、用心施工、全心建设。

本章重点研究如何科学认识和正确对待客观环境的逆境与顺境，为叙述简便和表达简洁，把客观环境的逆境简称为逆境，把客观环境的顺境简称为顺境。

顺境是人们所期盼的，却不是总会出现的，往往是很少出现的；逆境是人们所不希望的，却是很难避免的，甚至是经常出现的。如何科学认识和正确对待逆境至关重要，这是成功与失败的分水岭，是伟人与庸人的分界线；这既是测量人智力因素高低的刻度尺，也是检验人非智力因素优劣的试金石。科学技术史上的大量事实证明：只要有了正确的态度，逆境不是无所作为的理由和虚度年华的借口，而是大有作为的机遇和条件；逆境不是失败的代名词，而是成功的孕育地。从特定意义上说，逆境或许倒是有益的，正如贝弗里奇所说："人们最出色的工作往往在处于逆境的情况下做出。思想上的压力，甚至肉体上的痛苦都可能成为精神上的兴奋剂。很多杰出的伟人都曾遭受心理上的打击以及形形色色的困难，若非如此，也许他们是不会付出超群出众所必需的那种劳动的。"①自然科学史实表明：许多人的成功往往不是在顺境中取得的，而常常是在逆境中取得的。同理，许多人的失败往往不是发生在逆境中，而常常发生在顺境中。这一现象值得人们深思。的确，在科学探索的征途上往往荆棘丛生，困难重重，充满了各种各样的障碍。科学发现的孕育、诞生和社会承认不仅要受认识规律的制约，而且要受社会条件的制约，因而，科学发现的孕育、诞生和社会承认都是一个十分困难、复杂、曲折的过程，许多科学发现不是一帆风顺的，特别是处于逆境的自然科学家常常遭受各种各样的磨难，很多自然科学家曾有一段曲折复杂的蒙难历史和坎坷悲壮的蒙难历程。

著名科学史家乔治·萨顿指出："人类的根本目的不是为生存、为霸权而斗争，不是为尘世的利益尔虞我诈，而是在创造和传播精神财富的过程中宽宏大量、富有成果地你追我赶。这种创造在很大程度上是秘密进行的，它不是群众完成的，也不是众目所瞩的达官显贵完成的，而常常是由穷困的不知名的人物完成的。他们没有政治势力的推崇，没有社会和宗教的赞誉，他们分散在整个文明世界各地的矮小陋室、条件恶劣的实验室或者其他偏僻的角落，默默无闻地完成自己的神

① 贝弗里奇．科学研究的艺术[M]．陈捷，译．北京：科学出版社，1979：146-147．

圣使命。"[①]例如，英国物理学家焦耳出生在英国曼彻斯特附近索尔福特的一个啤酒酿造商的家里，既未上过大学，也从未获得过任何学术职称，可是他利用父亲的实验室做了一系列物理实验，发现了电流的热效应，精确地测定了热功当量，还是能量转化与守恒定律的发现者之一。总之，许多杰出自然科学家在逆境中所取得的成就比许多人在顺境中取得的成就还要大。这启发人们认识到：逆境对于一个人来说确实是挑战、是压力，但只要有了正确的态度，就可以化挑战为机遇，变压力为动力，将危机转变为生机，在逆境中同样（甚至更能）大有作为。

正确认识和对待顺境与正确认识和对待逆境同样重要，同样艰巨，同样具有价值，同样富有意义。有人在逆境中不愧为英雄，但在顺境中却无所作为。由于逆境对人的危害是显性的，容易引起人们的重视和注意；而顺境对人的危害则是隐性的，不容易引起人们的重视和注意。我们必须清醒地看到并明确地认识到：顺境在给我们带来有利条件的同时也带来一些不利影响，顺境带来的羁绊并不比逆境带来的羁绊少，顺境带来的阻力并不比逆境带来的阻力小。顺境带来的不利影响和束缚远超过我们的想象，如安于现状、不思进取、追求享乐、不肯吃苦、虚度年华等。实际上，在客观环境越来越好的今天，处在顺境中的人越来越多于处在逆境中的人，不正确认识和对待顺境的人比不正确认识和对待逆境的人多得多。因此，从一定意义上可以说，正确认识和对待顺境比正确认识和对待逆境更重要，更艰巨，更具现实意义。

现实生活中，处在逆境中的人总在梦想着顺境，而处在顺境中的人却往往不懂得珍惜。处在逆境中的人无所作为情有可原，而处在顺境中的人无所作为则更为可悲。杰出自然科学家在逆境中获得成功的史实格外具有说服力，不仅给处于逆境中的人以激励和鞭策，也给处于顺境中的人们敲响了警钟，击一猛掌，使处在顺境中的人们懂得道路不会永远平坦，不仅要增强忧患意识，更重要的是要珍惜顺境和高效利用顺境。同时也使人们相信，只要像杰出自然科学家那样正确对待逆境和顺境，在顺境中就会取得更大的成就。

科学史已经证明并将继续证明：逆境不利于已有才能的发挥，却有利于成才品质的培育；顺境有利于已有才能的发挥，却不利于成才品质的培育。虽然客观环境不是由自己决定的，但如何认识、对待和利用客观环境则完全是由自己决定的。对于一个人来说，重要的不是选择顺境还是逆境（因为这通常是不可能的），而关键是无论顺境还是逆境都能以正确的态度和行动去对待。顺境不一定有益，

① 萨顿. 科学的生命[M]. 刘珺珺，译. 上海：上海交通大学出版社，2007：62.

逆境也不一定有害。以正确的态度和行动对待，则无论顺境还是逆境都可以有所作为，有所收获；以不正确的态度和行动对待，则无论顺境还是逆境都会无所作为，无所收获。我们要以杰出自然科学家为榜样，善于通过优化主观环境去正确对待和有效利用客观环境，善于通过提高自己的素质和可持续发展能力去主动适应客观环境及其变化。既有勇气改变可以改变的环境，又有胸怀接受不可改变的环境，更有智慧和能力充分有效地利用各种环境。逆境不气馁，不灰心，知难而进，迎难而上，战难而胜，越是艰险越向前；顺境不颓废，不虚度，不仅懂得珍惜，更善于有效利用。逆境中奋发有为，顺境中居安思危；逆境中迎难前行，顺境中依然清醒；善处逆境，善用顺境。逆境塑造人，顺境成就人，使自己不论在顺境还是逆境中都能大有作为，颇有收获，为人类做出更大的贡献。

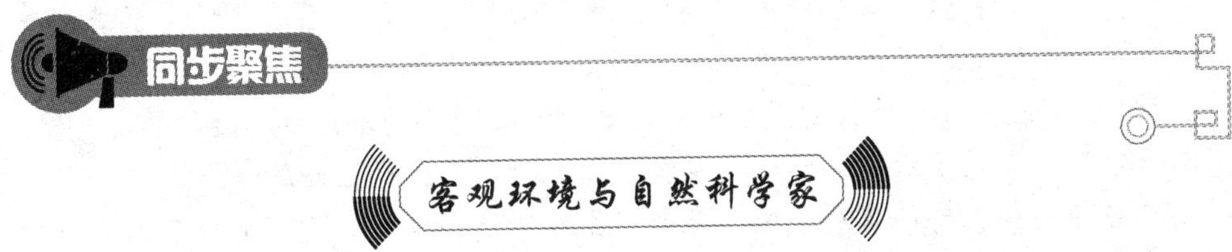

客观环境与自然科学家

所谓自然科学家的客观环境，就是指自然科学家周围的境况，即自然科学家周围的情况和条件。换言之，自然科学家的客观环境是指自然科学家赖以生存和发展并对其产生作用和影响的各种外部因素的总和。客观环境是自然科学家生存与成长的必要条件和土壤，任何自然科学家都生活、工作、成长在一定的客观环境之中，脱离客观环境的自然科学家是不存在的。自然科学家与客观环境具有很强的相关性，即自然科学家与客观环境是密切联系和相互作用的：一方面，自然科学家要受客观环境的影响和制约，因而自然科学家必须主动适应客观环境及其变化，否则自然科学家不仅很难发展、甚至无法生存；另一方面，自然科学家具有相对独立性、主观能动性和创造力，对客观环境能产生一定的反作用，即能影响、改造、利用、优化客观环境。

客观环境是影响自然科学家的重要因素，但不是决定因素。自然科学家的功能是由内在的素质及其结构和外部环境共同决定的。自然科学家的素质及其结构决定自然科学家具有哪些可能功能（潜在功能），要把可能功能转变为现实功能、潜在功能转变为显在功能则要受客观环境的影响和制约。可见，要优化自然科学家的功能，既要优化自然科学家的素质及其结构，又要优化自然科学家所处的客观环境。自然科学家的素质及其结构是内因，客观环境是外因。客观环境这个外因要通过自然科学家的素质这个内因而起作用，千万不能犯客观环境决定论的错误。虽然客观环境是不依人的主观意志为转移的客观存在，即客观环境不是由人决定的，但如何认识、对待和利用客观环境则完全是由人决定的，正所谓“环境不由己，态度可选择”。一个人能否成功的关键不在于他处于什么样的客观环境，而关键在于他以什么样的态度对待客观环境和以什么样的行动适应和利用客观环境。道理很简单，为什么在同样客观环境下有人成功，有人失败，有人做出成绩，有人碌碌无为？为什么有些人在逆境中所取得的成就比很多人在顺境中所取得的成就还要大？这说明客观环境在于人去利用，成功在于人去奋斗。从根本上说，一个人只有通过终身勤奋学习和努力实践来提高自己的素质，培养自己的高贵品质和高尚情操，才能不断增强自己的免疫能力，从而才能有效抵御客观环境中各种病菌的侵袭和腐蚀。客观环境是条件，看你如何去利用；客观环境是资源，看你如何去开发；客观环境是资产，看你如何去增值；客观环境是土壤，看你如何去耕种。正如著名物理学家爱因斯坦所指出：“不管时代的潮流和社会的风尚怎样，人总可以凭着自己高贵的品质，超脱时代和社会，走自己正确的道路。”[①]

不管遇到什么样的客观环境，都要以正确的态度去对待，都要以有效的行动去解决。遇到困境，与其发愁抱怨，不如奋发改变，攻坚克难；遇到险境，与其恐惧慌张，不如沉着应对，化险为夷；遇到逆境，与其悲观失望，不如迎难而上，战难而胜。每个人都应当千方百计地努力使客观环境成为自己大显身手的人生舞台和大有作为的广阔天地，而千万不能把客观环境的不良影响作为虚度年华的理由和无所作为的借口。一个人既要立足于自己的环境而起步，又要超越自己的环境而驰骋。国家、社会应竭力创造有利于自然科学家成长的生态环境，特别是要创造有利于拔尖人才脱颖而出的生态环境。每个人应努力提高自己的素质，主动做到调查客观环境、了解客观环境、分析客观环境、认识客观环境、适应客观环境、利用客观环境、优化客观环境，努力做到逆境中锤炼成才品质，顺境中高效发挥才能；逆境不气馁，顺境不虚度；逆境不却步，顺境不驻足；逆境中坚定，顺境中淡定；在逆境中崛起，在顺境中奋进。我们要使自己常态的和潜在的智能都得到超常发挥，不仅要做到无愧于时代，无愧于人类，而且要进一步做到有益于时代，造福于人类。

---

① 秦关根．爱因斯坦[M]．北京：中国青年出版社，1979：303.

第二十四章　正确对待失败与成功

失败和成功是科学工作者在科学探索、科学研究、科学创造过程中经常遇到和必须面对的。如何科学认识和正确对待失败和成功，既是非常复杂的理论问题，又是十分困难的实践问题，应多角度、多层次、全方位地进行综合研究，并要具体情况具体分析，但有一点人们已经达成了共识：树立正确的科研成败观是解决这一问题的根本途径。

一、从新的角度科学认识和正确对待失败

英国著名物理学家威廉·汤姆孙曾深有体会地说："我坚持奋战五十五年，致力于科学的发展。用一个字*可以道出我最艰辛的工作特点，这个字就是失败。"① 著名美籍华裔实验物理学家、1976 年诺贝尔物理学奖获得者丁肇中（1936—　）也深有感触地说："研究工作不是一帆风顺的，深入一个未知领域很难作出预言。失败是成功的一部分。因此，基础研究需要充分的自由空间和长期的展望。"②由于科学探索的创造性、复杂性、曲折性和艰巨性，使在科学探索中失败远远多于成功。的确，在科学探索的征途上，失败虽然是人们所不希望的，却是经常发生的；成功虽然是人们所企盼的，却是很难实现的。确实，科学劳动是一种创造性劳动，科学研究是探索未知的原始性创新过程，科学创造的结果很难预料，肯定要承担风险。科学技术史上的大量事实表明：首次成功寥寥无几，而首次失败则屡见不鲜，有的还要经过多次失败才能获得成功，古今中外，概莫能外。可见，在科学研究中遇到失败不仅是正常的现象，而且是经常的现象，因此，"如何科学认识和正确对待失败"就成为科学工作者经常面对和必须解决的一个重要问题。

在科学探索、科学研究、科学创造中，人们通常所说的失败，绝大多数并不是指成功的反义词或对立面，而只是指为获取成功所必须进行、但未达到预期成

---

* "字"应为"词"，翻译有误。——编者

① 贝弗里奇. 科学研究的艺术[M]. 陈捷，译. 北京：科学出版社，1979：148.

② 丁肇中. 为什么要重视基础科学[J]. 世界科学，2001，10：9.

功目标的科学试探工作。既然是科学试探，就有两种可能：一种是达到了预期目标的科学试探，人们便称为成功；另一种是未达到预期目标的科学试探，人们便称为失败。无论出现哪种科学试探结果都属正常，无论是哪一种科学试探结果都同样具有价值和意义，即无论是成功还是失败都同样具有价值和意义。因为失败虽未达到预期的成功目标，但达到了科学试探的目的，失败所具有的这一独特功能的作用和价值远远超过人们通常的认识和想象。从这一新角度出发，就可以较好地回答“失败为什么具有价值”和“失败具有哪些价值”等问题，从而使人们对失败的研究和认识又深入一步。的确，取得成功有许多可能的途径和方法，通过失败可以证明原来猜测、设想或预料、认为的可能实际上是不可能，原来猜测、设想或预料、认为的可行实际上是不可行。这样就缩小了原来猜测、设想或预料、认为的可能、可行的范围，降低了不可能或不可行的概率，从而也就增加了接近可能或可行的概率，即增大了成功的概率。失败的次数越多，找出的不可能或不可行越多，即排除的不可能或不可行越多，剩下的就可能越接近可能或可行。可见，每一次失败都是向成功的一次接近，即每失败一次都是向成功接近一步。这样，通过一次次失败，就一次次接近成功。从这个特定意义上说，失败不是离成功更远了，而是离成功更近了。正是在这个意义上，“发明大王”爱迪生才说：“失败也是我所需要的，它和成功对我一样有价值。只有在我知道一切做不好的方法以后，我才知道做好一件工作的方法是什么。”①的确，知道什么是不可能的也就容易知道什么是可能的，知道什么是不可行的也就容易知道什么是可行的，知道什么是不能做的也就容易知道什么是能够做的了。那么，怎样才能知道一切做不好的方法呢？只有通过大量的失败，因为失败的方法就是做不好的方法。每失败一次，就会使研究者知道一个做不好的方法，失败的次数越多，知道的做不好的方法就越多，这样就越容易找到做好这件工作的方法。爱迪生发明电灯就是一个典型的案例。爱迪生在发明电灯时，为了寻找理想的灯丝，试验了 6000 多种材料，最后终于找到了一种理想的材料。只有通过一次次试验知道什么材料不能用，并把不能用的材料排除掉，才能找到什么材料可用。实际上，做不好的方法就是失败的方法，做好的方法就是成功的方法。这样，由爱迪生所说“只有在我知道一切做不好的方法以后，我才知道做好一件工作的方法是什么”，可以推出“只有在我知道一切失败的方法以后，我才能知道成功的方法是什么”。这说明，要取得成功就离不开失败，失败不仅是通向成功的阶梯、路标、途径，甚至可以说是通向

① 李其荣．爱迪生传[M]．武汉：湖北辞书出版社，1996：213．

成功不可缺少的必经步骤、环节、过程。从特定意义上可以说，成功的方法常常是通过失败的方法而找到的，失败的方法往往是找到成功的方法。可见，失败孕育成功，失败预示成功，失败培育成功。这样，人们就可以悟出一种经常使用的、非常有效的科学研究方法——排除失败法，即通过排除失败去取得成功。

实质上，人们通常所说的“失败”大多数是指为获取成功所必须进行却未达到预期成功目标的科学研究工作（尤其是指科学实验工作），可统称为科学试探工作。自然科学的实证性决定了科学实验的必要性和重要性。而科学实验就带有试验、试探性质，是常见的科学试探工作，既包括达到成功目标的科学试探（这当然是少量的），也包括大量的未达到成功目标的科学试探——失败。科学实验的必要性和重要性也从一个角度、一个侧面反映、体现和证实了失败的必要性和重要性。的确，任何人都不会否认科学实验的必要性和重要性，因而任何人都不能否认失败的必要性和重要性。虽然知道做不好的方法以后也不一定就能知道做好一件工作的方法是什么，但却容易知道做好一件工作的方法是什么。同理，虽然经过失败也不一定就能取得成功，但却容易取得成功。纵观科学技术史可以发现，经过失败后才取得的成功远远多于没经过失败就直接取得的成功。因此，在科学研究中遇到失败不仅是正常的现象，甚至可以说是可喜的现象，这正是新希望的开始、新转折的良机、新发展的环节。出现失败并不可怕，可怕的是以不正确的态度对待失败。当然，成功不是失败的简单积累，即成功不是失败的代数和，而是对失败的深刻感悟、科学总结和本质超越。

由上所述，失败只是证明原来的想法或做法行不通，即失败只是排除了一个原来认为是可能或可行的途径或方法，但并不证明研究者无希望成功，只不过是需要换个思路或做法（即采取新的途径或方法）而已。科学研究的实践已经证明并将继续证明：失败是科学研究的一次实践、一次经历、一次积累，也是通向成功的一个步骤、一个环节、一个过程。失败并不是成功的阻力、障碍、敌人，失败正是通向成功的阶梯、路标、途径，失败也是取得成功的新起点、新机遇、新希望、新转折。成功的道路往往是由失败开辟出来的，即成功的道路常常由失败铺就而成。从特定意义上可以说，正是一次次失败才把研究者逼到通向成功的道路上去的。一言以蔽之，正是一次次失败才把研究者一步步逼向成功的。如果把失败作为科学研究的终点，遇到失败就停止研究了，那结果就是彻底的失败；如果把失败作为新的起点，那就不是失败，而是走向成功、走近成功，即是将失败转化为成功。在科学研究中不要害怕失败，而要善于将失败转化为成功。从人发展的角度看，成长比成功更重要。成长的收获大于、重于成功的收获。而成长的收获不仅来源于成功，也来源于失败，甚至可以说来源于失败的成长收获多于来源于成功的成长收获。换言之，失败对于人成长的贡献率大于成功对人成长的贡献率。从这个特定的角度看，也应该重视失败对人成长的作用、影响、价值和意义。失败并不是科学研究的终点，而恰恰是科学研究的新起点。换言之，失败并不是科学研究的结束，而恰恰是科学研究的新开始，甚至可以更进一步地说，这才是科学研究的真正的开始。正如爱迪生所说："几乎所有的人都在他们的构想达到极限时，会丧失继续创作的毅力，其实这才是真正的开始。"[①]这里，"真正的开始"的含义是十分丰富的。例如，是原始性创新的开始、是超越的开始、是超常发挥的开始、是创造奇迹的开始、是走向成功的开始、是超凡脱俗的开始、是出类拔萃的开始……爱迪生这句名言一针见血地指出了大多数人没有在科学技术研究中取得成功的原因是在应该真正开始时却结束了，在应该继续前进时却停止了。杰出自然科学家之所以成功就是在大多数人结束时才真正开始，在大多数人停止时仍继续前进。从表面上看来，这只是一步之差，而实际上则是素质上的天壤之别，这看似平凡的差别恰是不平凡的原因。正是这一步把杰出自然科学家与普通人区别开来。在这里，进一步海阔天空，可是迈出这一步却是十分困难的，但正因为困难才更有价值和意义。也正是在这个意义上，爱迪生才说"失败也是我所需要的，它和成功对我一样有价值"。的确，失败是科学研究的真正开始！在科学探索、科学研究、科学创造中不要害怕失败，而要善于将失败转化为成功。

二、从新的角度科学认识和正确对待成功

科学技术工作者不仅要科学认识和正确对待失败，而且要科学认识和正确对待成功。人们从思想上越来越明确地认识到并且从实践中越来越深刻地体会到：科学认识和正确对待成功与科学认识和正确对待失败同样重要，同样艰巨，同样具有意义，同样富有魅力。成功，由于它是阶段性目标，所以一直是人们非常向往和奋力追求的；成功，由于它既能为成功者本人带来物质利益和精神荣誉，也能为他人提供借鉴和启迪，所以历来受到人们的重视和青睐；成功，由于它能促进人类文明的发展，标志着科学技术的进步，所以总是受到社会的鼓励和称颂。但是，千万不要被一种倾向掩盖了另一种倾向，必须清醒地看到和明确地认识到，成功在给人们带来好处的同时也带来一些包袱和束缚，成功给人们带来的羁绊并

① 李其荣．爱迪生传[M]．武汉：湖北辞书出版社，1996：88．

不比失败给人们带来的羁绊少，成功给人们带来的阻力并不比失败给人们带来的阻力小。在科学技术史上，有些人在困难和失败面前不愧为强者，而在成功和荣誉面前却倒下了。例如，英国化学家戴维出生在英格兰彭赞斯城附近的乡村，由于家境贫寒，没有接受过正规大学教育，1798 年开始在贝多斯医生开设的气体疗病研究所担任实验管理员，他克服了各种困难，相继发现了钾、钠、钙、镁、钡、锶等元素，因而成为那个时代的杰出化学家。但在 1820 年被选为英国皇家学会会长后，由于他整天忙于交际，满足于已有的荣誉，很少再到实验室去，因此就再也没有做出什么新的重大发现，而且还打击、压制法拉第。再如，被誉为“原子弹之父”的美国物理学家尤利乌斯·罗伯特·奥本海默（Julius Robert Oppenheimer，1904—1967），在获得成功以后，热衷于接受各种荣誉，指派秘书每天搜集报刊上有关他的报道和照片，各种奖状、贺电装满了他的几个橱柜。由于沉醉于所获荣誉，奥本海默渐渐远离了科学研究工作，没有继续取得科学成果。可见，对于一个科学技术工作者来说，成功和失败都是严峻的考验。如何认识和对待成功是关系到自然科学家能否继续前进的大问题，它决定自然科学家成果的多少和科学生命的长短。正因为如此，许多杰出自然科学家非常重视正确认识和对待成功，他们在取得重大成功之后能保持惊人的沉着冷静和谦虚谨慎，都不把成功当成终点，而只把成功当作新的起点，为我们留下了许多名言警句，积累了宝贵的经验。俄罗斯生理学家、心理学家巴甫洛夫说：“在成功面前，首先应该想到的是获得成功之前的挫折和教训，不是成功的赞扬和荣誉。”[①]法国生物学家巴斯德也谆谆教导人们：“当你做成功一件事，千万不要等待着享受荣誉，应该再做那些需要的事。”[②]英国物理学家法拉第给我们提供的宝贵经验是：既不轻易承认失败，又不轻易承认成功；不仅在失败面前不灰心，而且在成功面前不骄傲，从不因为成功而自我陶醉或停止不前。每当做成功一个实验之后，他不是急于宣布自己的结果，而是乘胜向纵深挺进，以便反复证实、继续扩大和不断深化已经取得的成果，甚至取得新的更大的成果。例如，历经长达 10 年的失败，法拉第终于在 1831 年 8 月 29 日首次成功地观察到电磁感应现象时，虽无比振奋，但他在没有彻底搞清这一现象之前却不轻易承认成功，也没有急于发表研究成果，而是改进仪器、变换条件、改变方法，从各个角度对这个新发现进行全面、细致、深入、彻底的研究，终于在 1831 年 9 月 24 日的实验中认识到电磁感应现象的暂态性，在 1831 年 10 月 17

① 傅明伟，等. 世界名人名言精选[M]. 上海：上海交通大学出版社，2004：214.

② 傅明伟，等. 世界名人名言精选[M]. 上海：上海交通大学出版社，2004：223.

日的实验中认识到“要想使线圈中产生电流，必须使磁铁与线圈有相对运动”，谜底终于揭开了。1831 年 11 月 24 日，法拉第在英国皇家学会宣读了自己发现电磁感应现象的论文。在发现电磁感应现象之后，法拉第继续对电磁感应现象进行进一步的详细研究，做了各种各样的实验，确定了在每种情况下感应电流的方向以及与磁通量变化的关系，终于在 1851 年发表的《论磁力线》一文中，他总结概括了用导体切割磁力线的数目来表述的电磁感应定律，又取得了新的成果。这些杰出自然科学家对待成功的正确态度和宝贵经验是值得我们学习的。如果一个科技工作者在获得成功时能正确认识和对待自己，他就会获得双倍的成功，而且容易取得新的成功。

三、将失败转化为成功

失败和成功是相互联系、相互渗透、相互作用、相互影响，并在一定条件下相互转化的。失败的重要意义就在于失败能在一定条件下转化为成功。那么，失败是怎样转化为成功的呢？这一问题比较复杂，只能具体情况具体分析，一般地说，在科学技术史上常见的有以下几种情况。

（1）通过失败逼近成功、走向成功。通过失败排除不可能、不可行，从而取得成功。这种情况是常见的、大量的，如爱迪生发明电灯、诺贝尔发明炸药、法拉第发现电磁感应现象等。

（2）通过失败创立新的学科，可以说这是通过失败创造成功。例如，自从公元前 3 世纪古希腊数学家欧几里得所著《几何原本》问世以后，欧氏第五公设的证明便成为数学史上的著名难题，许多人都试图从《几何原本》中的其他公理直接推演出第五公设，但所有的证明尝试都遭到了失败。直接证明的屡屡失败，启示某些数学家使用反证法，18 世纪的许多数学家都曾这样尝试过，并得到了一些“反常命题”。到了 19 世纪，试证第五公设的长期失败，启示某些有远见卓识的数学家去思索问题的反面——第五公设不可证问题，他们运用反证法重新推演出非欧几何命题。经过进一步的孕育，德国数学家高斯、匈牙利数学家贾诺斯·鲍耶（Janos Bolyai，1802—1860）、俄罗斯数学家罗巴切夫斯基创立了非欧几何。

（3）通过失败发现规律，可以说这是通过失败发现成功。例如，通过长期制造永动机的失败，启发人们想到永动机不可能制成，为了寻找永动机不可能制成的原因，促进了能量守恒与转化定律的发现。

（4）通过失败取得意外发现，可以说这是通过失败取得意外成功，即通过失败取得了新的成功。例如，意大利解剖学家路易吉•伽伐尼（Luigi Galvani，1737—1798）于 1780 年在解剖青蛙时意外地发现了“动物电”；德国物理学家伦琴于1895年在研究阴极射线时意外地发现了X射线……科学技术史上的意外发现是通过失败取得成功（或说由失败转化为成功）的典型特例，这些意外发现虽然没有达到原来预定和设想的成功目标，即没有取得原来预想的成功，但取得了原来没有预想到的意外的成功，这一新的成功甚至比原来预想的成功价值更大。这说明通过失败不仅可以取得原来预想的成功，有时还可以取得原来没有预想到的新的、意外的成功。

（5）失败可以为别人的成功创造条件、奠定基础、铺平道路。正如著名科学史家乔治•萨顿所指出：“真正的科学家在没有成果的实验结束时，由于他已经成功地证明了它们的无成果这一事实，因而对他的失败感到满足；虽然他所走的道路不通，然而幸亏他的这一探索，别的科学家才得以避免走这条路。”[①]例如，1934年美国物理学家费米和他的助手按照原子序数的顺序用中子逐个轰击元素周期表中的元素，当轰击第 92 号元素铀时，得到了几种具有不同半衰期的β放射元素，其中有一种半衰期为 13 分钟。化学分析表明它不可能是原子序数小于 92 的已知元素的同位素，他们认为很可能是原子序数大于 92 的超铀元素。费米反复、仔细地进行实验，小心地把脑子里的第 93 号元素称为“铀 X”。1934 年 5 月他们发表了实验报告，引起了科学界的极大兴趣。结果导致德国化学家奥托•哈恩（Otto Hahn，1879—1968）、德国物理学家弗里茨•施特拉斯曼（Fritz Strassmann，1902—1980）、奥地利女物理学家莉泽•迈特纳（Lise Meitner，1878—1968）、奥地利物理学家奥托•弗里希（Otto Frisch，1904—1979）于 1938—1939 年发现了核裂变现象并给出了科学解释。在上述科学发现案例中，费米是第一个在实验上观察到核裂变现象的人，但由于他错误地认为是超铀元素，所以失去了发现核裂变的机会。但是，费米的失误却为哈恩等人的成功创造了条件，正是由于费米实验报告的公布才引起了众多科学家的极大兴趣和高度关注，从而才有效促进和大力推进了核裂变现象的发现。

（6）失败可以促进和引发科学革命，可以说这是通过失败促进成功。例如，在 19 世纪末，X 射线、放射性、电子的发现，以及光电效应、黑体辐射、原子光谱等实验规律，都表现出与经典物理学理论的尖锐矛盾，即用经典物理学理论来解释这些现象和规律均遭到了失败，使经典物理学出现了严重的“危机”，这场“危

① 萨顿．科学的历史研究[M]．刘兵，等译．上海：上海交通大学出版社，2007：38．

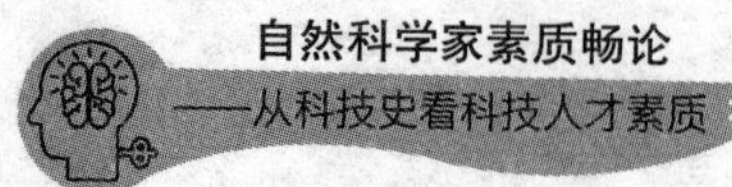

机”促进和引发了19世纪与20世纪交替时期的一场伟大而深刻的物理学革命，这场革命前后延续了30多年，高潮迭起，硕果累累，特别是创立了狭义相对论、广义相对论和量子力学，极大地促进了物理学和整个科学的发展。

失败并不是遗憾，没有将失败转化为成功才是遗憾。上面探讨了失败转化为成功的6种情况、6种途径，从6个角度论述了失败对成功的作用，即从6个方面论证了失败的作用、价值、意义。既不能否认把失败转化为成功的可能性，也不能否认把失败转化为成功的曲折性和艰巨性。实际上，在科学探索、科学研究和科学创造中，在很多情况下成功和失败往往只是一点儿之差、一步之遥，这说明成功与失败之间有着很强的相关性、密切的联系和错综复杂的关系，这就决定了“如何科学认识和正确对待失败和成功”这一问题的复杂性和解决的高难性。但有一点是非常清楚的：要科学认识和正确对待失败和成功，就必须树立正确的科研成败观。

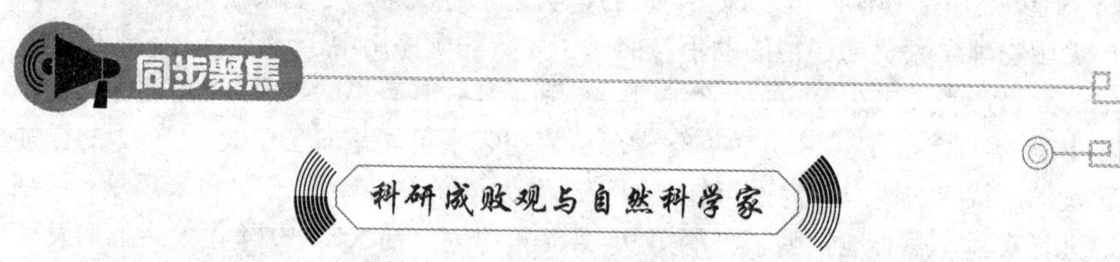

科研成败观与自然科学家

只要生命没有结束，每个人都既有可能遭到失败，也有可能获得成功。如何科学认识和正确对待失败和成功，是一生都要面对的问题。自然科学家在科学探索的征途上，快乐常常是和磨难相伴，成功也往往是和失败接踵。失败和成功是自然科学家在科学探索、科学研究和科学创造过程中经常遇到和必须面对的，要科学认识和正确对待失败和成功，就必须树立正确的科研成败观。

所谓科研成败观，就是指人们在科学探索、科学研究、科学创造过程中对成功和失败所持的根本观点和态度。科研成败观是科学观的重要组成部分，也是世界观、人生观、价值观的具体反映和集中体现。在科学探索、科学研究、科学创造过程中，科研成败观对自然科学家有着极为重要的作用和影响。只有树立正确的科研成败观，才会使自然科学家既能科学认识和正确对待失败，也能科学认识和正确对待成功；才会使人们既鼓励、支持和促进成功，也允许、理解和宽容失败。需要强调指出和特别注意的是，科研成败观产生在思想中，体现在行为上；不只是一个思想认识问题，更是一个实践问题。因为科研成败观不仅要通过认识来体现，而且要通过实践去检验。

只要树立正确的科研成败观，无论是成功还是失败，都是一种经历、一种积累、一种财富；只要没有树立正确的科研成败观，无论是成功还是失败，都是一种负担、一种羁绊、一种束缚。社会能否树立正确的科研成败观，关系到能否为自然科学家的成长和创新创造一个良好的生态环境；自然科学家个人能否树立正确的科研成败观，不仅关系到科学研究成果的多少，还决定科学研究的成败。这充分说明了树立正确科研成败观的必要性、重要性和紧迫性。

无论成功或失败都有两种转化后果，都有两种发展前途。如何获得积极有益的后果而避免消极有害的后果？关键在于态度——科研成败观。从特定意义上可以说，对失败与成功的根本态度——科研成败观决定科学研究的成败。树立正确的科研成败观，这是许多自然科学家硕果累累的重要原因之一，也是自然科学家成功的秘诀之一，还是自然科学家留给后人的一条宝贵经验。的确，已经取得的成功和已经遭到的失败一样，都只能代表过去，而不能代表现在，更不能代表未来。既不要贬低失败的作用，也不要夸大成功的作用；既不能因为已经遭到的失败而灰心，也不能因为已经取得的成功而自满；既要重视和促进失败向成功的转化，也要重视和促进由已经取得的成功向新的成功的转化；不要把失败或成功当成终点，而都要当作继续前进的新起点。因此，无论是在名不见经传的小人物时，还是在誉满全球的大人物时；无论是在年轻力壮的青年时，还是在年老体弱的暮年时；无论是在顺境中，还是在逆境中……都要以杰出自然科学家为榜样，树立正确的科研成败观，名副其实地做到成功时淡然，失败时坦然；成功时低调，失败后洒脱；成功后别得意，失败后不放弃；从成功中总结经验，增强自信；从失败中汲取教训，学会自省。特别是要既鼓励创新、促进成功，也宽容失败、善待挫折；既科学认识和正确对待自己的失败和成功，也科学认识和正确对待别人的失败和成功，不断地将科学征途中的失败转化为成功，不断地去夺取新的成功。

让我们铭记并自觉践行英国物理学家、化学家法拉第的名言：“拼命去争取成功，但不要期望一定会成功。”[①]

① 托马斯．伟大科学家的生活传记[M]．南京：江苏科学技术出版社，1980：122.

第二十五章　正确对待事业与家庭

所谓家庭，就是指以婚姻和血统关系为基础组建的社会基本单位，是社会的细胞，不仅是自然科学家居住的场所和生活的地方，而且是自然科学家情感的依托和心灵的归宿，是自然科学家幸福的乐园和温馨的港湾；所谓事业，就是指自然科学家所从事的科学探索、科学研究和科学创造工作，不仅是自然科学家的专业和职业，而且是自然科学家追求的目标和渴望实现的理想。家庭和事业各有各的特定含义，各有各的特定功能，各有各的特定价值。谁也不能包括谁，谁也不能代替谁，谁也不能消解谁。

家庭是自然科学家生活和工作的小环境，对自然科学家的作用和影响最为直接，也最为持久。人们常说：家庭是一个人的启蒙学校，是人生的第一个课堂，父母是第一任教师。在科学技术史上有些科学家没有进过任何学校接受正规教育，而是靠家庭教育奠定了成才的基础。例如，爱迪生 8 岁时（1855 年）上学读书，但因爱提离奇古怪的问题惹恼了老师，只上了 3 个月的学就被老师当作智力迟钝的低能儿而撵出校门，从此再未进过任何学校学习。但母亲却认为爱迪生比同龄的大多数孩子聪明，决心把爱迪生培养成世界上第一流的人物。于是，爱迪生便在母亲的精心指导下刻苦自学。他对读书产生了浓厚的兴趣，不仅博览群书，而且一目十行，过目成诵。到 10 岁时，爱迪生已经阅读了莎士比亚、狄更斯、雨果等文学家的代表作品，通读了《罗马帝国衰亡史》《英国史》《世界史》等许多重要的历史著作，同时还读完了理查德 · G.帕克（Richard G. Parker）的《自然与实验哲学》和牛顿的《自然哲学的数学原理》等难度较大的自然科学书籍。通过读书，爱迪生对获取知识的兴趣越来越浓，对科学实验更是着迷，这些都为爱迪生后来成为“发明大王”奠定了坚实的基础。再如，控制论创始人维纳的父亲是俄籍犹太人，刚来到美国时一贫如洗，后来靠个人努力奋斗成为哈佛大学斯拉夫语教授。此人学识渊博，能力超群，懂十几种语言，仅用两年时间就翻译了列夫 · 托尔斯泰（Leo Tolstoy，1828—1910）的 24 部著作。他对维纳从小就实施特殊教育，对维纳管教很严。维纳自幼聪明过人，素有“神童”之称。在父亲的悉心指导下，维纳 3 岁半就开始读书，启蒙书籍是一本为儿童撰写的初级科学教程。不久，维纳便能浏览父亲书柜里各种各样的藏书了。由于受到良好的家庭教育，维纳一进小学就上三年级，没过多久就改上四年级，这时他还不满 7 岁。维纳长于理解而讨厌运算，算术较差，不久，他就退出了小学，不学算术而改学代数了。从这时起一直到进入中学，教育维纳的全部责任就又落在了父亲身上，父亲把教学重点放在数学和语言（主要是拉丁语和德语）上。8 岁时，维纳由于阅读过度而出现视力衰退，医嘱半年之内严禁看书。父亲并没有因为这突如其来的打击而放松对维纳的教育，而是根据维纳的实际情况积极采取有效措施，采用“口授耳听”的方法教他学习几何、代数和化学，用听力训练来代替阅读。在父亲的精心讲授和耐心辅导下，维纳刻苦地学习了温特沃斯（Wentworth）编写的代数、平面几何、三角和解析几何等教科书上的基本知识，以及拉丁语和德语的基础知识。1903 年秋，9 岁的维纳作为特殊学生进入艾尔中学，一年后又跳级到高中一年级。高中一毕业，不满 12 岁的维纳便进入塔夫茨学院学习，用 3 年时间学完了大学课程，不足 15 岁就获得了数学学士学位。接着维纳进入哈佛大学攻读博士学位。1912 年，18 岁的维纳获得了哈佛大学哲学博士学位。维纳的博学多才与他父亲实施的家庭教育是密不可分的。

自然科学家成长、成功、成才的历程都证明，家庭不仅对自然科学家的童年有着决定性的作用和影响，而且对自然科学家的一生有重大的作用和深远的影响。

同理，事业是自然科学家的追求所在、生命所系，对自然科学家的人生同样具有重要的作用和影响。事业不是为了谋生而不得不进行的事情，而是使一个人产生浓厚而持久的兴趣和强大而持久的动力并且心甘情愿为之贡献毕生精力的、主动进行的工作，是持之以恒的执着追求、矢志不渝的拼搏奋斗和锲而不舍的倾心奉献。成功的事业是指自然科学家做出科学发现或技术发明，即指自然科学家为科学技术的发展做出有价值的贡献，为人类文明宝库增加了新的库藏。事业既丰富了家庭的内涵，又扩大了家庭的外延。事业是温馨家庭的基础，是幸福家庭的保证。事业有成既能提高生活的质量，又能提升人生的价值。没有理想的事业就没有真正幸福的家庭。没有家庭的人生是遗憾的，没有事业的人生是平淡的。家庭和事业对个人和社会都具有重要的作用和影响，搞好家庭和事业都是实现人生价值的有效途径，都是推动社会进步和发展的迫切需要，都是人生追求的目标和渴望实现的理想。可见，无论对个人还是对社会来说，家庭和事业都同样重要，同样珍贵，同样具有价值，同样富有魅力。我们既要诚挚于家庭，也要执着于事业，把对家庭的眷恋和对事业的追求都化为奉献于人类的有益行动。

很多人工作是为了生活，而杰出自然科学家生活也是为了工作。工作与生活、事业与家庭从来都是不分家的。无论是事业还是家庭都要靠人去做，一般地说，素质高的人事业和家庭都好，素质低的人事业和家庭都差，事业和家庭并不是简单的反比关系，并不是搞好一个就要牺牲另一个。换言之，并不是事业好家庭就一定差或事业差家庭就一定好。可见，事业和家庭的状况如何关键在人怎样去做，人的素质决定事业与家庭关系的处理情况，进而决定事业和家庭的状况。因此，对于每一个人来说，不要在选择家庭和事业上做文章，而要在提高素质上下工夫。正如获得 2009 年诺贝尔化学奖的以色列女化学家阿达·约纳特（Ada Yonath，1939— ）所说："至于处理科学和生活的关系，我要说的是，科学家的确必须对科学奉献很多很多，但是，如果你爱科学，你也爱家庭、爱生活，那你就一定能找到一个平衡点。"①

科学史上的大量事实表明，事业与家庭结合得好会产生新的动力和价值。例如，在诺贝尔自然科学奖获得者中，有 3 对夫妻共同获奖：荣获 1903 年诺贝尔物理学奖的法国物理学家皮埃尔·居里和玛丽·居里夫妇，荣获 1935 年诺贝尔化学奖的法国物理学家弗雷德里克·约里奥-居里（Frederic Joliot-Curie，1900—1958）和伊雷娜·约里奥-居里（Irene Joliot-Curie，1897—1956）夫妇，荣获 1947 年诺贝尔生理医学奖的美国生物化学家卡尔·费迪南德·科里（Carl Ferdinand Cori，1896—1984）和格蒂·黛丽莎·科里（Gerty Theresa Cori，1896—1957）夫妇。还有 6 对父子均获奖：英国物理学家威廉·亨利·布拉格（William Henry Bragg，1862—1942）和儿子威廉·劳伦斯·布拉格（William Lawrence Bragg，1890—1971）共同荣获 1915 年诺贝尔物理学奖，英国物理学家约瑟夫·汤姆孙和儿子乔治·佩吉特·汤姆孙（George Paget Thomson，1892—1975）分别荣获 1906 年和 1937 年诺贝尔物理学奖，丹麦物理学家尼尔斯·玻尔和儿子艾吉·尼尔斯·玻尔（Aage Niels Bohr，1922—2009）分别荣获 1922 年和 1975 年诺贝尔物理学奖，瑞典物理学家卡尔·西格巴恩（Karl Siegbahn，1886—1978）和儿子凯·西格巴恩（Kai Siegbahn，1918—2007）分别荣获 1924 年和 1981 年诺贝尔物理学奖，德裔瑞典生物化学家汉斯·冯·奥伊勒-歇尔平（Hans von Euler-chelpin，1873—1964）和儿子乌尔夫·冯·奥伊勒（Ulf von Euler，1905—1983）分别荣获 1929 年诺贝尔化学奖和 1970 年诺贝尔生理医学奖，美国生物化学家阿瑟·科恩伯格（Arthur

① 刘箴．"化学选择了我"：诺贝尔化学奖得主阿达·约纳特谈话录[N]．光明日报，2011-06-18（7）．

Kornberg，1918—2007）和儿子罗杰·科恩伯格（Roger Kornberg，1947— ）分别荣获1959年诺贝尔生物医学奖和2006年诺贝尔化学奖。这些有亲缘关系的获奖实例并非偶然，它既从一个侧面突出地反映了和有力地证实了家庭对科学家的成长、成功、成才都具有不容忽视的巨大作用和深远影响；同时，这也是家庭与事业互相促进的典型案例和丰硕成果，它向人们表明使家庭与事业有机结合、互相促进、共赢共荣是完全可以做到的。

如何正确对待爱情、事业和家庭？许多杰出自然科学家为人们树立了光辉的榜样。例如，居里夫人用自己非凡的行动不仅对“爱情”一词的含义给出了精湛的诠释，而且对家庭与事业的关系做了绝妙的说明，是家庭与事业互相促进的典范。众所周知，皮埃尔·居里比居里夫人年长8岁，俩人国籍不同、民族不同、语言不同、风俗习惯不同……是什么力量使这两位伟大天才能超越国籍、超越民族、超越语言、超越传统而实现人类婚姻史上最理想、最高尚的美满结合？是志同道合，是共同的科学事业。他们结婚后在生活上配合默契、幸福愉快，在事业上互帮互学、捷报频传：1898年7月共同发现了放射性元素钋；1898年12月共同发现了放射性元素镭，1898—1902年经过45个月的共同奋战从8吨沥青铀矿残渣中提炼出0.12克氯化镭；1903年12月居里夫妇和贝克勒耳共同荣获该年度诺贝尔物理学奖。1906年4月19日，皮埃尔·居里因车祸不幸逝世，年仅47岁。这突如其来的打击像晴天霹雳一样使居里夫人悲痛欲绝，但凭着对科学事业的酷爱和惊人的毅力，她化悲痛为力量，变压力为动力，不仅继承了皮埃尔·居里的遗志，出色地完成了他未竟的事业，还独自承担起赡养老居里先生和抚育两个女儿的责任，勇敢地挑起了家庭和事业两副重担，并在家庭和事业上都创造了新的奇迹：1906年5月，受聘于索尔本大学理学院，接替皮埃尔·居里讲授物理学课程，这是法国的最高教职第一次授予一位女性，后于1908年晋升为索尔本大学教授；1910年，提炼出纯镭元素，研究了镭的各项物理化学性质，还测定出氡和若干其他元素的半衰期，整理出放射性元素蜕变的系统关系，于1911年12月荣获该年度诺贝尔化学奖，成为在物理和化学两个不同领域两度荣获诺贝尔奖的第一位女科学家。居里夫人还于1934年指导长女伊雷娜·约里奥-居里和女婿弗雷德里克·约里奥-居里发现了人工放射性物质，伊雷娜·约里奥-居里和女婿弗雷德里克·约里奥-居里因这一成就而荣获了1935年诺贝尔化学奖，创造了在同一个家庭中有4人荣获诺贝尔奖的传奇。

再如，中国物理学家黄昆（1919—2005）与英国助手艾芙·里斯（1926—2013）纯洁忠贞的爱情被中、英科学界传为佳话。黄昆于1945年赴英国留学，1948年获英国布里斯托大学博士学位。1948—1951年在英国利物浦大学理论物理系任博士后研究员，在此期间，黄昆致力于物理研究，每天忙于看书、思考和写作，比他小7岁的英国助手艾芙·里斯经常陪伴在他身边。二人志同道合，在科学研究上配合默契。1950年，黄昆首次提出了多声子的辐射和无辐射跃迁的量子理论，艾芙·里斯一直精心帮助他进行理论计算。他们共同署名在英国伦敦皇家学会杂志上发表了题为《F中心的光吸收和无辐射跃迁理论》的著名论文。科学上的密切合作使两人深深相爱。1951年，黄昆回国任北京大学物理系教授，分离5个月后，艾芙·里斯远渡重洋，只身一人从英国来到中国与黄昆结婚。艾芙·里斯来到中国后取名李爱扶，1956年加入了中国国籍。1960年前后，中国出现了暂时的经济困难，一些科学家的外籍妻子纷纷离开了中国。李爱扶不但坚决不走，而且想尽各种办法帮助黄昆克服困难。例如，买不到香烟，她就在自家的花盆中种上烟草，并精心管理，采收了烟叶供黄昆吸烟。她与黄昆同甘苦，共患难，携手度过难关。粉碎“四人帮”后，他们又共同在科学和教育上做出了新的贡献。黄昆与李爱扶之间纯洁忠贞的爱情超越了国籍，超越了年龄，超越了语言障碍，超越了传统观念，经受住了人生道路上的各种艰难困苦的严峻考验。夫妻二人互敬互爱，携手并肩，真正做到了事业成功，家庭幸福。

家庭是永远的依靠，事业是追求的目标。家庭与事业是对立统一的辩证关系，两者密切联系、相互作用、相互影响、相互制约。为了形象地表述家庭与事业的相互作用，在一定的意义上可以说：家庭是事业的港湾，事业是家庭的航船；家庭是事业的保证，事业是家庭的支撑；家庭是事业的依托，事业是家庭的寄托；家庭是成就事业的环境，事业是温馨家庭的基础；家庭是事业有成的必要条件和不竭动力，事业是幸福家庭的物质保证和精神支柱；家庭是自然科学家放心的地方，事业是自然科学家用心的地方；家庭不仅是自然科学家居住的场所和生活的地方，而且是自然科学家精神的家园和心灵的归宿；事业不仅是自然科学家所从事的工作和职业，而且是自然科学家追求的目标和渴望实现的理想。家庭与事业每一方搞好了都会对另一方起促进和推动作用，每一方搞不好都会对另一方起阻碍和束缚作用。可见，事业和家庭都是一个人应当努力做好的两件大事、应当鼎力承担的两种责任、应当竭力完成的两种使命和应当全力履行的两种义务。既不是要选择哪一个或放弃哪一个，也不是要搞好哪一个或牺牲哪一个，而是要把两者都做好。

综上所述，事业与家庭是既有区别又有联系的，既不能因为有区别就把两者割裂开来、孤立起来，甚至对立起来，也不能因为有联系就把两者等同起来、混为一谈或互相代替。我们要以杰出自然科学家为榜样，进一步深入研究、科学认识、正确对待和妥善处理事业与家庭的关系，使两者有机结合、互相促进、相辅相成、相得益彰，也就是实现两者全面发展、协调发展和可持续发展。换言之，就是要尽快建立和不断完善事业与家庭有机结合、互相促进的长效机制，既获得事业的成功，又享受家庭的幸福，进而做到事业灿烂辉煌，家庭幸福美满。

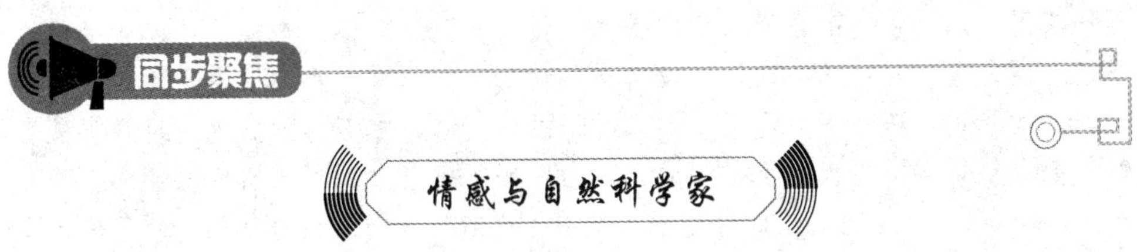

情感与自然科学家

科学是人的科学，是由人创造的并为人服务的，即科学是人为的和为人的事业。科学研究是主体与客体的统一、反映与创造的统一、科学性与人性的统一。著名物理学家爱因斯坦指出："科学作为一种现存的和完成的东西，是人们所知道的最客观的，同人无关的东西。但是，科学作为一种尚在制定中的东西，作为一种被追求的目的，却同人类其他一切事业一样，是主观的，受心理状态制约的。"[①]科学研究不是纯客观的，而是要打上主体的烙印；科学研究不是纯粹理性的事业，而是与自然科学家情感密切相关的人性化的事业。在科学工作中不投入情感只能做到称职，只有投入情感才能做到优秀。

列宁曾深刻指出："没有'人的感情'，就从来没有也不可能有人对于真理的追求。"[②]波兰天文学家哥白尼深有体会地说："在人类智慧所哺育的名目繁多的文化和技术领域中，我认为必须用最强烈的感情和极度的热忱来促进对最美好的、最值得了解的事物的研究。"[③]美国著名科学史家乔治·萨顿明确指出："无论科学活动的成果会是多么抽象，它本质上是人的活动，是人的满怀激情的活动。"[④]科学研究的主体是人，人都是有情感的。的确，自然科学家是生活在一定自然环境、

① 爱因斯坦．爱因斯坦文集（增补本）第一卷[M]．许良英，李宝恒，赵中立，等编译．北京：商务印书馆，2009：428.

② 列宁．列宁全集（第20卷）[M]．中共中央马克思恩格斯列宁斯大林著作编译局，译．北京：人民出版社，1958：255.

③ 哥白尼．天体运行论[M]．叶式辉，译．北京：北京大学出版社，2006：3.

④ 萨顿．科学史和新人文主义[M]．陈恒六，刘兵，仲维光，译．上海：上海交通大学出版社，2007：35.

社会环境和人文环境中的有血有肉的人，也是情感丰富的人。无论在何时何处，自然科学家与情感都是须臾不分离的。虽然在不同时间、不同地点、不同情况下，自然科学家可能具有不同的情感，但从事科学研究的自然科学家总是具有情感的，不具有情感的自然科学家是不存在的。自然科学家的情感时时刻刻都在对自然科学家的科学活动发生作用、产生影响，常常是通过对自然科学家的心态、情绪、性格、气质、意志、品德、精神的作用和影响去对科学研究产生作用和影响。由于作为科学活动主体的自然科学家是身、情、意的统一体，是德、才、识的结合体，是真、善、美的追求者，所以科学活动的展开与成效不仅取决于知识的主导作用，而且也取决于对科学活动对象的情感体验和意志努力。的确，科学事业不仅需要自然科学家付出脑力、体力、精力，而且需要自然科学家付出情感。正如马克思所说："人是有激情的存在物。激情、热情是人强烈追求自己的对象的本质力量。"[①]著名物理学家爱因斯坦也指出："人类所做和所想的一切都关系到要满足迫切的需要和减轻苦痛。如果人们想要了解精神活动和它的发展，就要经常记住这一点。感情和愿望是人类一切努力和创造背后的动力，不管呈现在我们面前的这种努力和创造外表上多么高超。"[②]一个对科学没有深厚情感的人不可能在科学上有所作为，因而也就不可能成为自然科学家。搞科研、写论文一定要有激情。情深意自浓，情酣意自畅。有特好心情，才有最佳状态；优化心境，才能走出困境。

只有心胸开阔，才能思维活跃；
只有心情舒畅，才能思想开放；
只有情感丰富，才能开阔思路；
只有情感充沛，才能出类拔萃！

激情能产生活化能，从而能促使主体活力迸发，进而产生强劲的内生动力。科学技术史上的大量事实表明，丰富的情感能把人常态的和潜在的智能都充分调动起来和有效发挥出来，因而能激活人的思维，往往能使人得到超常发挥。情理是相通的，情感的闸门打开了就能冲开思维的闸门。当一个人热情奔放、激情澎湃、豪情满怀时，精神就会高度兴奋，思维就会空前活跃，这样就会使人由常态

① 马克思．马克思恩格斯全集（第42卷）[M]．中共中央马克思恩格斯列宁斯大林著作编译局，译．北京：人民出版社，1972：169．

② 爱因斯坦．爱因斯坦文集（增补本）第一卷[M]．许良英，李宝恒，赵中立，等编译．北京：商务印书馆，2009：403．

跃迁到激发态，从而使人思路开阔，触类旁通，妙思泉涌，奇思奔腾，于是思维的巨流汹涌澎湃，不可阻挡，最后终将冲开问题的堤坝……这时往往容易迸发出创造性思维的火花，常常能激发出灵感，容易取得原始性创新成果。情感对自然科学家的作用不可低估，远远超过人们通常的认识和想象。情感是自然科学家进行科学创造的心理动力，情感充沛的时候也往往是创造力迸发的时候，常常能促进科学成果的诞生。哥白尼深有体会地所说："不可思议的情感的高潮和鼓舞，才发现日心说。"①

从兴趣激发到思维拓展，从潜能释放到动力激活，从精神兴奋到创造力迸发，都离不开情感激励。激情焕发精神，激情激扬生命；激情唤起使命，激情激活人生；激情鼓舞斗志，激情激励言行；激情诱发灵感，激情激发潜能；激情荡涤倦怠，激情驱走平庸。激情促进人实现由平凡向伟大的飞跃和由普通向崇高的升华。让我们以科学家为榜样，对科学充满真情、饱含热情、满怀激情，心系科学情自真，志在科学情必深。只有对科学有真挚深厚的情感，才能对科学有不解之缘、不舍之情和不忘之怀，才能心向科学、情系科学、志在科学，从而才能对科学由兴趣上升到追求，由自发上升到自觉，由精神上的拳拳服膺上升到行为上的孜孜以求。让真情为科学涌动，让激情为科学澎湃，让生命为科学精彩绽放。

① 王极盛．科学心理学[M]．杭州：浙江教育出版社，1987：68．

第二十六章　高度重视和充分利用现在

如何科学认识、正确对待和妥善处理过去、现在、未来三者之间的关系？这是人们普遍关心和特别感兴趣的一个话题，自然科学家的回答也为解决这一问题提供了一把金钥匙，尤其是启迪人们应当高度重视和充分利用现在。

毫无疑问，在“过去—现在—未来”这一链条中，现在是最关键的一环，它是过去和未来联系的纽带、连接的桥梁和转变的中介。过去是曾经的现在，现在终将要转化为过去。过去和未来都是由现在转变而成的：现在的过去是由过去的“现在”转化而来的，未来是由现在发展而成的。从特定意义上可以说，一个人的过去和未来都是由现在决定的。有一个充实的现在，才能有一个辉煌的过去和美好的未来。因而，如何度过现在是至关重要的，埋怨过去和幻想未来都不如正确对待现在。许多自然科学家都高度重视和充分利用现在，留下了许多名言警句，积累了宝贵的经验。例如，居里夫人有一条很重要的人生原则：“从不看已经做了什么，而只看还应该做什么。”根据这条原则，度过现在的最好办法就是做自己应该做、能够做、擅长做的事。再如，美国科学家富兰克林的经验则是：“勤勉。不浪费时间；每时每刻做些有用的事，戒掉一切不必要的行动。”[①]根据这一经验，度过现在的最好办法就是“每时每刻做些有用的事，戒掉一切不必要的行动”。

不能正确认识和对待现在的人往往会发出“生不逢时”的抱怨，常常把“生不逢时”作为虚度年华的理由和无所作为的借口。请看居里夫人是如何看待这一问题的。1913 年 1 月 6 日，居里夫人在给她的外甥女涵娜・扎拉伊的信中写道：“……你写信对我说，你愿意生在一世纪以前……伊雷娜对我肯定地说过，她宁可生得晚些，生在未来的世纪里。我以为人们在每一个时期都可以过有趣而且有用的生活。”[②]这是对“生不逢时”论者的最巧妙的回答和最有力的批驳。的确，一个人出生在哪个时代不能由自己选择，但怎样做却能自己选择。问题的关键不在于出生在哪个时代，而在于怎样度过自己的一生。哪个时代都有英雄和伟人，同

① 王涵，等. 名人名言录[M]. 上海：上海人民出版社，1983：223.

② 艾芙・居里. 居里夫人传[M]. 左明彻，译. 北京：商务印书馆，1984：265.

样，哪个时代都有懒汉和庸人。只有像居里夫人那样树立正确的人生观和价值观，才能在每一个时期都过有趣而且有用的生活，这样才能有意义地度过自己的一生，而不会有“生不逢时”的抱怨。杰出自然科学家都是不抱怨的人，与其喋喋不休地抱怨，不如腾出时间来做应该做、能够做且对人类有益的事；与其怨声载道、牢骚满腹，不如开开心心、快快乐乐地过有趣而且有用的生活。

你对现在的态度不仅决定你怎样度过现在，而且决定你有一个怎样的过去和怎样的未来。你对现在的态度决定你对过去和未来的态度，你对过去和未来的态度反映和体现你对现在的态度。可见，对待现在的态度非常关键、特别重要。不能正确认识和对待现在的人往往也不能正确认识和对待过去和未来，这些人的一个共同特点是总后悔过去、埋怨现在、幻想未来，总把希望寄托于未来，其生活模式是“后悔—埋怨—幻想—再后悔—再埋怨—再幻想……”其结果是希望永远不会实现，一直处于痛苦之中。1928 年 12 月 29 日，居里夫人在给她的大女儿伊雷娜·约里奥-居里和大女婿弗雷德里克·约里奥-居里的信中写道：“愿你们每天都过得愉快，不要等到日子过去了才找出它们的可爱之点，也不要把所有特别合意的希望都放在未来。人越老越觉得，能够享受目前的生活是一种极可贵的天赋，可以与得神佑相比拟。”[①]这段话说得何等好啊！它提醒人们不要等到日子过去了才认识到它们的可爱，启迪人们既不要沾沾自喜地停留在过去，也不要把一切美好的愿望都寄托于未来，而要高度重视和充分利用现在。强调要珍惜生命，热爱人生，重视现在，珍惜现在，利用现在，快乐现在。珍爱现在就是珍爱人生，珍爱拥有，珍爱幸福。时间像生命一样宝贵，应当像珍惜生命一样珍惜时间，因为时间像生命一样给予人的机会只有一次，稍纵即逝，一去不复返。的确，事情不经过不知难，时间不失去不识贵。拥有现在是一种资源和一种条件，也是一种机遇和一种挑战，更是一种幸福和一种快乐。珍惜自己所拥有的远比去谋求那些遥不可及的、本不属于自己的更明智，更重要，更有意义。对已经拥有的要知珍识贵并充分高效利用，千万不要等到失去了才意识到它的可贵，珍惜现在的拥有才能更好地谋划未来。

需要强调指出和特别注意的是，高度重视和充分利用现在，不仅是指要高度重视和充分利用上班时的工作时间，而且是指要高度重视和充分利用下班后的业余时间。爱因斯坦曾有一句发人深省的名言：“人的差距在于业余时间。”[②]的确，

① 艾芙·居里．居里夫人传[M]．左明彻，译．北京：商务印书馆，1984：299.

② 李慎明．自信人生幸福来[N]．光明日报，2011-09-15（6）.

在人的一生中，业余时间是很多的，业余时间的利用常常被忽视，业余时间的浪费往往很严重，如何充分有效地利用业余时间应引起每个人的高度重视和特别关注。因为业余时间利用的效率和效果对一个人的成长、成功、成才关系密切，作用极大。知识往往是在业余时间中得到丰富，能力常常是在业余时间中得到增强；素质经常是在业余时间中得到提高，精神时常是在业余时间中得到升华；优势往往是在业余时间中形成，差距常常是在业余时间中产生。人的差距不仅表现在上班时如何工作，更表现在下班后如何生活。

过去是历史，现在是机遇，未来是理想；以平常心对待过去，以进取心对待现在，以自信心对待未来；不忘记过去，不虚度现在，不辜负未来；对过去不后悔，对现在不遗憾，对未来不灰心；在回顾历史时不失镇定，在对待现实时不缺干劲，在面向未来时不失信心。现在既继承过去又奠基未来，我们要以居里夫人等杰出自然科学家为榜样，高度重视和充分利用现在，把“后悔过去、埋怨现在、幻想未来”变为“总结过去、奋斗现在、创造未来”，努力使自己有一个辉煌的过去、充实的现在和美好的未来。

过去是一座座里程碑，现在是一次次新机遇，未来是一个个目的地；在追忆中告别过去，在奋斗中创造现在，在憧憬中拥抱未来；永不忘记过去的经历，永不放松现在的努力，永不放弃对未来的追求；昨天是难忘的记忆，今天是真实的拥有，明天是美好的希望；不为昨天叹，不为今天愁，不为明天忧；勿忘昨天，无愧今天，不负明天。其实，一个人明天的成就就是他昨天的理想和今天的努力。要让今天既成为昨天辉煌的续写，又成为明天奇迹的开始。

昨天已成过去，明天尚未到来，何不珍惜今天。实际上，人永远生活在“今天”中，只不过“今天”是动态的；同理，人永远生活在“现在”中，只不过“现在”是动态的。重视、珍惜和充分利用现在就是要强调重视、珍惜和充分利用今天。珍惜现在的每一天，奋斗现在的每一天，脚踏实地、有意义地度过现在的每一天。每个人每一天都要为了明天而做好今天，即每个人都要为了未来而做好现在。人们常说“创造未来”，怎样创造未来？不可能在未来中创造未来，只能在现在中创造未来，不珍惜和不充分利用现在就无法创造未来。

过去是现在的遗留历史，未来是现在的发展趋势。虽然过去无法选择，未来很难预料，但是现在完全能由自己把握，每个人都可以通过做好现在去优化过去和开创未来。因为过去和未来都是由现在决定的，你怎样度过现在不仅决定你有一个怎样的现在，而且决定你有一个怎样的过去和怎样的未来。现在的生活有多努力，未来的生活就有多甜蜜，过去的岁月就多有意义；现在有多努力，未来就有多美好，过去就有多辉煌。超越现在，才能走向未来。现在并不代表未来，无论现在的条件多么艰苦，都不应成为自卑的理由；无论现在的条件多么优越，都不应成为骄傲的资本。现在的努力方向就是未来的发展目标，既要立足于现在的条件而起步，又要超越现在条件的束缚而驰骋。勿忘过去的经验与教训，无愧现在的责任与使命，不负将来的追求与理想。只有这样，才能真正做到无悔过去，无愧现在，不负未来。

把过去留给历史学家去评说；
把未来留给预言学家去幻想；
把现在留给自己去努力奋斗！

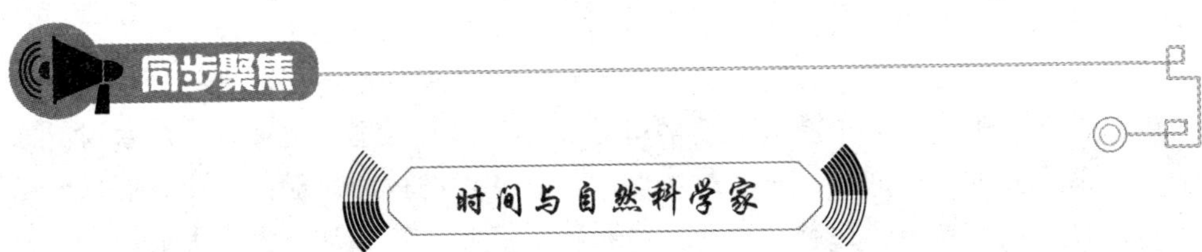

时间与自然科学家

斗转星移，光阴荏苒；时间流逝，四季轮转；沧海桑田，岁月嬗变。光阴无声，岁月有痕。时间是无形的，既看不见，也摸不着，但它确是真实地客观存在着。时间是最容易具有又最容易失去的条件，也是最容易得到又最容易浪费掉的稀有资源。人的一切成就都是时间与行动化合的产物，对时间的态度和利用效果既是测量人智力因素高低的刻度尺，又是检验人非智力因素优劣的试金石，不仅关系到一个人成就的大小和多少，甚至决定人生的成败。时间对于探求科学真理的科学工作者更具有特殊重要意义。正如美国生理学家沃尔特·布拉福德·坎农（Walter Bradford Cannon，1871—1945）所指出的："这个时间因素必不可少。一个研究人员可以居陋巷，吃粗饭，穿破衣，可以得不到社会的承认。但是只要他有时间，他就可以坚持致力于科学研究。一旦剥夺了他的自由时间，他就完全毁了，再不能为知识作贡献。"①

时间是公平的，每个人利用时间的机会均等，但每个人对时间的态度和利用时间的效果是不同的，正是这一差别造成了人生的差别。

善于利用时间是所有成功者（包括自然科学家）的共同经验，善于利用时间主要表现在两个方面：一是通过勤奋和苦干去尽量延长工作时间；二是通过智慧和巧干去不断提高利用时间的效率和效益。

---

① 贝弗里奇．科学研究的艺术[M]．陈捷，译．北京：科学出版社，1979：159.

时间是载今记往的刻度，是衡量历史的坐标，也是衡量人生的基本坐标。不仅生命的长短要用时间来度量，而且生命的质量、价值和意义也要通过时间的利用效率和效益去评价。对于一个人来说，时间就是工作，时间就是生活，时间就是成果，时间就是生命。对待时间的态度就是对待生命的态度，浪费时间就是浪费生命，节约时间就是延长生命，珍惜时间就是珍爱生命，提高时间利用效率和效益就是提高生命质量、增大生命价值和提升生命意义。浪费时间就是虚度人生，充分高效地利用时间就是有意义地度过人生。提高时间的利用效率和效益就是提高人生的效率和效益，既充分又高效地利用时间就是既高效率又高效益地度过人生。

不管你自觉不自觉或意识到没意识到，也不管你愿意不愿意或喜欢不喜欢，你每天都生活在时空中，每时每刻都在度过时间。奋斗在时间中进行，成果在时间中获得，人生在时间中度过；效率用时间计算，人生用时间衡量，历史用时间书写。懒惰者浪费时间，勤奋者抓紧时间，智慧者高效利用时间。让我们以时间为横坐标，以成就为纵坐标，用自立、自信、自强、自主这条主线去描绘自己光辉灿烂的人生图像吧！

时间是蕴藏丰富的宝贵资源，看你如何开发；
时间是潜力巨大的无形资产，看你如何增值；
时间是人人都可拥有的条件，看你如何利用；
时间是特殊稀有成本的投入，看你如何产出。
时间是不可重复的珍贵财富，看你如何珍惜；
时间是稍纵即逝的难得机遇，看你如何把握。
时间是持续不断的严峻挑战，看你如何应对；
时间是成长成才的人生舞台，看你如何出彩！

逝去的每一寸光阴都不能生还，亲历的每一段岁月都无法再现。时间的不可逆性决定了时间一去不复返，既不会重复，也不可能被复制。因而，时间像生命一样给予人的机会只有一次，稍纵即逝。每一天、每一时、每一刻都是一次难得的机遇，机不可失，时不再来。的确，时间是无假期的，就像作物的生长无假期一样，人才的成长也无假期，活着的每一天都是成长日。因此，我们必须像珍惜生命一样珍惜时间，真正做到“勤勉。不浪费时间；每时每刻做些有用的事，戒掉一切不必要的行动”。

才能在时间中递增，
素质在时间中提升；

差距在时间中产生，
优势在时间中形成。

时间给人机会均等，
利用效果各有不同；
勤奋者都收获颇丰，
智慧者多赢得成功！

时间无限，人生有限，要把人生有限的时间用来做有意义的事。富兰克林一再警告人们："你可以迟到，但时间不会。"①的确，人生的竞争，归根结底是对时间利用的竞争，问题的关键不在于时间本身，而在于你以什么样的态度对待时间和以什么样的实际行动去度过时间。一个人怎样度过时间就决定你怎样度过人生，从而也就决定你成为怎样的人。自我管理中最重要的是做好对自己时间的管理。一个成为时间主人的人，只有充分高效利用时间的行动，而没有浪费时间的理由，更没有工夫抱怨时间不够。人们都追求低成本、高效益、大价值，而节约时间既是降低成本又是提高效益，还是增大价值，真是一举三得，何不乐而为之？让我们以杰出自然科学家为榜样，做经得起时间考验的事情，努力做到分分秒秒不白过，实实在在有收获，既充分又高效地利用时间，为人类的全面发展、协调发展和可持续发展做出更大的贡献。这样才不枉时间流逝，不负历史所托，不愧时代所盼，不失人民所愿。

时间是衡量人生的尺度，
人生是度过时间的函数。
成长是紧跟时间的脚步，
成就是善用时间的产物。

时间是人生的真实记录，
人生是时间撰写的专著；
时间是人生的珍贵财富，
人生是时间创作的雕塑。

时间是稀有成本的投入，

① 富兰克林．富兰克林自传[M]．米子，译．广州：花城出版社，2004：269.

人生是奋斗成果的产出。
时间稍纵即逝、不可重复，
人生独一无二、大展宏图！

时间是伟大的作家，不仅能书写历史，而且能为人著传；时间是公正的裁判，不仅能检验、证实真理，而且能辨析对错、摒弃谬误。流逝的是时间，沉淀的是岁月。时间是流动的风景，惹人好奇、让人着迷、引人入胜，岁月是奇特的旅行，使人留恋、令人难忘、耐人回味。只有充分高效地利用时间，才会留下峥嵘出彩的人生岁月。

时间在春夏秋冬里流出一片新意，人生在时间空间中创造万千奇迹！

让我们敲响时间的键盘，输入自己的贡献，创造人生的奇迹，谱写历史的新篇！

第二十七章　把可能变为现实

简言之，自然科学家的作用和功能就是把未知变为已知，把不可行变为可行，把不能做变为能够做。透过现象看本质，可以把自然科学家的工作概括成一句话：把不可能变为可能，再把可能变为现实。这样，自然科学家成功的秘诀就可以用一个共同的公式来表达：

$$\text{不可能}\xrightarrow{\text{转变为}}\text{可能}\xrightarrow{\text{转变为}}\text{现实}\cdots\cdots$$

这是一个普遍适用的公式，对每一个自然科学家都是适用的。

从特定意义上可以说：什么是奇迹？把不可能变为现实就是奇迹。什么是科学？把未认识变为已认识（把不知道变为已知道）就是科学，科学使人类由未知到已知。什么是技术？把不能做变为能够做就是技术，技术使人工自然由无到有。可见，把未知变为已知就是科学发现，把不能做变为能够做就是技术发明。杰出自然科学家从不因为“不可能”而放弃探索和研究，因为在杰出自然科学家的字典里根本就没有“不可能”，他们从事科学工作的宗旨和根本任务就是将不可能变为可能并将可能变为现实。人类应竭尽全力在未知领域努力探索，在已知领域重新发现，努力将尽量多的未知尽可能快地转化为已知，将尽量多的不能做尽可能快地转化为能够做，一句话，将尽量多的不可能尽可能快地转变为可能并将可能转变为现实。

从特定意义上可以说，人类进步的历史、科学发展的历史都是一个不断地把不可能变为可能并把可能变为现实的历史，科学创造的过程就是挑战一个个不可能的过程。自然科学家就是把可能变为现实的闯将、先锋和英雄，不断创造把可能变为现实的纪录，又不断打破这一纪录。例如，爱迪生在发明电灯时试验了6000多种材料后才找到比较理想的灯丝材料，相当于把六千分之一的可能变成了现实；居里夫妇在简陋的棚屋中、应用简陋的仪器、在极其艰苦的条件下奋战了45个月，终于从8吨沥青铀矿残渣中提炼出0.12克氯化镭，相当于把大约六千七百万分之一的可能变成了现实。这一空前壮举的作用和意义远远超过了他们所做出的科学发现和技术发明本身的作用和意义，也远远超过了人们通常的认识和想象，不仅极大地提高了人类把可能变为现实的能力，而且极大地增强了人类把可能变为现实的信心和勇气。人们常说："在科学研究中只要有百分之一成功的可能，就要用百分之九十九的努力去争取。"但当我们了解了居里夫妇的惊人事迹后，这段话就应当改为"在科学研究中只要有千万分之一成功的可能，就要用千万倍的努力去争取"。推而广之，在做一切对人类有益的事情时，只要有千万分之一成功的可能，就要用千万倍的努力去争取。这可以说是关于居里夫妇科学发现的再发现。试想，如果人们能够把向居里夫妇的学习真正落到实处，人们的信心、勇气、工作效率和效益又能提高多少倍呢？人们所取得的工作成果又能增多和增大多少倍呢？人类将开创出什么样的把可能变为现实的新局面呢？这难道不值得我们每一个人深思吗？

把不可能变为可能，再把可能变为现实；把新的不可能变为新的可能，再把新的可能变为新的现实……如此循环往复，以至无穷。每一次循环都使人类把可能变为现实的途径、手段、方法、措施不断发展，从而使人类不断提高和进步。

随着科学技术的发展和人类的进步，把可能变为现实的途径、手段、方法、措施也在不断发展和进步。把可能变为现实的状况和水平标志并反映着科学技术发展的状况和水平，也标志并反映着人类文明的状况和水平。从这个特定的意义可以说，把可能变为现实是衡量科学技术和人类文明的一把尺子，也是评价科学技术和人类文明的一个指标。

既要看到把可能变为现实的必要性和重要性，更要看到把可能变为现实的复杂性和艰巨性；既不能否认把可能变为现实的可能性，又不能把可能变为现实简单化；既要增强把可能变为现实的信心，提高把可能变为现实的勇气，又要具有把可能变为现实的坚强意志和锲而不舍的精神；既要树立把可能变为现实的雄心壮志，又要具有把可能变为现实的素质和能力。简言之，不仅要有勇于把可能变为现实的精神，更要有善于把可能变为现实的本事。

实际上，人们实现理想的过程就是把可能变为现实的过程。世界上并不缺少有理想的人，却异常缺少把理想变为现实的人，其实质就是异常缺少把可能变为现实的人。换言之，能否把可能变为现实，关系到能否实现理想的大问题。为了实现理想，我们既要敢于把可能变为现实，又要乐于把可能变为现实，更要善于把可能变为现实。

人类蕴藏着把可能变为现实的巨大潜力，人类从来没有停止过把可能变为现实的努力，不断挑战把可能变为现实的极限，又不断超越这一极限。实际上，人类发展的历史就是不断地把可能变为现实的历史，也是不断创造把可能变为现实新纪录的历史。随着科学技术的飞跃发展，人类把可能变为现实的能力也将大幅度提高。展望未来，一切皆有可能。人类发展的历史事实已经证明并将继续证明：只要像杰出自然科学家那样具有创新的思维和掌握创新的方法，超越梦想就不再是梦想，实现不可能也不再是不可能！

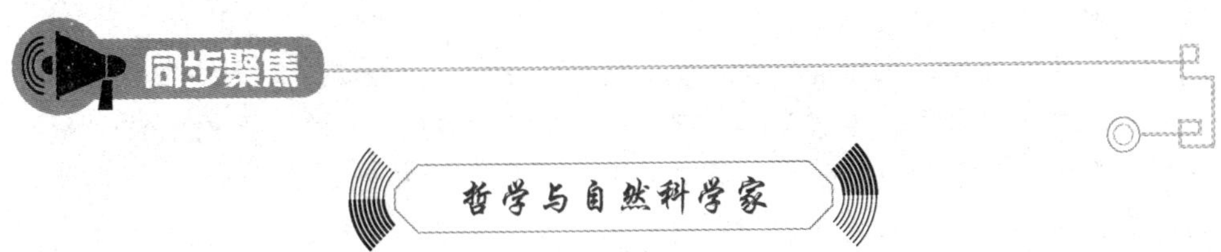

哲学与自然科学家

哲学是给人智慧、使人聪明的学问，创造性地学习、探究和应用哲学可以帮助人们找到一条通达智慧的途径。自然科学家所从事的科学探索、科学研究、科学创造工作是一项典型的智慧工作，因而更需要哲学的指导。哲学对自然科学研究的指导作用是客观存在的，不管自然科学家愿意不愿意、喜欢不喜欢、自觉不自觉、意识到还是未意识到。正如恩格斯所指出：“不管自然科学家采取什么样的态度，他们还是得受哲学的支配。问题只在于：他们是愿意受某种坏的时髦哲学的支配，还是愿意受一种建立在通晓思维的历史和成就的基础上的理论思维的支配。”[①]爱因斯坦也深刻指出：“如果把哲学理解为在最普遍和最广泛的形式中对知识的追求，那么，显然，哲学就可以被认为是全部科学研究之母。”[②]爱因斯坦作为自然科学家是伟大的，作为哲学家也并不渺小。他从切身体会中认识到了哲学对自然科学研究的指导作用，所以才总结概括出了这段至理名言。此名言是关于哲学对自然科学研究指导作用的绝妙说明，认真分析、完整理解和深刻领悟这段名言，对我们科学认识和有效发挥哲学对自然科学研究的指导作用具有重要意义。

对于哲学，至少可以从4个角度下定义。

（1）从哲学与世界观的关系看，哲学是关于世界观的学问，是理论化、系统化的世界观。

---

① 恩格斯．自然辩证法[M]．中共中央马克思恩格斯列宁斯大林著作编译局，译．北京：人民出版社，1971：187.

② 爱因斯坦．爱因斯坦文集（增补本）第一卷[M]．许良英，李宝恒，赵中立，等编译．北京：商务印书馆，2009：696.

（2）从哲学与各门具体科学的关系看，可以分两种情况来讨论：首先，从哲学与已有各门具体科学的关系看，哲学是关于自然科学、社会科学、人文科学的概括和总结，即哲学是对上述3门科学的批判性反思、创造性提升和超越性综合；其次，从哲学与尚未产生的各门具体科学的关系看，即从哲学与科学研究的关系看，哲学是全部科学研究之母。

（3）从性质看，哲学是以最一般的范畴反映并反作用于社会存在的社会意识形态，属于上层建筑。

（4）从功能看，哲学既是世界观，又是方法论，是世界观和方法论的统一。

关于哲学对自然科学研究的指导作用，爱因斯坦用了一个形象的比喻："哲学就可以被认为是全部科学研究之母。"这句名言不仅明确肯定了哲学对自然科学研究具有指导作用，而且为正确理解这一指导作用指明了方向。第一，哲学不是对自然科学起指导作用，而是对自然科学研究起指导作用。换言之，哲学不是直接作用于自然科学，而是通过对自然科学研究的主体——自然科学工作者的作用来影响自然科学，即哲学对自然科学的作用是通过自然科学工作者这一中介来实现的。可见，自然科学不是哲学直接指导的对象，而是哲学对自然科学工作者的科学研究起指导作用的结果。所以，提"哲学对自然科学研究起指导作用"比提"哲学对自然科学起指导作用"更准确，更科学，更能避免混乱和减少误解。第二，哲学对全部科学研究都有指导作用，这里"全部"的含义非常广泛，不仅指自然科学研究的全部，而且指社会科学研究的全部和人文科学研究的全部，即指整个科学研究。

受爱因斯坦名言的启发，我们明确认识到：马克思主义哲学是全部科学研究之母，马克思主义哲学对自然科学研究的指导作用也是通过自然科学工作者这一中介来实现的。要进一步认清马克思主义哲学对自然科学研究的指导作用，必须进一步探讨"马克思主义哲学为什么能对自然科学研究起指导作用"和"马克思主义哲学怎样对自然科学研究起指导作用"这样两个问题。

马克思主义哲学为什么能对自然科学研究起指导作用？这既是一个非常复杂的理论问题，又是一个异常困难的实践问题，应多角度、多层次、全方位地进行论证。下面主要从马克思主义哲学与自然科学工作者的关系和对自然科学工作者的作用这一特定角度来论证这个问题。

（1）马克思主义哲学是一种科学的世界观，它可以为自然科学工作者提供辩证唯物主义的世界观、自然观、科学观，以及正确的人生观、价值观，而自然科学工作者从事自然科学研究总是在一定的世界观、人生观、价值观、科学观支配下进行的。

（2）马克思主义哲学是一种科学的认识论，而自然科学研究是自然科学工作者对自然界中的现象及其本质和规律的一种认识活动，自然科学工作者从事自然科学研究必然要受认识规律的支配。

（3）马克思主义哲学是一种科学的方法论，而自然科学工作者进行自然科学研究总是要运用一定的方法。恩格斯曾明确指出："马克思的整个世界观不是教义，而是方法。它提供的不是现成的教条，而是进一步研究的出发点和供这种研究使用的方法。"①

（4）马克思主义哲学是一种逻辑学——辩证逻辑学，它可以为自然科学工作者提供辩证思维方式和辩证逻辑，有助于自然科学工作者了解、认识和把握世界中各种事物、现象的辩证性质，有助于自然科学工作者深入研究、科学认识、正确对待和妥善处理世界中各种事物、现象的辩证关系。

（5）马克思主义哲学的突出优点是不被同时代自然科学知识的狭隘状况所局限，是创造性想象的重要通道和途径，是连接未知与已知的重要桥梁和纽带。自然科学研究是一种创造性思维过程，而马克思主义哲学为自然科学工作者提供的辩证思维方式是创造性思维的重要形式。

（6）从马克思主义哲学角度看，自然科学研究的实质就是探求和揭示自然界里现象中的本质、特殊中的普遍、偶然中的必然、相对中的绝对。这是对自然科学研究的哲学概括，揭示了自然科学研究的哲学本质，即是对自然科学研究所给出的哲学诠释。这也是对自然科学家求真过程的哲学概括，揭示了求真过程的哲学本质，即是对求真过程给出的哲学诠释。这还是自然科学研究与哲学具有密切关系的一个原因和表现，是"哲学就可以被认为是全部科学研究之母"的一个原因和依据，是马克思主义哲学之所以能对自然科学研究起指导作用的一个原因和依据。因为马克思主义哲学能指导自然科学工作者深入研究、科学认识、正确对待和妥善处理现象与本质、特殊与普遍、偶然与必然、相对与绝对的辩证关系，找到现象与本质、特殊与普遍、偶然与必然、相对与绝对的辩证联系与通道，进而指导自然科学工作者透过现象去认识和揭示本质，透过特殊去认识和揭示普遍，透过偶然去认识和揭示必然，透过相对去认识和揭示绝对。

为了深入研究马克思主义哲学对自然科学研究的指导作用，不仅要回答"马

① 马克思，恩格斯. 马克思恩格斯选集（第4卷）[M]. 中共中央马克思恩格斯列宁斯大林著作编译局，译. 北京：人民出版社，1995：742-743.

克思主义哲学为什么能对自然科学研究起指导作用"，而且必须进一步回答"马克思主义哲学怎样对自然科学研究起指导作用"。实质上，这是同一个问题不可分割的两个方面。回答前一个问题是回答后一个问题的前提和基础，回答后一个问题是对回答前一个问题的进一步说明、论证、补充和完善。马克思主义哲学对自然科学研究的指导作用主要表现在对自然科学工作者的观点、方法、思维方式等产生作用和影响。一般地说，马克思主义哲学对自然科学工作者所进行的科学研究活动是在3个不同的层次上起指导作用的，即这种指导作用是通过3种不同层次的途径来实现的。第一个层次是马克思主义哲学为自然科学工作者提供唯物辩证的世界观、方法论和思维方式，即为自然科学工作者提供辩证唯物主义的认识路线，这就为自然科学工作者提供了进行自然科学研究的总原则。例如，马克思主义哲学坚信世界的物质统一性和可知性，坚信物质运动是有规律的，规律是可以认识的。这种坚定的信念是自然科学工作者进行科学研究的前提，它可以坚定自然科学工作者进行自然科学研究的信心。第二个层次是马克思主义哲学为自然科学工作者提供唯物辩证的自然观、自然科学观和自然科学研究方法论，即为自然科学工作者确立了科学认识的路线和原则，这是自然科学工作者进行自然科学研究的基础。第三个层次是马克思主义哲学与具体科学知识和科学方法有机结合、密切协作，共同为自然科学工作者提供解决具体科学问题的具体的唯物辩证的立场、观点、方法和具体的辩证思维方法。只有到了这一层次，马克思主义哲学才能与具体科学知识和方法协作，共同指导和帮助自然科学工作者切实解决自然科学研究中的具体科学问题。

爱因斯坦深刻指出："认识论同科学的相互关系是值得注意的。他们互为依存。认识论要是不同科学接触，就会成为一个空架子。科学要是没有认识论——只要这真是可以设想的——就是原始的混乱的东西。"[①] "物理学的当前困难，迫使物理学家比其前辈更深入地去掌握哲学问题。"[②] "哲学的推广必须以科学成果为基础。可是哲学的推广一经建立并广泛地被人们接受以后，它们又常常促使科学思想的进一步发展，因为它们能指示科学从许多可能着手的路线中选择一条路

① 爱因斯坦．爱因斯坦文集（增补本）第一卷[M]．许良英，李宝恒，赵中立，等编译．北京：商务印书馆，2009：642.

② 爱因斯坦．爱因斯坦文集（增补本）第一卷[M]．许良英，李宝恒，赵中立，等编译．北京：商务印书馆，2009：553.

线。”[①]可见，马克思主义哲学修养如何不仅关系到自然科学工作者的世界观、方法论和思维方式，而且关系到自然科学研究的成败和成果的多少。因此，对于立志从事自然科学研究的人来说，马克思主义哲学修养绝不是无关紧要的小事情，而是至关重要的大事情。哲学是科学研究之母，实践是科学理论之源。我们应该自觉地做一名辩证唯物主义者，永远站在时代的制高点和实践的最前沿，开拓创新，主动作为，用哲学智慧创造出世界科学的中国奇迹和中国科学的世界魅力。

① 爱因斯坦．爱因斯坦文集（增补本）第一卷[M]．许良英，李宝恒，赵中立，等编译．北京：商务印书馆，2009：515．

第二十八章　从自我中解放出来

所谓人的自我解放，就是指一个人能从自己的束缚中解脱出来，成为自身的主人，获得真正的自由和健康发展，从而使自己不再是自己前进的阻力，而永远是自己前进的动力。著名物理学家爱因斯坦曾深刻指出："一个人的真正价值首先取决于他在什么程度上和在什么意义上从自我解放出来。"①这既是对人生价值的精辟论述，也是对人生价值与自我解放关系的透彻说明，还是对自我解放重要性的高度概括，亦是爱因斯坦的切身体会和宝贵经验。"在什么程度上从自我解放出来"，是指自我解放的量的方面，即是指自我解放的状况和水平，它反映自我解放的广度和深度；"在什么意义上从自我解放出来"，是指自我解放的质的方面，即是指自我解放的目的和性质，它决定自我解放的方向和价值。自我解放的这两个方面是密切联系、相互作用、相互制约、相辅相成的：只有树立正确的目的——为对人类有益的事业做贡献，才能为自我解放指明正确的方向和途径，从而才能为自我解放提供强大而持久的动力，进而才能持续不断地提高自我解放的程度；只有提高自我解放的程度，才能更迅速、更全面、更彻底地实现自我解放的目的、功能和价值。一般地说，在为了正确目的而进行自我解放的前提下，一个人的价值与其自我解放的程度成正比，自我解放的程度越高，价值也越大。

由于科技工作者所从事的科学探索、科学研究、科学创造都是创造性劳动，所以科技工作者实现自我解放就更为重要，也更为紧迫。科技工作者为什么要从自我中解放出来？首先，在一个人一生的征途中，来自主观世界的束缚和羁绊并不比来自客观世界的束缚和羁绊少，来自自身的困难和阻力并不比来自外界的困难和阻力小。为了摆脱来自主观世界的束缚和羁绊，为了克服来自自身的困难和阻力，就必须从自我中解放出来。其次，自然科学家总是生活、工作在一定的客观环境（包括自然环境和社会环境）之中，总要受到客观环境的影响和制约。为了摆脱来自客观世界的束缚和羁绊，为了克服来自外界的困难和阻力，也必须从

---

① 爱因斯坦．爱因斯坦文集（增补本）第三卷[M]．许良英，赵中立，张宣三，编译．北京：商务印书馆，2009：48．

自我中解放出来。再次，自我解放是一个人的根本解放，能引起思想解放、观念解放、情感解放、精神解放等一系列解放。为了实现人的全面解放、彻底解放和可持续解放，也必须从自我中解放出来。最后，自我解放能充分调动和有效发挥人的主动性、积极性和创造性，催生内生动力，从而能把人常态的和潜在的智能都充分调动起来和有效发挥出来，往往能使人得到超常发挥。换言之，自我解放能激活人的思维，使人由常态跃迁到激发态，从而使人精神振奋，活力迸发，思维活跃，思路开阔，妙思泉涌，奇思奔腾，这时往往容易迸发出创造性思维的火花并常常导致灵感产生，容易取得原始性创新成果。可见，为了使人得到超常发挥，为了促进创新，也必须从自我中解放出来。

从自我解放这一特定角度看，一个人成功的根本原因就是能从自我中解放出来，一个人失败的根本原因就是不能从自我中解放出来，自我解放能力是一个人的核心竞争能力和可持续发展能力，每个人都应该向自我解放要时间、要速度、要质量、要效益。人本身蕴藏着巨大的潜力，靠自我解放去从根本上挖掘；人本身储存着巨大的潜能，靠自我解放去从根本上释放；人本身是取之不尽的丰富资源，靠自我解放去从根本上开发；人本身是用之不竭的无形资产，靠自我解放去从根本上增值；人本身是无比珍贵的无形财富，靠自我解放去从根本上有效利用。自我解放的状况和水平在很大程度上决定人生发挥的状况和水平，从而决定人生的质量、价值、成就，进而决定人生境界的高度。

怎样才能从自我中解放出来？亦即如何才能实现自我解放？这既是一个非常复杂的理论问题，又是一个异常困难的实践问题；既是一个必须解决和意义重大的问题，又是一个极具挑战和充满魅力的问题，应多角度、多层次、可持续地进行开创性的理论研究和开拓性的实践探索。最核心的是要找到自我解放的有效途径和科学方法，最根本的是要尽快建立和不断完善自我解放的长效机制。为抛砖引玉，作者提出经过长期思考的 5 点建议。

（1）既要内化于心，又要外化于行。一个人要从自我中解放出来，就必须具有强烈的自我解放意识，不断提高对自我解放必要性、重要性和紧迫性的认识，不断增强自我解放的责任感、使命感和紧迫感，不断提高自我解放的自觉性、主动性、积极性和创造性，从而把自我解放既内化于心，又外化于行。具体地说，既要把自我解放内化为自我解放意识、自我解放理念、自我解放追求，又要把自我解放外化为自我解放实践、自我解放行为、自我解放业绩。

（2）既要从严治标，更要着力治本。对于自我解放，既要有治标之计，又要有治本之策，而且要认真贯彻落实，真正做到标本兼治。所谓治标，就是指通过严格要求自己和加强自我管理来促进自我解放；所谓治本，主要是指要高度重视对主观世界的改造，大力加强精神家园建设，自觉进行自我革命，尽快树立科学的世界观和正确的人生观、价值观、荣辱观、幸福观。光治标不可能长效，只有治本才能长效。要实现自我解放，不能只在治标上做文章，而要在治本上下功夫。

（3）既要实事求是，又要开拓创新。历史已经证明并将继续证明，凡是脱离实际和搞形式主义都不可能持久，只有实事求是才能持久。自我解放一定要从实际出发，实事求是，立足本职，立足生活，立足自己已有条件，使自我解放常态化。特别是要求真务实，讲求实效，千万不能走过场或搞形式主义。为使自我解放与时俱进地健康开展，为了拓宽自我解放渠道、优化自我解放方法和提高自我解放效果，还必须勇于开拓创新、不断深化改革，对自我解放进行创造性的理论研究和开拓性的实践探索，用新理念提出新思路，用新举措开辟新途径，用新方法解决新问题。不断开创自我解放的新局面，不断取得自我解放的新业绩。

（4）既要持之以恒，又要与时俱进。自我解放不是一劳永逸的短期行为，而是可持续的终身行为，必须持之以恒；又因为自我解放的内容、形式、途径、方法、标准、条件等都不是一成不变的，而是动态的、不断发展变化的，永无止境，所以还必须与时俱进。自我解放贵在持之以恒，难在与时俱进。所谓持之以恒，就是要做到在时间上的可持续，对一个人来说，要对自我解放具有坚定不移的信心、可持续进行的恒心和进行到底的决心，从而能卓有成效地终身进行；所谓与时俱进，就是指自我解放要努力做到在内容、形式、途径、方法上的创新和在质量、效率、效果上的提高，以便主动适应主、客观条件及其变化，促进自我解放时代化，使自我解放具有勃勃生机和旺盛活力。只要每一个人都能既持之以恒又与时俱进地去努力实现自我解放，那么每一个人和整个人类都一定会创造一个光辉灿烂的未来。

（5）既立足于当下，又着眼于长远。在考察、评价自我解放效果时，不仅要考察和评价当下的、表层的、显在的、容易看得见的宏观效果，而且要考察和评价长远的、深层的、潜在的、不容易看得见的微观效果；不仅要充分发挥自我解放显在的、近期的、现实的功能，而且要充分发挥自我解放潜在的、远期的、持久的功能。

自我解放不仅是一种号召、一种要求、一种目标，也是一种实践、一种行为、一种革命，还是一种意识、一种理念、一种精神，更是一种追求、一种理想、一种境界。可见，自我解放是对每个人主观世界的洗礼与改造，是在人们心灵深处所进行的一场深刻革命。自我解放是自我教育、自我发展、自我优化的基础和前提。我们要紧密结合本人实际去积极开展自我解放，真正做到把自我解放作为一种理念去树立和坚持，作为一项战略去贯彻和落实，作为一种目标去奋斗和拼搏，作为一种愿景去向往和实现，作为一种境界去追求和崇尚。只有这样，才能为自我解放提供强大而持久的动力，才能提高自我解放的效率和效果，才能使自我解放由自发上升为自觉，由被动变为主动，由治标变为治本，由短期变为长期，由断续变为可持续。

自我解放是被忽视了的领域，是未开垦的土地；是未挖掘的潜力，是未释放的潜能；是未开发的资源，是未利用的财富。我们一定要高度重视和深入研究自我解放这一领域，辛勤开垦并精心耕耘自我解放这一土地，下苦功夫并千方百计去挖掘自我解放这一潜力，花大力气并想方设法去释放自我解放这一潜能，既全面又彻底地开发自我解放这一资源，既充分又高效地去利用自我解放这一财富。

对于一个人来说，自我解放是毕生的主题，具有特殊的魅力。既要认识到自我解放的必要性、重要性和紧迫性，从而增强自我解放的责任感、使命感和紧迫感，又要认识到自我解放的长期性、复杂性、曲折性和艰巨性，从而提高自我解放的自觉性、主动性、积极性和创造性。我们要真正做到勇于自我解放，善于自我解放，乐于自我解放。只要可持续地进行自我解放就一定会有所收获，而且很可能是意想不到的巨大收获，让我们通过自我解放去创造人生奇迹吧！

杰出自然科学家也是卓越的自我管理专家，自我管理能力是杰出自然科学家成长、成功、成才的一种基本能力，自觉加强自我管理是他们成功和成才的重要原因之一，也是留给人们的一条宝贵经验。杰出自然科学家用一生的言行对“如何进行自我管理”做出了出色的回答，积累了丰富的经验，使人们深受教育，备受鼓舞，颇受启迪。

顾名思义，所谓自我管理，就是指自己管理自己，它是管理者与管理对象是同一个人的特殊管理系统。换言之，在自我管理中，自己既是管理者，又是管理对象；既是主体，又是客体。自我管理贯穿每个人人生的全过程，涉及人活动的方方面面，是一种非常基本和特别重要的管理形式，人的管理最基本、最大量、最常见的是自我管理。可见，自我管理不仅是一种非常特殊的管理，而且是一种特别重要的管理，既不可或缺，更不容忽视。由于自我管理适用对象最多，潜力最大，作用和影响面最广，因而研究自我管理的难度也更大，实施自我管理的困难也更多，正因为如此，自我管理的研究更富有魅力，提高自我管理的效率和效益也更具有价值和意义。通过比较分析可以发现，自我管理具有许多与其他管理形式不同的显著特点。

（1）同一性。在自我管理中，管理者与管理对象是同一的，管理主体与管理客体是同一的，即每个人都是自我管理的主体，因而有利于充分调动和有效发挥每个人参与并实施管理的主动性、积极性和创造性；在其他管理（如组织管理、企业管理、行政管理、社会管理等）中都是把人当作管理的对象——客体，因而不利于充分调动和有效发挥每个人参与管理的主动性、积极性和创造性。

（2）内在性。其他管理（如组织管理、企业管理、行政管理、社会管理等）都是外在因素、客观因素、外因，都需要通过自己的内在因素、主观因素、内因而起作用；而自我管理则完全是内在因素、主观因素、内因，即完全是由自己内在因素决定的管理。

（3）自主性。不受外界条件的限制，不受时空条件的限制，什么时间进行和怎样进行等都完全由自己自主决定。自我管理是一种自觉进行的管理，决定权完全掌握在自己手中，即完全是由自己自主决定和自主进行的管理。

（4）主动性。由于自我管理的主体是自己，即自我管理是自己做主进行的，所以自我管理不是被迫进行的，而是自愿进行的；不是被动进行的，而是主动进行的；不是“要我管理”，而是“我要管理”。因此，自我管理具有主动性、积极性和创造性。

（5）便利性。人人都可以进行自我管理，随时随地都可以进行，因而特别便于普及和推广。

（6）廉价性。自我管理无须较大投入就可进行，是一种低成本、高效益的管理。

（7）可持续性。自我管理不是阶段性管理，而是终身管理；不是断续的短期管理，而是一种可持续的长期管理——终身管理。

（8）潜在性。自我管理是一种无形管理，是一种潜在形态的管理，容易被忽视；同时，自我管理也是潜力巨大的管理，是一种蕴藏丰富、潜能巨大的管理资源，具有广阔的开发前景和重大的实用价值。

（9）自律性。自我管理是自律，而其他管理（如组织管理、企业管理、行政管理、社会管理等）都是他律。

（10）两面性。一方面，自我管理是一种有意识的自觉行为，非常有利于充分调动和有效发挥自己的主动性、积极性和创造性；另一方面，由于没有外来的压力和约束，如果自觉性不高或自律能力不强的话，则很难坚持。

（11）动态性。自我管理的内容、形式、条件、环境等都不是一成不变的，而是不断发展变化的，即是动态的。因而，自我管理必须与时俱进，以便及时适应主观条件和客观环境的各种发展与变化。

自我管理是一种特殊的管理，具有不能被其他管理形式所取代的特定性质和功能，具有鲜明的特色和很多突出的优越性，具有多方面的功能、作用、价值和意义。自然科学家成长、成才、成功的实践都说明：自我管理是培养自立、自信、自强、自主的最佳方式，是实现自我解放的有效途径，是进行自我开发的有效方法，是实现自我发展的根本途径。自我管理能激活管理的内驱动力，从而能将他律变为自律，将外在的规章制度等要求变为内在的需求和价值追求，进而使管理由自发上升为自觉、由被动变为主动、由短期变为长期、由断续变为可持续。简而言之，要可持续开展好自我管理并提高自我管理的效率和效益，自我认识是前提，自我教育是基础，自我调控是关键，自我解放是根本，自我发挥是核心。自我管理既要立足于自己已有的条件而起步，又要超越自己已有条件的束缚而驰骋。

自我管理的过程，也是自我提升、自我发展和自我实现的过程。换言之，自我管理的过程也是一个人成长的过程。从特定的意义上可以说，自我管理也是自我革命，它可以加强人的自身建设，进而提高人、完善人、塑造人，有利于实现人的全面发展、协调发展和可持续发展。自我管理的状况决定人生的状况，自我管理的质量、层次和水平决定人生的质量、层次和水平，提高自我管理的效率和效益就是提高人生的质量、增大人生的价值和提升人生的意义。自我管理的差别在很大程度上体现，甚至决定人生的差别。可见，自我管理能力是一个人的生存能力、竞争能力和发展能力。自我管理的空间有多大，人生的舞台就有多大，人生的成就就有多大，人生的价值就有多大。通过高效的自我管理，不仅可以做到自我实现，而且可以做到自我超越。纵观科学技术发展史和人类文明史可以发现，凡是有成就的杰出人物都是自我管理能力特别强和自我管理效果特别好的人！杰出自然科学家是自我管理的典范，为自我管理积累了丰富的经验。我们要以杰出自然科学家为榜样，从思索中认识自我，从学习中充实自我，从日常中管理自我，从管理中发挥自我，从实践中历练自我，从奋斗中实现自我，从发展中提升自我，从修养中优化自我，从创造中成就自我，从解放中超越自我，真正做到事自明、志自强、气自华、品自高。

自我管理是自己认识自己的一种深化，是自己规范自己的一种行动；是自己调节自己的一种手段，是自己开发自己的一种措施；是自己发展自己的一种方法，是自己成就自己的一种途径；是自己领导自己的一种担当，是自己经营自己的一项事业；是自己解放自己的一种提升，是自己塑造自己的一种创新；是自己主宰自己的一种觉醒，是自己超越自己的一种革命。自我管理的最大魅力是让每个人都成为自己的主人，从而找到自己的成长之路、成才之路、成功之路。管理以人为本，而人的管理以自我管理为本。自我管理是关于人的管理的管理之根、管理之基、管理之魂。真正的关于人的管理是自我管理，一个人怎样进行自我管理就决定怎样度过人生，从而也就决定成为怎样的人。可以毫不夸张地说，自我管理为我们提供了一把功能奇特、用途广泛的金钥匙，让我们充分发挥自己的聪明才智，正确地、创造性地运用这把金钥匙去打开自我财富之锁，向自我管理要时间，要速度，要质量，要效益。

自我管理是一种具有强大生命力、巨大实用价值和远大发展前途的重要管理形式，既是大有作为的广阔天地，又是大显身手的崭新领域。能否自觉做好自我管理关系到能否把人生的主动权掌握在自己手中和能否做更好的自己的大问题。我们一定要高度重视和大力开展自我管理，用发展自我管理的新思路和新举措去开创自我管理的新局面。自我管理方兴未艾，大有用武之地，大有可为，大有作为。让我们充分发挥自己的聪明才智，在自我管理的理论研究和实践探索上再创辉煌。愿每个人都能高度重视和大力加强自我管理，不断提高自我管理的效率和效益，全力以赴努力塑造一个更好的自己。在自我管理中得到历练，经受考验，促进成长，走向成功；在自我管理中创造幸福，体验幸福，感受幸福，享受幸福。

第二十九章　站在历史的高度看人生

人是物质与精神相统一的生命体，不仅有物质需求，更有精神追求。生命有限，但精神永存。人活着并不只是为了追求生命存在的价值和意义，更重要的是追求永恒的精神价值。因此，不仅要站在现实中看人生，更要站在历史的高度看人生。所谓站在历史的高度看人生，就是指不要只是站在有生之年看人生，而要站在人类历史的长河中，超越现实、超越个人有限生命去看人生。由于历史长于现实且高于现实，所以站在历史的高度看人生和站在现实中看人生就会有许多不同，甚至根本不同，就能站得高，看得远，思得深，做得好。例如，在现实中人们往往把金钱看得很重，但站在历史高度就会把金钱看得极轻，因为金钱不能买通历史，历史不重视金钱。人类文明史（尤其是科学技术史）是记载人类文明进步的历史，它只铭记对人类文明做出杰出贡献的人。不管与自然科学家同时代的达官显贵和富豪巨贾们在当时是多么风光、何等受青睐和如何得宠，但人类文明史却早已把他们遗忘；不管自然科学家在当时是多么贫困、何等受歧视和如何坎坷，但他们的业绩将永载史册。正如美国著名科学史家乔治·萨顿所指出："现在，谁还要去了解希腊，罗马或者文艺复兴时代的伟大企业家或财政家？他们的名字早被遗忘了。其中少数没有被人遗忘是因为他们赞助了学者、艺术家和科学家的不谋私利的活动。虽然人类非常尊重那些为人类物质生活需要服务而且卓有成效的人们，一旦他们死去，或者人们的观念不再受这些需要支配的时候，这类人就被抛至后台，而他们的臣仆——艺术家与科学家——则进入舞台的中心。人类的严肃裁决更加坚定了我的推断，这就是：从永恒的观点来说，丰富了人类精神生活的少数人是人类的真正代表。我们相信正是他们而不是别的人实现了人类的历史使命，难道不对吗？"[①]历史与现实不仅常常不同，而且往往正好相反：现实中被人们羡慕和崇拜的，往往恰恰是被历史所遗忘的，甚至是被历史所唾弃的；现实中被人们无视、轻视、蔑视的，常常恰恰是被历史所大书特书的，这大概是历史对现实的一种补偿吧。这也是历史高于现实之所在，还是历史比现实更公正

① 萨顿．科学的生命[M]．刘珺珺，译．上海：上海交通大学出版社，2007：61．

的证明，这可能是历史长于现实的缘故吧！

著名作家尼古拉·阿列克谢耶维奇·奥斯特洛夫斯基（Nikolai Alexeevich Ostrovsky，1904—1936）曾高瞻远瞩地指出："人生最美好的，就是在你停止生存时，也还能以你所创造的一切为人们服务。"[①]自然科学家的人生就是最美好的，因为自然科学家不仅在世时能为人类服务，而且在逝世后仍能以自己所创造的一切继续为人类服务。一般地说，自然科学家逝世后仍能继续为人类服务的途径主要有5条：一是通过自己的科学发现和技术发明，如法拉第发现的电磁感应定律、伦琴发现的X射线、瓦特发明的蒸汽机、爱迪生发明的电灯等；二是通过自己所撰写的科技写作作品（论文、著作），如李时珍的《本草纲目》、牛顿的《自然哲学的数学原理》、达尔文的《物种起源》等；三是通过设立科学奖励基金，如诺贝尔设立的自然科学奖（包括物理学奖、化学奖、生理学或医学奖）；四是通过建立实验室、科学研究所或创办报纸杂志，如居里夫人创办的巴黎镭研究院等；五是通过捐资助教、创办学校，如美国科学家富兰克林于1749年创办了费拉德尔菲亚学院。

上述这5个方面是站在历史的高度看，科技工作者一生最应该做的和最有意义的事。对于一个科技工作者来说，所谓站在历史的高度看人生，说得更具体一些，就是要在一生中努力做好3个方面的事情：一是矢志不渝地攀登科学技术高峰，创造性地进行科学技术研究，用尽毕生精力做出更多的科学发现和技术发明；二是持之以恒地从事科技写作，倾注毕生心血写出更多有价值的科技作品；三是尽自己所能，捐资创办实验室、研究所、学校、科技报刊、设立科学技术奖励基金等，为培养科学技术人才、促进和推动科学技术事业的发展做贡献！

杰出自然科学家是德、才、识的美妙结合，是真、善、美的光辉象征，不仅因为取得辉煌的科学成就而被千古传颂，同时还因为具有高尚的道德情操而万世流芳。杰出自然科学家的作用是巨大而持久的，影响是广泛而深远的，这种作用和影响突破了时间、空间的局限，摆脱了阶级、种族的束缚，克服了语言、文字的障碍，成为人类取之不尽的智慧泉和用之不竭的动力源。所以，我们要详细全面地了解杰出自然科学家，认真深入地研究杰出自然科学家，虚心刻苦地学习杰出自然科学家，积极努力地赶超杰出自然科学家。

在科学技术史上，许多杰出自然科学家往往都有一些普通人意料不到的超常做法和非凡表现，被人们视为奇迹，传为佳话。一般地说，杰出自然科学家超凡

---

① 王涵，等．名人名言[M]．上海：上海人民出版社，1983：5-6.

脱俗主要表现在两个方面：一是在道德品质上把别人做不到的变为能做到的，把理想变为现实；二是在科学上做出重大发现或在技术上做出重要发明，即在科学技术上把不可能变为可能，再把可能变为现实，即把未知变为已知，把不可行变为可行，把不能做变为能够做。还有一些杰出自然科学家为发展科学献出了自己的宝贵生命，如1912年提出大陆漂移说的德国气象学家魏格纳为了寻找大陆漂移的直接证据，多次去格陵兰探险，重复测量格陵兰相对于欧洲的漂移速度。1930年11月1日恰逢他50岁生日，魏格纳在格陵兰考察途中遇难，名副其实地做到了为科学而献身……这种超常之为和非凡之举无论在别人看来是多么离奇、如何不可思议和怎样无法理解，但对自然科学家本人来说却像瓜熟蒂落、水到渠成一样自然而然，既不奇怪，更不神秘。他们为什么要这样做？又为什么能这样做？原因究竟在哪里？这一直是人们津津乐道的话题和百思不得其解的问题。通过长期对自然科学史的研究和思索，我们越来越明确地认识到，虽然具体原因很多，但最根本的原因就有两条：一是能从自我中解放出来，二是能站在历史的高度看人生。这就是杰出自然科学家与众不同的原因、超凡脱俗的奥秘和出类拔萃的真谛。

当然，从自我中解放出来和站在历史的高度看人生这二者之间并不是毫不相关的和彼此孤立的，而是相互作用、相互影响、相互制约、相辅相成的：只有站在历史的高度看人生，才能彻底地从自我中解放出来；只有彻底地从自我中解放出来，才能真正站在历史的高度看人生。纵观科学史可以发现，从自我中解放出来和站在历史的高度看人生，这是杰出自然科学家的显著特点和共同特征，抓住了这两条就抓住了根本、抓住了关键。的确，杰出自然科学家之所以能够超凡脱俗，具体原因可能很多，但最根本的原因就是能从自我中解放出来和能站在历史的高度看人生，其他所有原因都是从这一根本原因派生出来的；普通人与杰出自然科学家有许多差别，但最根本的差别是在自我解放上的差别和能否站在历史的高度看人生，其他一切差别都是从这一根本差别派生出来的；要成为杰出自然科学家应具备许多条件，但最根本的条件是能从自我中解放出来和能站在历史的高度看人生。可见，从自我中解放出来和站在历史的高度看人生是杰出自然科学家的本质和精髓。在研究、认识、学习、赶超杰出自然科学家时都要抓住这一本质和精髓，这是十分困难和非常艰巨的，但也特别具有意义和富有魅力。研究杰出自然科学家，就是要研究他们为什么要和为什么能从自我中解放出来？为什么要和为什么能站在历史的高度看人生？认识杰出自然科学家，就是要认识他们是怎样从自我中解放出来的和如何站在历史的高度看人生；学习杰出自然科学家，就是要学习他们从自我中解放出来和站在历史的高度看人生；赶超杰出自然科学家，就是要做到从自我中解放出来和站在历史的高度看人生。一句话，只要抓住“从自我中解放出来和站在历史的高度看人生”这一本质和精髓，其他一系列相关问题则迎刃而解。

能否从自我中解放出来和能否站在历史的高度看人生，这是伟大与平凡的分水岭，也是伟人与庸人的分界线；既是衡量人素质高低的刻度尺，也是检测人境界高低的试金石。这也是了解、研究和认识杰出自然科学家的一把金钥匙，它揭示了杰出自然科学家与众不同的原因、超凡脱俗的奥秘和出类拔萃的真谛，使有关杰出自然科学家的许多疑难现象都得到圆满解释和深刻理解。

从自我中解放出来和站在历史的高度看人生是正确认识和妥善处理人与自身关系的基础和保证。只有从自我中解放出来和站在历史的高度看人生，才能科学认识自己、合理设计自己、严格要求自己和正确对待自己，从而才能高效地发挥自己和完美地塑造自己，进而才能超越自我，才能实现从普通向崇高的提升，才能实现从平凡向伟大的飞跃。

从自我中解放出来和站在历史的高度看人生是一个人实现可持续发展的关键，只有从自我中解放出来和站在历史的高度看人生，才能树立正确和明确的人生目的，才能具有强大而持久的前进动力，才能科学认识和正确对待机遇和灵感、客观条件与主观条件、逆境与顺境、失败与成功、事业与家庭，从而才能实现可持续发展。

从自我中解放出来和站在历史的高度看人生都是一个不断发展的历史过程，其内容、形式、方法、途径、条件都是不断发展变化的，永无止境。因此，从自我中解放出来和站在历史的高度看人生都不能一劳永逸，都既要持之以恒，又要与时俱进。从自我中解放出来和站在历史的高度看人生绝不是心血来潮的一时冲动和应付形式的短期行为，而是需要矢志不渝坚持的终身行为。

综上所述，从自我中解放出来和站在历史的高度看人生，既是杰出自然科学家超凡脱俗的奥秘，也是杰出自然科学家出类拔萃的真谛；既是杰出自然科学家的伟大之处，也是杰出自然科学家的非凡之举；既是一种目标，也是一种途径；既是一种层次，也是一种境界。只有从自我中解放出来和站在历史的高度看人生，才能把生命与科学融为一体，才能对科学由兴趣上升为追求，进而才能把“一切为了科学”作为人生宗旨和处世原则，即作为一切言行的出发点和归宿。让我们以杰出自然科学家为榜样，为对人类发展做出有益贡献而从自我中解放出来并站在历史的高度看人生。

站在历史的高点，俯视现实的前沿，攻克科技的尖端，谱写人生的新篇。

科技写作能力与自然科学家

写作是人类创造性存贮信息的一种重要手段，使人能留住昨天、记录今天、启迪明天。曾担任中国科学院院长的著名化学家卢嘉锡（1915—2001）深有体会地说："一个只会创造不会表达的人，不算一个真正的科技工作者。"①

科技写作是人类对科技信息进行创造性书面存储的创作过程，也是科技写作者思维的物化过程，还是创造科技写作作品的精神生产过程。到了信息时代，科技写作就是指对科技信息进行创造性存储（包括书面存储和电子存储）的创作过程。科技写作不仅能表现和反映科技创造，而且能主动参与并积极推动科技创造。科技写作活动是科技创造活动的重要组成部分，科技写作能力是科技创造能力的重要组成部分。科技写作是科学研究的继续和深入，是科学研究不可缺少的重要组成部分；科技写作作品是科技创新输出信息的基本方式，科技写作的质量和速度关系到科技成果能否得到社会承认及社会承认的快慢，即关系到科技成果的传播和社会影响。

科技写作能将科技写作者的思维物化，即能将主观的、无形的思维变为客观的、有形的科技写作作品，从而使科技写作者的思想、方法等得到永生。换言之，科技写作过程就是对科技信息进行永恒存储的过程，从这个意义上可以说，写下科技写作作品就是永恒，就是不朽。虽然科技写作者不能长生不老，但科技写作作品却能永载史册，使科技写作者逝世后仍能继续为人类做出贡献。可见，科技写作才是能让科技工作者"长生不老"的妙方，站在历史的高度看，科技工作者一生最有意义的是能为人类留下科技写作作品。

科技写作是生成智慧并输出智慧的过程，如果说科学技术研究是创造过程，那么科技写作就是再创造的过程。认识在科技写作中深化，方法在科技写作中优化；思想在科技写作中深邃，灵感在科技写作中迸发；能力在科技写作中增强，素质在科技写作中提升；情感在科技写作中丰富，精神在科技写作中升华。正因为科技写作如此重要，所以古今中外许多知名自然科学家高度重视科技写作，并

① 司有和，蒋瑞松．大学科技写作[M]．北京：光明日报出版社，1987：13．

且用尽毕生精力、倾注毕生心血从事科技写作，为人类文明宝库留下了许多经典名著，如哥白尼的《天体运行论》、伽利略的《关于托勒密和哥白尼两大世界体系的对话》、牛顿的《自然哲学的数学原理》、法拉第的《电学的实验研究》、达尔文的《物种起源》、麦克斯韦的《电磁通论》、魏格纳的《海陆的起源》……在科学技术史上，许多知名的大科学家也是著名的科技作家，他们既专心科学研究又潜心科技写作，既取得科技成果又创作出科技写作作品。

科技写作作品是人类文明发展的文化化石和精神标本，也是科学技术发展的丰硕成果和重要标志，例如，近代科学的诞生就是以1543年哥白尼《天体运行论》这部划时代著作的出版为标志的。同时，科技写作作品还是科学技术史的宝贵资料，是了解、研究、认识自然科学家和科学技术发展情况的可靠依据和有效途径。由此可见，科技写作与科学发现和技术发明同样重要，同样艰巨，同样具有意义，同样富有魅力。

中国物理学家、自然科学史家钱临照（1906—1999）教授说："综观科学技术的发展历史，可以说是科技著作发展的历史。由于科技著作是通过科技写作来完成的，所以也就是科技写作发展的历史。"[①]中国著名桥梁学家茅以升（1896—1989）曾意味深长地说："在今天的世界上所以能够有今天人类科学技术的繁荣昌盛，不能不归功于千百年来的文字记载，更不能不重视科学技术的写作能力。"[②]中国著名物理学家严济慈也强调说："在理工科大学开设科技写作课，对于提高学生的科技写作能力，培养高质的科技人才是十分重要的。"[③]

科技写作作品标志着科技写作者的知识广度、思想深度、文化厚度和精神高度。从表面上看，科技写作是一个人书面表达能力的体现，而实际上，科技写作是一个人全素质参与的过程，是一个人各种能力的综合反映，即科技写作是一个人素质的综合体现。从根本上说，要想提高科技写作能力和水平，就必须提高人的素质。文由心生，笔由心控；心正则意正、笔正，心到则意到、笔到，心畅则意畅、笔畅。立文先立人，要想学会怎样写作，必须先学会怎样做人。让我们以杰出自然科学家为榜样，潜心科技写作，情系科技写作，勤于科技写作，善于科技写作，乐于科技写作。这样，对科技写作就会有强烈的欲望和澎湃的激情，就会有浓厚而持久的兴趣和强大而持久的动力。我们要时刻铭记：不要为了写论文

① 司有和，蒋瑞松．大学科技写作[M]．北京：光明日报出版社，1987：6.

② 司有和．大学写作教程[M]．北京：高等教育出版社，1987：6.

③ 司有和，蒋瑞松．大学科技写作[M]．北京：光明日报出版社，1987：11-12.

而做学问，要为了做学问而写论文。

实践出题目，科研求答案，写作著文章。科技写作与科技实践相随，与科技研究同行，与科技创造相伴。科学实践给予自然科学家的感受鲜活、深刻，科学研究给予自然科学家的启迪新颖、独特，科学创造给予自然科学家的舞台丰富、广阔，科学人生给予自然科学家的收获新奇、丰硕。因而，把这一切都记录下来并提炼、升华的科技写作作品将永载史册、光芒四射。科技工作者的一生离不开科技写作，并且科技写作能力的提高永无止境。科技写作贵在持之以恒，难在与时俱进。不仅要把科技写作作为一门科学去学习和研究，而且要把科技写作作为一种艺术去探索和实践，更要把科技写作作为一项事业去为之努力奋斗和拼搏。

科技写作有法，但无定法，贵在得法，难在创法，关键在用法。“科技写作有法”反映和体现出科技写作的规律性和规范性；“科技写作无定法”反映和体现出科技写作的创造性和灵活性。正因为科技写作有法，所以科技写作有规律可遵循、有规范可遵守、有经验可供学习和借鉴；正因为科技写作无定法，所以科技写作活力无比，奥妙无穷，魅力无限。在科技写作中，只有可供借鉴的方法，而没有完全能照搬套用的现成方法。如何创造性地运用最优的科技写作方法去获得最优的科技写作效果是科技写作艺术的精华所在，也是决定科技写作成败的关键所在。的确，科技写作是一种能力，能力不能讲出来，只能从长期科技写作实践中练出来。真正的学者是用生命做学问，用心血写文章的人。用心写作，必有所得；坚持数年，必有收获。俗话说：书读百遍，其义自明；文发百篇，其法自成。在科技写作中要努力做到多一些求真，少一些功利；多一些实干，少一些敷衍；多一些慎重，少一些轻率；多一些积累，少一些浅薄；多一些钻研，少一些浮躁；多一些深思，少一些浅谈；多一些独创，少一些模仿；多一些真知，少一些偏见。

浓墨重彩写科技，虔心恪勤铸经典；知识绘成风景，写作成就伟业。巧思妙笔求正本，探赜索隐为清源；一笔负千年重任，一著成万代经典。创造出无愧于时代、无愧于历史、无愧于人民的科技写作精品力作，是社会的需要、时代的呼唤、人民的期盼和广大科技工作者的心愿。我们要以杰出自然科学家为榜样，勤于学习，笃于研究，乐于写作；为科学撰文，为科学著书，为科学创作；为科学抒写，为科学抒情，为科学抒怀。心底有深情，下笔自然成。在科技写作中要真正做到言之有物、言之有据、言之有理、言之有力，力争达到求真、求新、求深、求精、求美，使科技写作作品在知识上给人拓展，在艺术上给人美感，在思维上给人启发，在情感上给人震撼。

写作当随时代新，妙笔生花字如金。让我们以杰出自然科学家为榜样，潜心科技写作，只务笔耕，不计个人利害。在科技写作中力求做到没有一笔轻浮，没有一字草率，没有一丝敷衍，没有一毫马虎；集中毕生精力，倾注毕生心血，在创新科技、奉献社会、成就人生的进程中创作出“人人心中皆盼，人人笔下俱无”的科技写作精品力作，为人类文明宝库增加新的库藏，在科技写作发展史上留下浓墨重彩的一笔。

时光在字里行间流淌出一片新意，
人生在科技写作中创造万千奇迹；
写出来的幸福在心中快乐地洋溢，
写出来的作品让历史永久地铭记！

誉满乾坤，一部经典著作千古传诵；
名齐日月，一代科技作家万世流芳！
科技写作功能巨大，魅力无穷，价值永恒；
科技写作功在当代，利在千秋，永载史册！
为科学描述，为创造记录，对科技史进行书面存储；
为科学写名著，为文明著经典，为科学家树碑立传！
为科学写作，为人类创作，为文明著书立说；
为时代铸魂，为文明固本，为人民多出精品！
愿创造活力在科技写作中竞相迸发，
让生命之花在科技写作中精彩绽放！

第三十章　执着地追求真、善、美

自然科学家是有血、有肉、有感情的人，是德、才、识的美妙结合，是身、情、意的高度统一。自然科学家在不断地追求真的同时也在不懈地追求着善和美，即执着地追求着真、善、美的统一。由于“自然科学家执着地追求真”已是人人皆知的、社会公认的事实，本章不再赘述。

纵观自然科学史可以发现，自然科学家在追求真的同时也在追求着美，在发现科学真理的同时也在发现美，在进行科学探索、科学研究、科学创造、科学发现过程中也展示了进取之美、拼搏之美、攀登之美、创新之美。居里夫人曾明确表态：“有人认为科学也是一种高度的美，我赞同这种看法。”[①]科学美包括哪些内容呢？杨振宁在《美与物理学》一文中指出，科学“存在三种美：现象之美、理论描述之美、理论结构之美”[②]。

（1）欣赏科学美、追求科学美是人们探索科学的最重要的动机之一。自然科学的研究对象——自然界中的客观事物、现象及其联系美不胜收、奥妙无穷、魅力无限。研究对象之美对自然科学家具有很强的吸引力，是自然科学家对科学产生浓厚兴趣的原因之一，探索研究对象之美也是自然科学家探索科学的强烈动机之一。法国数学家和物理学家亨利·庞加莱（Henri Poincaré，1854—1912）曾开门见山地指出：“如果自然不美，它就不值得去探求。”[②]波兰天文学家哥白尼在《天体运行论》这一名著开头的第一句话就说：“在人类智慧所哺育的名目繁多的文化和技术领域中，我认为必须用最强烈的感情和极度的热忱来促进对最美好的、最值得了解的事物的研究。”[③]

（2）欣赏科学美、追求科学美常常成为自然科学家探索科学的根本动力。自然界的美千姿百态，作为反映自然界本质联系和内在规律的自然科学的美也丰富多彩，如对称性、简单性、和谐性、统一性等都是典型的科学美。1956年，英国

---

① 周雁翎，杨建邺，肖明．居里夫人传[M]．长春：长春出版社，1999：235．

② 杨建邺．物理学之美[M]．北京：北京大学出版社，2011：3．

③ 哥白尼．天体运行论[M]．叶式辉，译．北京：北京大学出版社，2006：3．

物理学家和数学家狄拉克在莫斯科大学访问时曾应邀题词："物理学定律必须具有数学美。"[①]许多物理方程都是典型的科学美，杨振宁曾赞美说："牛顿的运动方程、麦克斯韦方程、爱因斯坦的狭义相对论方程、狄拉克方程、海森伯方程，以及其他五六个方程是物理学理论架构的骨干。它们提炼了几个世纪的实验工作、唯象理论的精髓，达到了科学研究的最高境界。它们以极度浓缩的数学语言写出了物理世界的基本结构，可以说它们是造物者的诗篇。"[②]欣赏科学美、追求科学美是人们探索科学的内在动力之一，这一深层动力是坚强毅力和超常耐心的源泉之一。为了满足审美需要，在科学美的驱动下，自然科学家能够从常人欲望的束缚中摆脱出来而献身科学事业，从而做出重大科学发现。例如，正是对宇宙和谐美的坚定信念和不懈追求，使哥白尼发现了托勒密地心说体系的不完美，为了克服地心说的缺陷而创立了日心说，使自然科学从神学中解放出来，走上了独立自主的发展道路。

（3）对美的感觉和热爱拓宽了自然科学家的创造道路，增多了成功的机会。正如爱因斯坦所指出："在科学的领域里，时代的创造性的冲动有力地迸发出来，在这里，对美的感觉和热爱找到了比门外汉所能想象得更多的表现机会。"[③]在科学史上有许多科学发现起因于自然科学家的审美直觉，是基于对美的追求而对规律做出的一种天才猜测。由于对美的大胆而执着的追求，迫使自然科学家不被自己和同时代自然科学知识的狭隘状况所束缚，即突破了自己和同时代自然科学已有知识的局限，超越了自己，超越了时代，从而做出重大发现。例如，印度数学家斯里尼瓦瑟·拉马努金（Srinivasa Aaiyangar Ramanujan，1887—1920）纯粹基于自己的美感直觉建立了许多形式上很美的恒等式，他写这些恒等式时已超出他当时的科学水平，只是适应美的需要而建立的，但经后人证明竟然都是正确的，创造了通过科学美感和审美直觉而做出科学发现的奇迹，树立了自然科学家通过追求美而达到追求真的榜样。可见，追求美也是创造性想象的一条重要通道，是连接未知与已知的一个重要桥梁，是导致自然科学家做出重大科学发现的一条有效途径。德国物理学家沃纳·卡尔·海森伯（Werner Karl Heisenberg，1901—1976）曾深有体会地说："我们可以开诚布公地说，在精密科学中，丝毫也不亚于在艺术中，美是启发和明晰的最重要的源泉。我感到，透过原子现象的外表，我看

① 杨建邺．物理学之美[M]．北京：北京大学出版社，2011：2．

② 杨建邺．物理学之美[M]．北京：北京大学出版社，2011：序．

③ 爱因斯坦．爱因斯坦文集（增补本）第一卷[M]．许良英，李宝恒，赵中立，等编译．北京：商务印书馆，2009：362．

到了一场美丽的内部结构；当想到大自然如此慷慨地将珍贵的数学结构展现在我眼前时，我几乎陶醉了。”①

（4）对科学美的不懈追求还可以升华为坚定不移的科学信念和科学信仰，它往往成为产生科学灵感和科学直觉的直接诱因、建构科学理论蓝图的基本原则、做出新发现的崭新方法和提出科学预见的重要依据。正是科学美的光辉照耀着和开辟着发现科学真理的道路，帮助自然科学家看清攀登科学高峰的阶梯和成功的路标。例如，正是对统一性、简单性、对称性这种科学美的执着追求，使英国物理学家麦克斯韦于 1864 年完整地提出了电磁场的基本方程组，反映了电磁场的性质及运动规律，揭示了电、磁、光的统一性，实现了物理学史上的一次理论大综合；正是遵循统一性、简单性、对称性等审美原则，爱因斯坦建构了狭义相对论和广义相对论的蓝图；正是对对称性这种科学美的坚定信念和执着追求，导致英国物理学家狄拉克出人意料地大胆预言了正电子和反物质的存在，并很快得到了证实……自然界本身和自然科学本身都既体现着真又蕴藏着美，自然科学家对科学真理的追求既体现着对真的追求又体现着对美的追求，自然科学家发现真理的过程也是发现美的过程。许多自然科学成果不仅形式美，而且内容美；不仅结构美，而且功能美。例如，1905 年爱因斯坦提出了质能关系式：$E=mc^2$（式中，c 为真空中的光速；m 为质量；E 为能量），揭示了质量与能量的本质联系，为人类开发和利用原子能奠定了理论基础；1923 年法国物理学家德布罗意提出物质波概念，并用公式 $\lambda=h/mv$（式中，h 为普朗克常数；λ 为被求解的物体的波长；m 为物体的质量；v 为物体的速度）表示波长与粒子质量及其速度之间的关系，把光的波粒二象性推广到一切微观粒子，从而揭示了微观物体的波粒二象性，成为现代物理学的基础。这些实例都是发现真与发现美相统一的典型，也是追求真与追求美相统一的典型。正如美国科学史家、科学哲学家托马斯·库恩（Thomas Kuhn，1922—1996）所指出的：“科学家像艺术家一样，遵循着美学考虑。”②风景之美，源于自然；人生之美，源于心灵。自然风景用目光去发现，人生风景靠行为去塑造。让我们以杰出自然科学家为榜样，充分应用各种现代技术、设备、仪器，主动积极地运用创造性思维去发现和揭示大自然之妙和科学之美，用生命履行使命，用创造性行为去塑造美丽人生。

许多杰出自然科学家不仅做出了重大科学发现，而且撰写出版了科学经典名

① 杨建邺．物理学之美[M]．北京：北京大学出版社，2011：封底．

② 库恩．必要的张力[M]．纪树立，译．福州：福建人民出版社，1987：337．

著，这些科技写作作品也反映了自然科学家对美的追求。正如美国科学史家乔治·萨顿所指出："最后，我也希望在某种程度上（比数学家想的少些，比艺术家想象的多些）把科学史作为鉴赏力的历史来记述。因为许多科学家同时也是优秀的作家（想想伽利略、笛卡儿、帕斯卡、歌德、达尔文），许多科学著作的形式是美的，此外，它们的内容也常具有很高的美学价值。科学家们，他们是鉴赏家，很容易从其他理论中识别那些优美雅致的科学理论。忽视这种区别是错误的，因为一般人不能理解而科学家能够看到的这种美与和谐，是非常深刻、极为重要的。"① 我们要像杰出自然科学家那样去执着地寻找美，发现美，创造美，表达美，欣赏美，享受美！通过提高审美能力去提高科学创造能力，通过培养审美感受和增强审美意识去增强科学发现能力。

纵观自然科学史还可以发现，自然科学家在追求真和美的同时也在追求善。善是自然科学家人生观、价值观、道德观的核心内容和本质要求，是最根本的人性，是科学精神和人文精神的基础。如果说真是自然的科学美，那么善就是本质的科学美，而真、善、美的统一就是科学美的最高境界，也是自然科学家追求的人生目标。随着"科学社会化、社会科学化"日益明显，善对自然科学家和自然科学的作用也越来越彰显，越来越重要。善将决定自然科学研究、应用、发展的目的和方向，即保证人们能沿着对人类全面发展、协调发展和可持续发展有益的方向去研究、应用、发展自然科学，促使人们能善待自然、善待社会、善待人。因而，自然科学家们对善的追求也越来越重视、越来越迫切，他们所具有的高尚的科学道德和可贵的科学精神就是追求善的集中体现。追求善最基本的是要善待人，具体包含两层含义：一是要善待个人，包括善待他人、善待自己、善待前人、善待当代人、善待后代人。例如，英国著名物理学家卢瑟福就是善待人的典范，他从不以权威自居，而能与人为善，能虚心听取来自各方面的不同意见，严于律己，宽以待人，提倡学术自由和宽容精神，以平等的身份与各国的学生进行学术交流和讨论。他不仅以学问魅力吸引学生，而且以人格魅力感染学生，使他成为培养出 12 位诺贝尔奖获得者的名师。二是要善待人类，全心全意为人类谋利益，努力为实现人类的全面发展、协调发展和可持续发展做贡献。在科学技术史上，有许多自然科学家非常关心人类的命运，为反对非正义战争和实现和平做出自己的贡献。居里夫人曾说："没有人应该因镭致富。镭是一种元素，它是属于全世界

① 萨顿．科学的生命[M]．刘珺珺，译．上海：上海交通大学出版社，2007：42．

的。”[①]她不仅主动放弃了提取纯镭技术的专利权，而且还将荣获的第二次诺贝尔奖奖金全部捐献给了和平事业，并在第一次世界大战期间亲赴前线指导各地X射线照相工作，配合战地救护，成为一名勇敢的和平战士。爱因斯坦也是一位具有高度社会责任感的著名科学家，在第一次世界大战刚开始时，德国文化界的一些知名科学家、艺术家、牧师等93人曾联合发表了一份《文明世界的宣言》，公开为德国军国主义侵略暴行辩护。爱因斯坦非常气愤，他针锋相对，同哲学家尼古拉·别尔嘉耶夫（Nicola Berdyaev，1874—1948）等四人共同起草了《告欧洲人书》，号召人们团结起来，同心协力，尽快结束这场惨无人道的毁灭性战争。自希特勒上台后，爱因斯坦发表了一系列谴责纳粹暴行的言论，并宣布同德国脱离关系。他的好友马克斯·冯·劳厄（Max von Laue，1879—1960）写信劝他对政治问题要采取克制态度，爱因斯坦则坚决表示：“我对我所说过的话，没有一个字感到后悔，而且相信我的行动是在为人类服务。”[②]自然科学家追求善的实例在科学技术史上屡见不鲜、不胜枚举。尤其是在科学社会化和社会科学化的现代，自然科学家追求善的愿望越来越强烈，追求善的行动越来越自觉。

自然、社会、人是统一的、不可分割的有机整体，人与自然的关系同人与社会的关系以及人与人的关系密切不可分割，自然科学、社会科学、人文科学是密切联系的，科学文化、社会文化、人文文化是息息相关的。因而，求真、求善、求美也必然是密切联系的。追求真善美是人性深处最能打动人心的美好情感，追求真善美往往能做出非凡的事情，常常能取得意想不到的成果。爱因斯坦曾深有体会地说：“照亮我的道路，并且不断地给我新的勇气去愉快地正视生活的理想，是善、美和真。”[③]杰出自然科学家是追求真的榜样、追求善的楷模和追求美的典范，他们对真的探索、对善的践行和对美的创造，都做出了杰出的贡献。我们要虚心学习杰出自然科学家对求真的那份执着、对向善的那份坚持、对臻美的那份追求，把“至真、至善、至美”作为人生追求的最高境界和奋斗目标，自觉、主动、积极地探索真、践行善、实现美，执着地追求真、善、美的统一，登上人生的最高峰。在求真、扬善、弘美上再创辉煌。

① 艾芙·居里．居里夫人传[M]．左明彻，译．北京：商务印书馆，1984：311．

② 爱因斯坦．爱因斯坦文集（增补本）第三卷[M]．许良英，赵中立，张宣三，编译．北京：商务印书馆，2009：133．

③ 爱因斯坦．爱因斯坦文集（增补本）第三卷[M]．许良英，赵中立，张宣三，编译．北京：商务印书馆，2009：56．

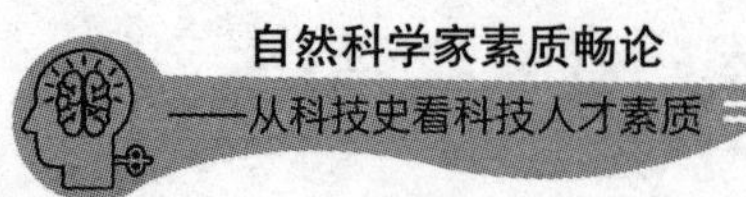

理想与自然科学家

众所周知，人具有自然属性、社会属性和精神属性，本质在精神，所以人是一种追求理想的存在。纵观科学技术史可以发现，杰出自然科学家都有远大的理想和崇高的精神追求，他们不仅生活在现实的奋斗中，而且生活在对理想的追求中。

理想是人对未来的美好设想、理性追求、宏图伟愿和远大抱负，是梦寐以求的人生状态和全力以赴去实现的人生愿景，是一个人对未来的最优战略设计。理想反映出人对未来发展的想象、希望、寄托、憧憬和预期，体现出人对美好未来的向往、渴望、期待、企盼和追求。理想是对人生幸福的高尚追求，是对自身生存现状的主动超越。实质上，人们所向往和追求的理想就是人们所憧憬和期望的一种美好生存状态和崇高生存境界。理想既不是遥不可及的，也不是高不可攀的，更不是虚无缥缈的，而是深深植根于现实之中的。理想既基于现实，又超越现实；既源于现实，又高于现实；既具有现实性，又具有崇高性。正因为理想源于现实，所以理想才具有可行性；正因为理想高于现实，所以理想才具有超越性。现实是理想的基础，理想是现实的升华；脱离了理想的现实是盲目，脱离了现实的理想是空想。理想既与现实相对应，又与幻想相区别。要把理想与现实紧密联系起来和有机结合起来，使两者相互促进：理想是对现实的引领与推动，现实是对理想的追求与实现。要努力使现实成为实现理想的奋斗，使理想成为发展现实的动力。

要充分认识树立理想的必要性和实现理想的重要性，就必须深入研究和深刻认识理想的功能、价值、意义。从育人的角度看，理想主要具有以下功能。

（1）导向功能。理想是追求的标志、愿望的化身和人生使命的象征，是一个人站在战略高度、从长远角度为自己确立的努力方向和奋斗目标，具有明显的导向功能，它像指南针一样为人生导航，决定一个人的人生道路和前进方向。正如爱因斯坦所指出："可是每个人都有一定的理想，这种理想决定着他的努力和判断的方向"[①]理想既立足于当下，又指向未来；既立足于自己已有的条件而起步，又

① 爱因斯坦．爱因斯坦文集（增补本）第三卷[M]．许良英，赵中立，张宣三，编译．北京：商务印书馆，2009：56.

超越自己已有条件的束缚而驰骋；既具有强烈的现实感召力，又具有持久的引领作用。理想承载信念，理想凝聚意志，理想指引方向，理想引领实践。

（2）动力功能。理想是方向，更是力量。理想能产生活化能，从而能使人产生强劲的内生动力，是取之不尽、用之不竭的动力源，具有强大而持久的动力功能。有理想就有追求，就有希望，就有动力，就有激情，就有力量；没有理想就没有追求，没有希望，没有动力，没有激情，没有力量。可以毫不夸张地说，理想是能带来剩余价值的价值，是能产生新生产力的生产力，是无成本的动力和无污染的能源。有了理想，无须物质投入就有产出，无须经济成本就能获得利润，无须污染就可获得能量。理想能给人注入勃勃生机和旺盛活力，从而使人精神焕发，朝气蓬勃，干劲十足。恰当选择和科学确立的崇高理想能塑造伟大的灵魂，产生巨大的动力，造就杰出的人才，成就非凡的壮举。

（3）激励功能。理想不仅寄托和抒发着奋发向上的豪迈情怀，更昭示着崇高的人生追求和美好的未来愿景，既是一种目标激励，又是一种情感激励，更是一种精神激励。它能使人由常态跃迁到激发态，从而把人常态的和潜在的智能都充分调动起来和有效发挥出来，往往能使人得到超常发挥，具有高效的激励功能。理想是人功能的放大器和推动人前进的加速器，使人对生活、工作、人生都充满了激情。理想能唤起使命感、激活上进心；能鼓舞斗志，激励言行；能激发潜能，激活人生；能荡涤倦怠，驱走平庸。

（4）教育功能。理想最根本的作用是育人，理想能引领人、鼓舞人、启迪人、培育人、激励人、优化人、塑造人、升华人，具有很强的教育功能。理想教育既是信念教育又是立志教育，是对人的深层次教育，这不是治标之计，而是治本之策。有了理想就会确立积极进取和乐观向上的心态，既能为社会做出有价值的贡献，也能使自己有意义地度过一生。人生最大失误是没有树立理想，人生最大遗憾是没有实现理想，人生最大快乐是为理想而奋斗。

（5）提升功能。理想是一个人高远的精神追求、高标准的自我要求、高层次的自我期待和高境界的自我超越，能使人站得高、看得远、思得深、做得好，能为自己确立一种高层次的、有远见的思维方式、处世方式、行为方式和生活方式，使自己既立足于现实又超越现实去认识和处理各种问题，具有神奇的提升功能。无论什么事情，只要与理想联系起来就会旧貌换新颜：理想把日常生活、本职工作与奋斗目标联系起来，使日常生活、本职工作变得有价值；理想把生命与追求联系起来，使生命变得有意义；理想把现实与未来联系起来，使现实变得崇高。人类发展史已经证明并将继续证明：同一个人，有没有理想大不一样。如果一个人有了理想，前进就有方向，奋斗就有目标，生活就有奔头，工作就有热情，拼搏就有干劲，追求就有动力，生命就有意义，人生就能出彩；如果一个人没有理想，则信念就会淡化，人生目标就会虚化，意志就会退化，动力就会弱化，生活就会庸俗化。由于人们所向往和追求的理想就是人们所憧憬和期望的一种美好生存状态和崇高生存境界，因而能提升人、完善人，促进人实现由平凡向伟大的飞跃和由普通向崇高的升华。要充分利用和有效发挥理想的各种功能，以理想去增强动力、激发活力、提升能力、坚强毅力、释放潜力、激活创造力，用理想去引导人、鼓舞人、教育人、发展人、塑造人、成就人。

理想是蕴藏丰富的宝贵资源，值得去开发，去利用；理想是价值巨大的无形资产，值得去拥有，去增值；理想是意义重大的精神财富，值得去奋斗，去追求。没有理想的人是最贫困的人，具有理想的人是最富有的人，实现理想的人是最快乐的人。不树立理想是蠢人，不努力实现理想是庸人，既充分又高效地发挥理想功能的人才是最智慧和最聪明的人。

理想是一种愿景，追求理想是一种精神，实现理想是一种实践。理想既根植于现在，又面向未来；既博大精深，又简约朴实；既登高望远，又脚踏实地；既至高至远，又与现实紧密相连。要把现实作为实现理想的基础和条件，而绝不能把现实作为不能实现理想的理由和借口。鲜花因绽放而美丽，人生因实现理想而出彩。有理想谁都了不起，实现才是硬道理。树立理想是必要的，却是不够的，还必须努力去实现自己的理想。世界上并不缺少有理想的人，却异常缺少把理想变为现实的人，即异常缺少实现理想的人。不拼搏、不奋斗却大谈理想，无异于镜中探花、水中捞月，其结果是竹篮打水、白日做梦。幸福不会从天而降，理想不会自动成真。因此，既要深刻认识树立理想的必要性、重要性和紧迫性，又要充分认识实现理想的长期性、复杂性和艰巨性，更要通过顽强奋斗去实现自己的理想，努力使理想从规划走向行动，从设计走向实施，从愿景走向现实。其实，一个人明天的成就就是他昨天的理想和今天的努力。

自然科学家成长的实践和人类发展的实践都雄辩地证明：有理想者事竟成，无理想者万事空；有理想就有期待，有理想就有未来。一个人的理想有多远大，其人生的发展时空就有多宏大，其发展前途就有多广阔。理想开启人生，理想指引人生，理想照亮人生，理想成就人生，理想辉煌人生。人生在世，图的就是一个信仰，为的就是实现理想。因此，在任何情况下，理想不能丢，信仰不能弃，信心不能泄。理想是仰望星空，奋斗是脚踏实地；理想是设计人生蓝图，奋斗是塑造人生现实。使命呼唤担当，实干成就梦想。有理想就有力量，有奋斗就有辉煌。理想是美好的，为理想而奋斗是崇高的，实现理想是幸福的。理想在前方，道路在脚下，只要肯于奋斗和善于创造，超越梦想就不再是梦想，实现不可能也不再是不可能。让我们以杰出自然科学家为榜样，用远大的理想展望未来，用务实的行动度过现在，追求理想最优化，力争奋斗高效化，实现人生价值最大化，真正做到肩上有责任，眼中有目标，胸中有理想，心中有事业。仰望理想的天空，走实脚下的攀登；主动作为，奋力作为，超常作为；敢有所为，善有所为，大有所为。用实际行动去谱写、去践行自己的理想之歌！

理想是人生的希望，
理想是前进的方向。
理想是奋斗的目标，
理想是进取的力量。

理想不是欣赏的对象，
理想不是人生的装潢。
理想不能光在纸上描绘，
理想不能只在口中歌唱。

树立理想，实现理想，
树立新的理想，实现新的理想……
这就是人生的奋斗之歌，
这就是生命的交响乐章。

让理想在人生的征途中导航，
让人生在理想的追求中闪光。
让理想更加崇高、远大，
让人生更加壮丽、辉煌！①

① 石英，赵铁信．和谐礼赞[M]．北京：大众文学出版社，2009：221．

结束语　让自己的一生也灿烂辉煌

本书通过对科学技术史上的著名自然科学家进行实证研究和案例分析，一是力图揭示素质与自然科学家成长、成功、成才的关系，用科技史实阐明素质的重要性；二是力争揭示在科学技术史上那些成功的自然科学家都具有哪些优良素质，今天的人们应如何着力培养和尽快具备这些优良素质。穿越科学技术厚重的历史，探索自然科学家攀登的足迹，敬仰和崇拜溢满心田；反思科学技术的发展历程，审视当今时代赋予我们的历史使命，责任与担当油然而生。的确，我们学习和研究历史是为了正确对待现在和科学预测未来，我们了解和研究自然科学家是为了学习和赶超自然科学家，我们了解和研究科学精神的历史生成及其时代呈现是为了更好地继承科学精神并发扬光大，我们了解和研究自然科学家的成长历程和人生经验是为了有意义地度过自己的一生，努力让自己的一生也灿烂辉煌。

人应当怎样度过自己的一生？这是每个人都必然要面对并且必须做出回答的一个重大问题，不管你愿意不愿意、喜欢不喜欢，也不管你意识到还是没意识到、自觉还是不自觉。具有不同世界观、人生观、价值观的人对此问题有不同的认识、不同的理解、不同的回答，即对人生有不同的看法、不同的想法、不同的做法，因而人生也就有不同的表现、不同的结果、不同的价值。杰出自然科学家都用自己的言行对这一问题做出了精彩的诠释和出色的回答，使我们深受教育、备受鼓舞、颇受启迪。

居里夫人说："我以为人们在每一个时期都可以过有趣而且有用的生活。我们应该不虚度一生，应该能够说：'我已经做了我能做的事。'"[①]这是居里夫人人生观的由衷倾诉和朴实表达，也是居里夫人一生的真实写照。不虚度一生是一个人上进心的出发点，也是前进的动力、力量的源泉、进取的起点，是所有伟大人物的出发点和归宿。我们每一个人都不仅要从思想上认识到"应该不虚度一生"，而且要持之以恒地用自己的实践去实现"不虚度一生"。乍看起来，"不虚度一生"的要求并不高，实际上这一要求并不低；从表面上看，"我已经做了我能做的事"

---

① 艾芙·居里．居里夫人传[M]．左明彻，译．北京：商务印书馆，1984：265．

很容易，但真正做到却很难。一旦做到“不虚度一生”，一旦实现“我已经做了我能做的事”，其结果就不仅仅是不虚度一生，而是有意义地度过了一生，很可能是伟大、光辉的一生。不虚度一生孕育着伟大的一生，让我们从不虚度一生做起，向着伟大的一生奋发努力吧！

“发明大王”爱迪生说：“自己能力所及的事能完全做到的话，其结果将会令人感到非常惊讶。”[①]能否有意义地度过自己的一生，其关键是自己能力所及的事是否真正做到了。只要把自己能力所及的事坚持做好，自然会有新的机会。很多人自己能力所及的事并没有真正做到或没有竭尽全力去做，却自己原谅自己地说：“亏得我没做，做也不行！”其实并不尽然。千万不要低估自己的能力，有些事情并不是做不到，而是不敢去尝试或没有全力以赴去做。科学技术史上那些成功的自然科学家（如法拉第、爱迪生、诺贝尔、居里夫人等）就是竭尽全力去做自己能力所及的事，结果取得了连自己也没有预想到的巨大成就。我们学习自然科学家就是要学习他们这种“竭尽全力地去努力做好自己能力所及的事”的经验，从我做起，从此刻做起，从现有条件做起，从一点一滴小事做起！中国春秋末年的哲学家、先秦道家学派的创始人老子（前 571—前 471）说：“合抱之木，生于毫末；九层之台，起于累土；千里之行，始于足下。”[②]我们要把握生命的每一秒，抓住生活的每一刻，珍惜现在的每一天，用心做好每件事，有意义地度过每一天。永不放松今天的努力，永不放弃对明天的追求！

英国物理学家麦克斯韦曾发自肺腑地说：“法拉第既告诉我们他的成功的实验，也告诉我们他的不成功的实验；既告诉我们他的粗糙的想法，也告诉我们那些成熟的。在归纳能力方面远不及他的读者，感到的共鸣甚至多于敬佩，并且会引起这样一种信念：如果自己有这样的机会，那么也将会成为一个发现者。”[③]麦克斯韦后来果然就成为经典电磁理论的创立者并提出了光的电磁说，实现了物理学发展史上的一次理论大综合。了解自然科学家的生平事迹后我们也会和麦克斯韦有同样的感慨，会从心灵深处感到：虚度年华再没有任何理由，无所作为再没有任何借口。的确，自然科学家的生平事迹真实而不虚夸，感人而不离奇，平常而不平凡。我们对自然科学家感到亲切而不神秘，敬佩而不迷信。自然科学家能做到的，我们也应该能够做到。一言以蔽之，我们每个人都应该着力培养和尽快

① 李其荣．爱迪生传[M]．武汉：湖北辞书出版社，1996：134．

② 老子．老子[M]．卫广来，译注．太原：山西古籍出版社，2006：111．

③ 申先甲，张锡鑫，祁有龙．物理学史简编[M]．济南：山东教育出版社，1985：561．

具有杰出自然科学家的优良素质、可贵精神和高尚道德。

弯弯曲曲，大地脉络；风风雨雨，天空景色；坎坎坷坷，人生轨辙；高高低低，真实生活；坦坦荡荡，做人美德；起起伏伏，人生之歌！每个科技工作者都渴望自己的科学人生能够出彩，于是，“如何让自己的一生也灿烂辉煌”便成为每个科技工作者都必须思考并需用自己一生的言行去回答的一个重大问题。让我们以杰出自然科学家为榜样，尽最大努力去做一名：

披星戴月的跋涉者，披荆斩棘的开拓者；
废寝忘食的奋斗者，乘风破浪的进取者；
发愤图强的拼搏者，穿云破雾的攀登者；
勤学苦练的求知者，刨根问底的质疑者；
聚精会神的观察者，心灵手巧的实验者；
深思熟虑的分析者，追本溯源的研究者；
探赜索隐的求真者，冲锋陷阵的攻关者；
高瞻远瞩的预见者，远见卓识的发现者；
标新立异的思想者，推陈出新的创造者；
言传身教的育人者，厚积薄发的写作者；
继往开来的先驱者，鞠躬尽瘁的奉献者；
超凡脱俗的探索者，出类拔萃的成功者。①

发展科学技术是时代的呼唤、人民的期盼和广大科技工作者的心愿。科技工作者职业伟大，使命光荣，任重道远。自然科学家优良的素质、可贵的精神、高尚的道德需要我们去传承和发扬，科学技术发展的历史需要我们用创新行动去续写和辉煌。不仅要把科学研究作为一门科学去研究，而且要把科学研究作为一种艺术去探索，更要把科学研究作为一项事业去为之努力奋斗。我们要不断增强科学研究意识，熟练掌握科学研究方法，刻苦学习科学研究艺术，努力提高科学研究的效率和效益，尽快使自己也成为当代的杰出自然科学家，为科学技术的发展再谱新篇，为人类的全面发展、协调发展和可持续发展再立新功。

人生就是一场竞争，每天都要攀登。毫无疑问，每个人的一生都会遇到许许多多的困难，都要面临各种各样的严峻挑战，但所有的挑战都蕴藏着机遇，所有的机遇都意味着挑战；挑战是一种机遇，机遇更是一种挑战。我们要化挑战为机遇，变压力为动力，将挫折变为转折，转危机为生机，在竞争中求生存，在生存

---

① 朱浩东．二十一世纪名人诗词格言经典[M]．北京：中国文化传媒出版社，2010：189．

中谋发展，在发展中创辉煌！我们要把爱迪生的名言“必须时常收获，而不能一生只收获一次”[①]作为自己的座右铭，热衷于科学探索，潜心于科学研究，痴迷于科学创造，执着于科学事业；主动作为，努力作为，勇于作为，善于作为，超常作为，大有作为；为科学尽心，为人民尽力，为社会尽责，为祖国尽瘁，让自己的一生也灿烂辉煌；为人生添彩，为科学增辉，为民族争气，为祖国争光。我们要站在战略高度，从长远角度，科学地设计自己的一生，既持之以恒又与时俱进地奋斗一生，以杰出自然科学家为榜样，无愧于时代、无愧于历史，无愧先人、不负来者，有功于世、有为于民，努力成为有中国心和民族魂的当代杰出自然科学家，创造出世界科学的中国精彩和中国科学的世界声誉，创造出世界发展的中国奇迹和中国发展的世界魅力！

啊！读者朋友们，
世界各国间的交往日益增多，
当代国际上的竞争日趋激烈。
没有时间等待，没有理由蹉跎，
没有道理虚度，没有必要困惑。
有多少技术难题需要我们去解决，
有多少科学堡垒等待我们去攻克；
有多少未知领域需要我们去探索，
有多少科技辉煌等待我们去续写。
人生能有几度春？
生活能有几次搏？
追求中智慧取舍，
选择中正确决策。
犹豫、胆怯、悲观、气馁，从来不是中国人性格，
果断、勇敢、乐观、向上，自古就是中国人本色。
我们任重道远，胸怀祖国，放眼世界，
我们继往开来，创先争优，追求卓越。
为了理想早实现，为了前途更广阔，
我们攀登啊攀登，拼搏啊拼搏！
为了祖国更昌盛，为了世界更和谐，

① 李其荣．爱迪生传[M]．武汉：湖北辞书出版社，1996：56．

我们奋斗啊奋斗，开拓啊开拓！
看，在科学高峰的攀登中，中国人正大显身手，成果丰硕！
看，在振兴中华的奋斗中，中国人正大展宏图，气壮山河！
看，在和谐世界的创建中，中国人正大显神通，气势磅礴！
看，在人类文明的创造中，中国人正大有作为，誉满世界！

附录 作者发表论文篇目

1．孔宪毅．潜科学与显科学的辩证关系[J]．潜科学，1983，5：14-15．

2．曲行文，孔宪毅．发展生物资源工业的战略意义[J]．科学・辩证法・现代化，1985，1：35-37．

3．孔宪毅．潜科学与潜科学学[J]．潜科学，1985，3：7．

4．孔宪毅．科学发生和发展的机制与模式[J]．科学・辩证法・现代化，1986，1：43-44．

5．孔宪毅．相互作用原理是自然界的一条基本规律[J]．科学・辩证法・现代化，1986，3：56-59．

6．邢润川，孔宪毅．试论自然科学争鸣中的几个问题[J]．科学技术与辩证法，1986，4：15-21．

7．孔宪毅．潜科学的判别与鉴定[J]．潜科学，1986，5：2-3．

8．孔宪毅．形象思维的过程和特点[J]．思维科学，1987，2：87-90．

9．孔宪毅．潜科学学的内容和功能[J]．潜科学，1987，3：1-2．

10．孔宪毅．试论“潜科学与潜科学学”中的几个问题[J]．电力学刊，1987，3：53-61．

11．邢润川，孔宪毅．生产、技术、科学三者的相关性模式及其分析[J]．科学技术与辩证法，1987，4：4-9．

12．邢润川，孔宪毅．简论科学史研究中的历史主义原则[J]．科学技术与辩证法，1988，1：37-39．

13．孔宪毅．从电与磁的发展史看实验与理论的相互作用[J]．电力学刊，1989，3/4：94-99．

14．孔宪毅．初论自然科学发现系统[J]．科学技术与辩证法，1990，1：6-9．

15．孔宪毅．对牛顿运动定律的再认识[J]．电力学刊，1990，1：33-37．

16．孔宪毅．法拉第的科学道路与科学思想[J]．电力学刊，1990，2：7-14．

17. 孔宪毅. 潜科学分类畅想[J]. 潜科学，1990，3：35-38.
18. 孔宪毅. 对科学发展模式的一种探索[J]. 科学技术与辩证法，1990，5：25-28.
19. 孔宪毅. 潜科学存在的必然性[J]. 电力学刊，1991，1：47-53.
20. 邢润川，孔宪毅. 关于科学史分期理论的探讨[J]. 科学技术与辩证法，1991，2：44-49.
21. 孔宪毅. 试论质量与能量的关系[J]. 电力学刊，1991，2：76-80.
22. 金有景，孔宪毅. 大家都来关心和支持潜科学事业[J]. 潜科学，1991，4：2-4.
23. 孔宪毅，乔玉文. 试论马克思主义哲学对自然科学研究起指导作用的层次[J]. 科学技术与辩证法，1991，4：47-51.
24. 孔宪毅. 应当重视潜科学人才的研究与开发[J]. 潜科学，1991，6：2-4.
25. 孔宪毅. 法拉第的启迪[J]. 电力学刊，1992，2：29-33.
26. 邢润川，叶磊，孔宪毅. 论自然科学史学科体系结构[J]. 史学理论研究，1992，3：98-107.
27. 孔宪毅. 对科学发展模式的一种探索[J]. 晋电论坛，1992，1：37.
28. 邢润川，孔宪毅. 从作用对象看自然科学史的功能[N]. 科技日报，1992-08-23（2）.
29. 孔宪毅，邢润川. 论科技成果向现实生产力转化的机制与途径[J]. 自然信息，1992，增刊：41-44.
30. 邢润川，孔宪毅. 论科学史的功能[C]//冯玉钦. 中国科学技术史学术讨论会论文集. 北京：科学技术文献出版社，1993：177-190.
31. 孔宪毅，罗鸣英，毛建儒. 论科技是第一生产力[J]. 前进，1993，3：42-43.
32. 孔宪毅，尹维新. 对山西能源基地发展战略提法和涵义的思索[J]. 电力学报，1994，1：69-72.
33. 孔宪毅，尹维新，吴剑. 试论山西实施“由输煤为主变为输煤、输电并重”战略的可行性及其意义[J]. 电力学报，1994，2：53-56.
34. 孔宪毅，邢润川. 试论自然科学史学与相关学科的关系[J]. 科学技术与辩证法，1995，1：35-39.（此文被中国人民大学复印报刊资料转载于《自然辩证法》1995 年第 5 期：60-65）
35. 孔宪毅. 潜科学引起的连锁反应[J]. 潜科学，1995，4：36-38.
36. 孔宪毅. 应当高度重视和大力开展创新教育[J]. 电力学报，1999，增刊：9-11.
37. 孔宪毅. 社会思维学的研究对象、内容和功能[J]. 晋阳学刊，1996，1：59.（此

文被中国人民大学复印报刊资料转载于《新兴学科》1996 年第 2 期：36-37）
38．孔宪毅．论社会思维学与思维社会学的区别与联系[J]．晋阳学刊，1996，6：57-60．
39．孔宪毅，邢润川．论争鸣对自然科学理论的作用[J]．科学技术与辩证法，1997，5：22-28．（此文被中国人民大学复印报刊资料转载于《科学技术哲学》1997 年第 12 期：44-50）
40．孔宪毅．“科学技术是第一生产力”三论[J]．济南大学学报，1997，4：21-24．
41．孔宪毅．论大培训观的内容结构及启迪[J]．中国培训，1997，7：12-15．
42．孔宪毅．对社会思维学规律的思索[J]．贵州社会科学，1997，6：21-25．（此文被中国人民大学复印报刊资料转载于《新兴学科》1998 年第 1 期：68-73）
43．孔宪毅．论大教育观的内容结构及启迪[J]．电力学报，1997，增刊：5-7．
44．孔宪毅．从潜科学看创造性思维[J]．贵州社会科学，1998，4：37-41．（此文被中国人民大学复印报刊资料转载于《新兴学科》1998 年第 3 期：70-74）
45．孔宪毅．领导科学的系统论考察[J]．济南大学学报，1998，3：10-12．
46．孔宪毅．势质量概念的提出及意义[J]．电力学报，1998，3：216-218．
47．孔宪毅．论群体思维优于个体思维学的原因[J]．晋阳学刊，1998，6：43-47．（此文被中国人民大学复印报刊资料转载于《逻辑》1999 年第 1 期：17-21）
48．孔宪毅．应当高度重视和大力加强对主观世界的改造[J]．贵州社会科学，1999，4：29-33．
49．孔宪毅．对自然辩证法学科体系结构的思索[J]．自然辩证法研究，1999，9：58-59．（此文被中国人民大学复印报刊资料转载于《科学技术哲学》1999 年第 11 期：6-7）
50．孔宪毅．实现自然辩证法研究重点的科学转移[J]．科学技术与辩证法，2000，3：1-3．（此文被中国人民大学复印报刊资料转载于《科学技术哲学》2000 年第 7 期：2-4）
51．邢润川，孔宪毅．论自然科学史与自然科学的区别与联系[J]．科学技术与辩证法，2000，4：33-38．
52．孔宪毅．创新培训：企业制胜的关键[J]．华北电业，2000，6：37-38．
53．孔宪毅．对认识、改造客观世界与认识、改造主观世界关系的思索[J]．电子科技大学学报（社会科学版），2001，2：48-50．
54．孔宪毅，孔庆新．高等学校应当高度重视和大力开展创造性思维训练[J]．山西高教研究，2001，4：9-12.
55. 邢润川，孔宪毅. 对自然科学史定位问题的思索[J]. 科学技术与辩证法，2001，4：57-60.
56. 孔宪毅，平全虎. 论工程造价管理的一种新模式：全面工程造价管理[J]. 电力学报，2001，4：250-252.
57. 孔宪毅，邢润川. 诺贝尔自然科学奖百年走势与启迪：纪念诺贝尔自然科学奖颁发100周年[J]. 科学技术与辩证法，2001，6：56-62.（此文被中国人民大学复印报刊资料转载于《科学技术哲学》2002年第1期：24-30）
58. 邢润川，孔宪毅. 论自然科学史研究的层次[J]. 科学技术与辩证法，2002，1：67-69.
59. 邢润川，孔宪毅. 从诺贝尔自然科学奖百年走势看科学实验与科学理论的关系[J]. 山西大学学报（哲学社会科学版），2002，25（2）：18-23.
60. 孔宪毅. 全面认识和充分发挥自然科学的功能[J]. 电力学报，2002，17（2）：105-107.
61. 邢润川，孔宪毅. 论自然科学史的科学属性与人文属性[J]. 科学技术与辩证法，2002，19（3）：61-67.
62. 孔宪毅. 从百年走势看诺贝尔自然科学奖的特点、作用与启迪[J]. 自然辩证法通讯，2002，3：3-4.
63. 邢润川，孔宪毅. 从诺贝尔自然科学奖百年走势看名师的作用[J]. 科技导报，2002，4：17-20.
64. 孔宪毅，邢润川. 试论自然科学的科学属性与人文属性[J]. 齐鲁学刊，2002，4：105-112.
65. 孔宪毅. 广义技术与广义技术哲学[J]. 刘则渊，王续琨. 中国技术哲学研究年鉴：工程·技术·哲学（2002年卷）. 大连：大连理工大学出版社，2002：21-28.
66. 邢润川，孔宪毅. 再论自然科学史体系结构[J]. 科学技术与辩证法，2002，19（5）：55-61.
67. 邢润川，孔宪毅. 自然科学史基础理论研究的意义[J]. 科学技术与辩证法，2003，20（1）：72-75.
68. 孔宪毅，孔庆新. 试论自然科学研究[J]. 电力学报，2003，18（1）：23-28.

69．孔宪毅．自然辩证法的根本出路在于原始性创新[J]．科学技术与辩证法，2003，20（3）：1-3．
70．孔宪毅，孔庆新．加强对人与技术关系的研究[J]．刘测渊，王续琨，王前．中国技术哲学研究年鉴：工程・技术・哲学（2003 年卷）．大连：大连理工大学出版社，2004：119-126．
71．邢润川，孔宪毅．多维度审视自然科学史的研究对象[J]．科学技术与辩证法，2004，21（1）：71-75．
72．孔宪毅．我与《科学技术与辩证法》的情结[J]．科学技术与辩证法，2004，21（1）：95-96．
73．孔宪毅．潜科学与科学史[J]．郭贵春．走向建设的科学史理论研究．太原：山西科学技术出版社，2004：349-363．
74．孔庆新，孔宪毅．论教育系统观[J]．晋阳学刊，2004，5：96-98．
75．平全虎，孔庆新．技术的定义[J]．电力学报，2004，4：306-308．
76．孔宪毅，孔庆新．对技术特征的思索[J]．科学技术与辩证法，2005，22（1）：79-82．
77．邢润川，孔宪毅．自然科学方法论与自然科学史方法论比较[J]．科学技术与辩证法，2005，22（3）：78-82．
78．孔宪毅，孔庆新．从管理系统观到管理科学系统观[J]．探求，2005，3：54-55．
79．孔宪毅，孔庆新．对人文技术的思索[J]．刘则渊，王续琨，王前．中国技术哲学研究年鉴：工程・技术・哲学（2004—2005 年卷）．大连：大连理工大学出版社，2006：40-49．
80．孔庆新．创造系统观和创造学系统观[J]．太原科技，2005，10：52-53．
81．邢润川，孔宪毅．试论科学思想史与哲学的关系[J]．科学技术与辩证法，2006，23（2）：82-88．（此文被中国人民大学复印报刊资料转载于《科学技术哲学》2006 年第 8 期：51-59）
82．孔庆新，孔宪毅．树立三位一体的科学观[J]．太原科技，2006，7：42-44．
83．孔庆新，孔宪毅．试论创造性思维的定义、特点、分类、规律[J]．科学技术与辩证法，2008，25（2）：25-31．
84．孔庆新，孔宪毅．论生产力系统观[J]．经济问题，2008，4：25-27．
85．孔庆新，自我解放是人力资源利用、开发、增值的根本途径[J]．商场现代化，

2009，4（中）：296-298.
86. 孔庆新．论人的自我解放[J]．山西高等学校社会科学学报，2010，22（4）：15-18.
87. 孔宪毅，孔庆新．潜技术与潜技术人才[J]．刘则渊，王续琨，王前．中国技术哲学研究年鉴：工程・技术・哲学（2008—2009 年卷）．大连：大连理工大学出版社，2010：66-77.
88. 孔宪毅，孔庆新．论自然科学、社会科学、人文科学的区别与联系[J]．刘则渊，王续琨．中国科学学与科学技术管理研究年鉴：科学・技术・发展（2008—2009 年卷）．大连：大连理工大学出版社，2010：99-108.
89. 孔庆新．领导系统观与领导科学系统观[J]．领导科学，2013，6（中）：34-36.
90. 孔庆新．从三个领域的师徒关系研究探析师徒制[J]．中国人力资源开发．2016（14）：20-27.
91. 孔庆新．晋商与徽商的人才培养[J]．企业管理．2016，11：40-42.
92. 孔庆新，陈学治．塑造全员认同的“家”文化[J]．企业管理，2016（12）：79-80.

参 考 文 献

艾芙·居里，1984．居里夫人传[M]．左明彻，译．北京：商务印书馆．

爱因斯坦，2009．爱因斯坦文集（增补本）第二卷[M]．范岱年，赵中立，许良英，编译．北京：商务印书馆．

爱因斯坦，2009．爱因斯坦文集（增补本）第三卷[M]．许良英，赵中立，张宣三，编译．北京：商务印书馆．

爱因斯坦，2009．爱因斯坦文集（增补本）第一卷[M]．许良英，李宝恒，赵中立，等编译．北京：商务印书馆．

爱因斯坦，英费尔德，1962．物理学的进化[M]．周肇威，译．上海：上海科学技术出版社．

贝弗里奇，1979．科学研究的艺术[M]．陈捷，译．北京：科学出版社．

毕剑横，1985．中国科学技术史概述[M]．成都：四川省社会科学院出版社．

丹弟斯，米歇尔，吐梯尔，1992．科学家传记百科全书[M]．刘劲生，张益龙，等译．成都：四川辞书出版社．

恩格斯，1971．自然辩证法[M]．中共中央编译局，译．北京：人民出版社．

伽利略，1974．关于托勒密和哥白尼两大世界体系的对话[M]．上海外国自然科学哲学著作编译组，译．上海：上海人民出版社．

哥白尼，2006．天体运行论[M]．叶式辉，译．北京：北京大学出版社．

顾迈南，1997．华罗庚传[M]．上海：复旦大学出版社．

郭贵春，2004．走向建设的科学史理论研究[M]．太原：山西科学技术出版社．

华罗庚，1984．华罗庚科普著作选集[M]．上海：上海教育出版社．

科恩，1989．牛顿传[M]．北京：科学出版社．

孔宪毅，1997．潜科学畅论．太原：山西科学技术出版社．

孔宪毅，1999．变失败为成功：法拉第的启迪[M]．太原：山西科学技术出版社．

孔宪毅，1999．只看还应该做什么：居里夫人的启迪[M]．太原：山西科学技术出版社．

拉普拉斯，2001．宇宙体系论[M]．李珩，译．上海：上海译文出版社．

老子，2006．老子[M]．卫广来，译注．太原：山西古籍出版社．

李其荣，1996．爱迪生传[M]．武汉：湖北辞书出版社．

李政，2004．与名人有约：影响人类文明的 10 位科学家[M]．北京：中国档案出版社．

李政道，1991．对称、不对称和粒子世界[M]．吴元芳，译．北京：科学出版社．

廖正衡，1994．中外著名化学家传略[M]．长春：吉林教育出版社．

马来平，2007．科学箴言[M]．济南：山东科学技术出版社．

马来平，2013．科学名言[M]．济南：山东科学技术出版社．

玛丽·居里，1999．居里传[M]．周荃，等译．南昌：江西教育出版社．

梅森，1980．自然科学史[M]．周煦良，等译．上海：上海译文出版社．

牛秋业，2007．古今中外科技名人[M]．济南：山东科学技术出版社．

钱三强，1989．重原子核三分裂与四分裂的发现[M]．北京：科学技术文献出版社．

钱时惕，1987．重大科学发现个例研究[M]．北京：科学出版社．

秦关根，1979．爱因斯坦[M]．北京：中国青年出版社．

秦关根，1982．法拉第[M]．北京：中国青年出版社．

萨顿，2007．科学的历史研究[M]．刘兵，等译．上海：上海交通大学出版社．

萨顿，2007．科学的生命[M]．刘珺珺，译．上海：上海交通大学出版社．

萨顿，2007．科学史和新人文主义[M]．陈恒六，等译．上海：上海交通大学出版社．

申先甲，张锡鑫，祁有龙，1985．物理学史简编[M]．济南：山东教育出版社．

司有和，蒋瑞松，1987．大学科技写作[M]．北京：光明日报出版社．

斯潘根贝格，莫泽，2014．科学的旅程[M]．郭奕玲，陈蓉霞，沈慧君，译．北京：北京大学出版社．

孙其严，朱志良，1990．中国当代科学家锦言[M]．北京：科学出版社．

王德风，刘卫东，1991．企业家、科学家名言录[M]．北京：中国工人出版社．

王涵，华实，倪平，等，1983．名人名言录[M]．上海：上海人民出版社．

王恒，朱幼文，2000．诺贝尔科学奖百年百人（化学奖部分）[M]．北京：中国城市出版社．

王恒，朱幼文，2000．诺贝尔科学奖百年百人（生理学及医学奖部分）[M]．北京：中国城市出版社．

王恒，朱幼文，2000．诺贝尔科学奖百年百人（物理学奖部分）[M]．北京：中国城市出版社．

王极盛，1987．科学心理学[M]．杭州：浙江教育出版社．

吴芝兰，郑钦贵，1983．诺贝尔物理学奖金获得者[M]．福州：福建教育出版社．

解恩泽，1986．科学蒙难集[M]．长沙：湖南科学技术出版社．

解恩泽，1987．简明自然科学史手册[M]．济南：山东教育出版社．

解恩泽，1987．潜科学导论[M]．北京：光明日报出版社．

阎康年，1999．卡文迪什实验室：现代科学革命的圣地[M]．保定：河北大学出版社．

杨建邺，2011．物理学之美[M]．北京：北京大学出版社．

姚炎祥，刘叙和，赵清爽，1984．科技人才修养十二讲[M]．北京：红旗出版社．

曾晓萱，1992．伟大的足迹：世界科学家传记[M]．北京：清华大学出版社．

张秉伦，郑土生，1982．达尔文[M]．北京：中国青年出版社．

张家治，1987．化学史教程[M]．太原：山西人民出版社．

中国科学院自然科学史研究所近现代科学史研究室，1985．20世纪科学技术简史[M]．北京：科学出版社．

中国自然辩证法研究会筹委会，1983．科学方法论研究[C]．北京：科学普及出版社．

周雁翎，杨建邺，肖明，1999．居里夫人传[M]．长春：长春出版社．

朱新民，申先甲，1986．中国兴起的潜科学[M]．北京：光明日报出版社．

科学殿堂

孔宪毅

构筑真善美的形象，
彰显德才识的力量。
汇集着人类的精华，
闪烁着真理的光芒。

凭智慧设计图样，
用知识立柱垒墙。
只有科学的建筑，
没有多余的装潢。

坐落在憧憬的地方，
屹立在追求的心上。
肩负着文明的希望，
寄托着人类的梦想。

被游览者赞扬，
令爱好者向往，
让探索者献身，
使追求者发狂。

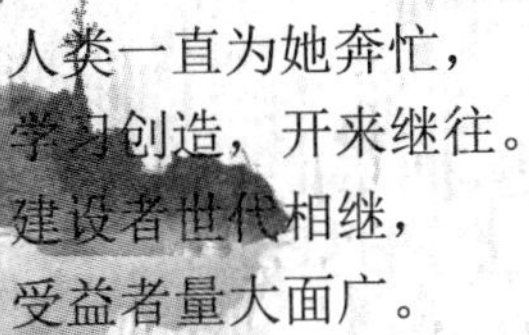

人类一直为她奔忙，
学习创造，开来继往。
建设者世代相继，
受益者量大面广。

灾害无法损坏健康，
岁月不会留下创伤，
空间上无限扩大，
时间上无限延长。

虽贮满了人类智慧的宝藏，
却既不锁门，也无人站岗。
庸人熟视无睹，
强盗无法偷抢。

进门道路靠勤奋开创，
开门钥匙凭智慧组装。
识货者随意选用，
会用者自由分享。

无须画中描绘、口中歌唱，
不必念经朝拜、磕头烧香，
需奉献的不是丰盛的祭品，
而是创造性思维的新篇章。

时刻铭记添砖加瓦的能工巧匠：
哥白尼、牛顿、爱因斯坦、李四光……
但他们不是供奉、崇拜的偶像，
而是前进的路标，学习的榜样。

是开发智能的课堂，
是培养人才的土壤，
是取之不尽的智慧，
是用之不竭的力量。

是联系人与自然的桥梁，
是人类争取自由的武装，

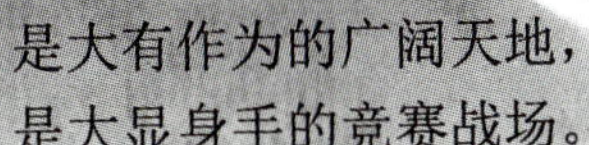

是大有作为的广阔天地，
是大显身手的竞赛战场。

像加速器推动人们向上，
像指南针帮助人们导航，
像放大器提高人们智能，
像除尘器净化人们思想。

穿云破雾把理性崇尚，
求真证伪把正义弘扬，
为创造文明全力以赴，
为造福人类放热发光！

（孔宪毅 1990 年 9 月 21 日写于太原，原载魏丕植主编《中华爱国文典（下）》，北京作家出版社，2009 年 12 月出版，第 275-276 页，略有修改）

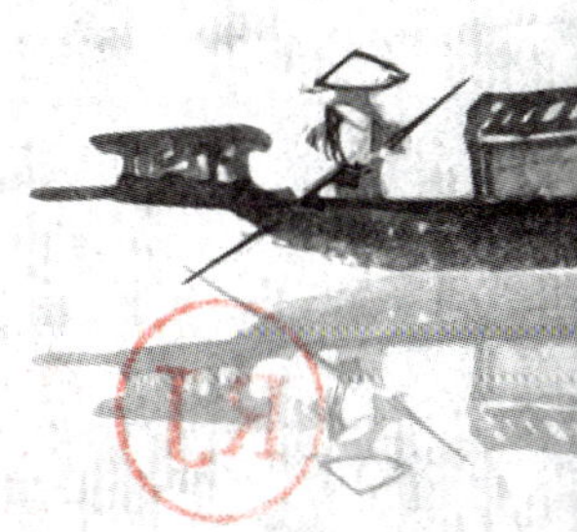

作者赠言

愿读者以杰出科学家为榜样，努力做一名：

披星戴月的跋涉者，披荆斩棘的开拓者；
废寝忘食的奋斗者，乘风破浪的进取者；
发愤图强的拼搏者，穿云破雾的攀登者；
勤学苦练的求知者，刨根问底的质疑者；
聚精会神的观察者，心灵手巧的实验者；
深思熟虑的分析者，追本溯源的研究者；
探赜索隐的求真者，冲锋陷阵的攻关者；
高瞻远瞩的预见者，远见卓识的发现者；
标新立异的思想者，推陈出新的创造者；
言传身教的育人者，厚积薄发的写作者；
继往开来的先驱者，鞠躬尽瘁的奉献者；
超凡脱俗的探索者，出类拔萃的成功者。